任力资源

人力资源
量化管理与
数据分析

任康磊◎著

第2版

人民邮电出版社
北京

图书在版编目（CIP）数据

人力资源量化管理与数据分析 / 任康磊著. -- 2版
. -- 北京：人民邮电出版社，2022.10
ISBN 978-7-115-59290-3

Ⅰ．①人… Ⅱ．①任… Ⅲ．①数据处理－应用－人力
资源管理－量化分析 Ⅳ．①F243-39

中国版本图书馆CIP数据核字(2022)第084887号

内 容 提 要

本书内容涵盖人力资源管理中经常用到的量化管理与数据分析知识点，将量化管理与数据分析的方法论转化为容易上手操作的表单、图形、工具、模型，让方法论可视化、流程化、步骤化、模板化，通过大量实务案例详解呈现操作过程，能够有效指导读者做好人力资源管理中的量化管理与数据分析工作。

本书分为11章，主要内容包括：如何运用量化管理与数据分析；量化管理与数据分析的常用方法；招聘管理中的量化管理与数据分析方法；离职管理中的量化管理与数据分析方法；人才梯队建设的量化管理与数据分析方法；培训管理中的量化管理与数据分析方法；薪酬管理中的量化管理与数据分析方法；绩效管理中的量化管理与数据分析方法；员工关系管理中的量化管理与数据分析方法；人力资源管理三大报表；常见量化管理与数据分析错误。

本书语言通俗，案例丰富，模板齐全，实操性强，特别适合人力资源管理从业人员、各高校人力资源管理专业的学生、公司各级管理者、有意向考取人力资源管理师及其他人力资源管理专业相关证书的学员、需要人力资源管理实战工具书的人员以及其他对人力资源管理工作感兴趣的人员。

◆ 著　　　任康磊

责任编辑　马　霞

责任印制　周昇亮

◆ 人民邮电出版社出版发行　　北京市丰台区成寿寺路 11 号

邮编　100164　电子邮件　315@ptpress.com.cn

网址　https://www.ptpress.com.cn

北京虎彩文化传播有限公司印刷

◆ 开本：700×1000　1/16

印张：18.75　　　　2022 年 10 月第 2 版

字数：422 千字　　　2025 年 10 月北京第12次印刷

定价：79.80 元

读者服务热线：(010)81055296　印装质量热线：(010)81055316
反盗版热线：(010)81055315

HR，用专业证明自己

有很多做人力资源管理工作的朋友问过笔者这样的问题："HR（人力资源，常指企业中人力资源管理工作人员）要如何证明自己？"

营销类的岗位可以用业绩证明自己；产品类的岗位可以通过开发出好的产品来证明自己；运营类的岗位可以通过达成项目预期来证明自己；就连财务类的岗位也可以通过定期形成财务报表和做财务分析来证明自己。

可是，HR 要用什么来证明自己呢？

实际上，HR 可以证明自己的方法非常多，比如划分清楚岗位的权责利，保证人才的招聘满足率，给关键岗位建立胜任力模型，帮团队培养出能力达标的人才，设计出有激励效果的薪酬体系，建立起有助于实现目标的绩效体系，帮助团队提升员工敬业度，实施有价值的人力资源数据分析，帮助团队提升劳动效率，帮助公司降低人力成本等。

不过，任何一项能够证明自己的工作，都需要 HR 专业能力的支持。HR 这份职业是一个上限可以很高，下限也可以很低的职业。要提升 HR 的职业上限，答案已经很明显，提升专业能力是大多数 HR 的唯一解。

如果不具备人力资源管理的实战专业能力，HR 就只能做人力资源管理中价值比较低的事务型工作。只有具备系统实战专业能力的 HR，才能在人力资源管理岗位上获得好的职业成长与发展。

十几年之前，笔者刚接触人力资源管理工作的时候，特别想系统地学习人力资源管理实战技能，帮助自己更好地开展工作。但当时找遍了全网，也没找到好的学习资料和课程。

后来，靠着不断向世界顶级的管理咨询公司学习方法论，靠着大量人力资源管理咨询项目的不断实施验证，靠着在实战中搭建的人力资源管理体系的不断应用复盘，靠着十几年的经验积累，笔者终于能相对全面地总结出实战人力资源管理体系的方法论，能够帮助 HR 更系统、更快速、更有效地提升人力资源管理技能。

任康磊的人力资源管理图书自上市以来就好评如潮，销量与口碑都名列前茅，如今已有超过 60 万册的总印刷量。

许多读者在线上平台和笔者社群中晒出书架上摆着一整套任康磊的人力资源管理实战系列丛书，并开心地说这套书已经成为其案头必备的工具书，内容非常实用。笔者很高兴自己的经验知识能够帮助到广大 HR 学习成长。

为帮助读者朋友们更高效地学习实战人力资源管理技能，笔者介绍一个"4F"学习成长工具。工具中的"4F"分别是：facts（现实／事实）、feeling（感受）、findings（发现，引申为思考／观点）、future（未来，引申为行动计划）。"4F"对应着 4 个学习步骤，按照这个学习步骤进行实战学习，能让学习效率事半功倍。

第 1 步，总结事实。

注意学习内容中都有什么，看可以总结出多少对自己当前工作有价值的要点。学习的过程固然重要，个人的总结同样重要。没有总结，知识都是别人的；有了总结，知识就变成了自己的。

第 2 步，表达感受。

通过总结出的要点内容，表达出自己的感受。这里的感受可以更宽泛，可以随意延展，不限于总结出的内容。横看成岭侧成峰，远近高低各不同，对于相同的内容，人们在不同时间点的感受是不同的。

第 3 步，寻找观点。

通过学习的过程，获得了怎样的独立思考？形成了哪些自己的观点？得到了哪些具体收获？学而不思则罔，思而不学则殆，学习的过程必然伴随着深度的独立思考。

第 4 步，行动计划。

经过思考之后，形成具体的行动计划。这里的行动计划最好能够帮助实际工作，可实施，可落地。行动不仅是实践学习成果的方法，也是检验学习成果的有效方式。行动计划过程中如果发现问题，可以再回到第 1 步重新学习。

"4F"学习成长工具是个闭环。每一个学习过程，都可以用"4F"学习成长工具进行复盘。当人们刻意运用这个工具学习的时候，即便学到自己已经知道的内容，也往往会有一些新的认知、新的理解和新的感悟。

如果读者朋友在系统学习任康磊的人力资源管理系列图书、线上课或线下课，建议不断运用这个工具开展学习，您将能够不断获得成长与提升。

系统有效地学习任康磊的人力资源管理系列学习产品（图书、线上课、线下课），将帮助 HR 全面提升个人能力，提升职场竞争力；帮助 HR 成为解决人力资源管理实际问题的专家，提高 HR 的岗位绩效；帮助 HR 迅速增加个人价值，增加职场话语权。

最后，要感谢广大读者朋友们的支持与厚爱，感谢人民邮电出版社恭竟平老师与马霞编辑的指导与帮助，感谢张增强老师的鼎力协助。

祝读者朋友们能够成为卓越的人力资源管理者。

HR，让咱们用专业证明自己！

自序

学人力资源，找任力资源

截至 2018 年年底，笔者在全网发布的文章、视频和问答等内容已经有过亿次的点击量，全网的线上课程已经有超过百万人次的学习次数，笔者在全网所有人力资源管理知识服务产品的好评率超过 99%。

笔者有幸从世界 50 强公司的百年智慧中学到经营管理的实战知识；有幸在 26 岁时负责一个超 3 万人的大型上市公司人力资源管理工作；有幸从几家世界顶级咨询公司获得人力资源管理全套实战知识体系和方法论；有幸参与多家公司的人力资源管理体系从 0 到 1 的建设；有幸常年为多家上市公司提供人力资源管理咨询服务；也有幸能够把笔者多年来的实战知识积累转化成出版物和课程与大家见面。

人力资源管理的价值是提高人力资本的价值。要提升人力资本的价值，你需要体系化的人力资源管理知识和技能，而不仅是对单一模块的精通。如果你只专长单一模块，你可能会成为一个很好的"匠人"，却很难成为一个很好的"将军"。

匠人虽好，但我们既然选择以人力资源管理作为职业，就应当注重管理工作具备的高度、全面性和系统性，了解管理工作的全貌，而不是只懂一个点。即使你在了解全貌之后，实际工作只负责一个模块，也比自始至终只知道一个点的人的思维层次更高和更全面。

就像那个很出名的小故事：三个工人在建筑工地上砌墙，有人问他们在做什么。第一个工人悻悻地说："没看到吗？我在砌墙。"第二个人认真地回答："我在建大楼。"第三个人快乐地回应："我在建一座美丽的城市。"十年以后，第一个工人还在砌墙，第二个工人成了建筑工地的管理者，第三个工人成了一家公司的领导者。

思维高度决定行为模式，行为模式决定工作成果，工作成果决定职业命运，职业命运决定人生价值。

原本站在同一条起跑线上的人，表面上的"一念之差"让命运出现转折，实际上是"眼界之差"让人生产生不同。如果你喜欢 HR 这份职业，笔者建议你系统学习，终身学习，把自己的眼界放宽，把自己的视野拉长。职场上，入门拼的是学历，起步拼的是努力，要想持续发展，拼的是知识体量和思维格局。

笔者非常了解实战中人力资源管理的难点和痛点，笔者也深刻知道为什么市场上那么多出版物和线上课程让人们难以坚持学习。因此，笔者对自己的出版物要求是"知识足，方法全，案例多，阅读易"，既要体现人力资源管理的基本理论知识，又要包含实战中的全套方法论和丰富的实战案例，还要考虑读者的阅读习惯，让读者既可以运用笔者的出版物系统地学习，又可以碎片化地学习，还可以在遇到问题时随时查阅，定向解决问题。

1. 这本书有什么附赠资源呢？

关注公众号 tobehr，回复"购书资料"，即可得到 2000 多份人力资源资料模板；300 多门人力资源实操微课；200 多份精美商务 PPT 模板，一键满足你所有的基本办公需求。

2. 除了看书自学，还有别的学习渠道吗？

如果你期望利用碎片化的时间学习，你可以关注笔者在喜马拉雅平台的专栏，每节 10 分钟左右的音频课程，快速提高你的人力资源管理技能，针对性解决实际问题。打开喜马拉雅 App，搜索关键词"任康磊"，即可获得。

3. 想要更系统地学习人力资源管理知识，有渠道吗？

笔者有一整套人力资源管理线上课程和许多相关训练营，能够为你提供非常系统的人力资源管理解决方案。笔者的线上课程可以为你提供标准化的知识产品，训练营可以为你提供个性化的知识服务，让你可以在学习到原理、方法的同时，得到更全面的实际工作指导。登录网易云课堂网站或 App，搜索"任康磊"即可获得。

4. 除了出版物和线上课程，还能得到什么？

你可以加入任康磊老师的社群。微信公众号回复"社群"，将弹出加入社群的方法。在社群中，任康磊老师和他的人力资源管理专家团队将会不定期回答你遇到的实际问题；社群里定期会有免费的课程分享；你可以和同业小伙伴交流；你也可以获得更多人力资源管理的学习机会等。

期待你的加入，愿我们一起成长，共同进步。

前言

随着经济环境对公司经营管理能力的要求越来越高，传统管理决策中的"拍脑袋"法在公司管理中越来越不适合。如何运用量化方法、分析工具和科学的逻辑来指导管理实践活动显得越来越重要。随着互联网的发展和大数据、信息化、云技术在公司中的大规模应用，公司经营中的量化管理与数据分析逐渐变得普遍。

科学的模型、表格、图形等工具和量化管理的方法与数据分析的逻辑，能够让公司的人力资源管理效能有效提升。

1. 量化管理与数据分析是人力资源管理者与高层管理者进行战略沟通的共同语言

人力资源管理者要成为公司的战略伙伴，需要和高层管理者在战略上有共同的语言。量化管理与数据分析就是双方的共同语言。

当公司的总经理组织召开重要战略会议的时候，人力资源管理者应当有一席之地。可是在会议进行过程中，当总经理提出一个关于新业务领域的投资发展方案时，财务总监可以用财务数据或具备说服力的图表对方案发表意见，业务部门负责人可以用业务数据变化表达他们的观点。人力资源管理者呢？要用什么来科学地、有逻辑地表达自己的想法呢？

如果在这样的会议上，人力资源管理者只能用"可能""大概""也许"这样的词语，只能提供一些简单的人员数量情况，就很难提出和战略层面方案相关的、具备战略意义和可操作性的人力资源管理建议，也就很难会引起总经理的兴趣。久而久之，在重要的战略研讨会中，人力资源管理者就会变成了一个可有可无的角色。

相反，如果人力资源管理者能够用数据指出这个战略或投资方案的问题，并且提出完善的建议，那他才称得上是公司的战略伙伴。比如，人力资源管理者如果可以用客观的数据或图表从新业务领域的产业环境、人才配置、能力、培养周期、来源、可持续性等不同角度给总经理提供建议，而不是靠经验与感觉决策，他将会获得战略对话权利。

2. 量化管理与数据分析是人力资源管理者与中层管理者沟通的重要方法

如果没有量化管理与数据分析，在公司进行资源配置的时候，因为立场不同，人力资源管理者在资源分配方面很可能会和业务部门成为博弈对手。但是当人力资源管理者开始做量化管理与数据分析时，因为双方都以客观数据为依据，很可能成为业务部门的合作伙伴。

因为专业分工不同、立场不同，公司中部分中层管理者可能会缺乏人力资源管理理念，对人力资源管理相关的数据没有概念，他们常常会为了完成部门的绩效，扩充部门的人员配置，招募过量的人力，很少在意人工费用和劳动效率。

如果人力资源管理者没有进行量化管理与数据分析，那么和中层管理者之间的沟通协作会变成互相博弈。如果没有科学的指标和数据为指导，这种博弈将演变成谁比较坚持己见、谁能说得过谁的问题。

如果最终业务部门的人工费用超标，人力资源管理者失败了；如果人力资源管理者在这种博弈中表现得过于强势，把业务部门的人员编制强行降下来，结果业务部门业绩没有达成，说是人力资源部不允许招人，人力资源管理者同样失败。

没有量化管理与数据分析，人力资源管理者很容易变成众矢之的，纵有千般理由，却百口莫辩。只有建立基于数据的、科学的、量化的人力资源管理工具和模型，才有可能避免因为资源问题引起的与中层管理者之间的博弈。

3. 量化管理与数据分析是人力资源管理者评价自身工作绩效的有效工具

许多公司的人力资源部由于缺乏数据和量化的评价指标，人力资源管理的许多工作成果不能得到有效的评价。人力资源管理者的工作成果总是模模糊糊、似是而非，显得可有可无。不能准确定位问题所在，也没有办法找到解决问题的有效方法，人力资源管理者总是处在一种"心有余而力不足"的状态。

建立一套系统的、可量化的人力资源管理绩效评价体系，不仅是为了充分展现人力资源管理的价值，更是为了提高人力资源管理者的工作效率。让人力资源管理者不仅可以拿数据来评价用人部门，还可以用它来评价自身的工作。

比如，如果人力资源管理者能够清晰地指出公司去年在工资增长 10% 的情况下，人工成本比率能够保持稳定，劳动效率在不断提升，人力资源部曾经为此做过哪些具体工作，那么这种管理质量比简单地办理员工入职、离职手续这类工作要有意义得多。

针对当前大多数公司在人力资源量化管理与数据分析方面的认识和操作能力的不足，笔者总结了在人力资源管理各环节的工作中，量化管理与数据分析的操作方法、常用工具、通用模板，并结合大量的实操案例形成本书。希望通过本书的学习，读者能快速掌握人力资源量化管理与数据分析的方法论、工具和注意事项。

随着政策与方法的变化，本书迎来了第 1 次改版。本次改版修订的内容主要包括如下 2 点。

1. 增加了一些实战案例

为强化本书对读者的实用价值，让读者看到更多方法论在实战中的应用场景，加深读者对方法论的记忆，本次改版增加了更多的实战案例。通过这些实战案例会帮助读者举一反三，更好地将方法论应用到自身工作中。

2. 增加了员工敬业度调查的方法

原版中有员工满意度调查的实施和量化分析方法，但不包含员工敬业度的相关内容。随着越来越多企业开始接触员工敬业度调查，如何科学地实施员工敬业度调查，如何有效地对员工敬业度调查结果做分析，成为很多企业关注的重点。

除以上 2 点主要修订内容外，本次改版还对原书章节内容做了改写和升级，修订了个别表述方式。

最有效的学习是在解决问题过程中学习。建议读者拿到本书后，不要马上从第一个字看到最后一个字，而是先带着问题，根据当前公司的具体情况，选择最薄弱的环节，查找本书中的操作方法，根据公司实际状况，思考、制定、实施和评价解决方案。

当具体的问题得到解决之后，读者可以由问题点切入，查找知识点；再由知识点延伸，找到流程线；然后由流程线拓展，发现操作面；最后由操作面升华，全面掌握整个人力资源量化管理与数据分析体系的建设和实施方法。这时候再从整个体系的角度，自上而下地看问题，又会有新的、更深刻的认识。

由于人力资源的法律、法规等政策文件具有时效性，本书的一切内容都是基于书稿完成时的相关政策规定。若政策有所变化，可能会带来某些模块或操作方法的变化。届时，请读者朋友们以最新的官方政策文件内容为准。

希望本书能够持续为各位读者朋友的人力资源管理实践提供帮助。如有更多实战人力资源管理学习需求，欢迎关注其他任康磊的人力资源管理系列丛书、线上课或线下课。

祝读者朋友们能够学以致用，更好地学习和工作。

本书若有不足之处，欢迎读者朋友们批评指正。

本书特色

1. 通俗易懂、案例丰富

读者拿到本书后能够看得懂、学得会、用得上。本书不仅知识点全面，而且包含丰富的实战案例，让读者们能够快速掌握人力资源量化管理与数据分析的操作方法，并能够将其运用以提升公司人力资源管理的质量和效能。

2. 上手迅速、模板齐全

本书把大量复杂的理念转变成能在工作中直接应用的简单的工具和方法，并把这些工具和方法可视化、流程化、步骤化、模板化。同时附有模板文件，即使是初学者也能够快速上手开展工作。

3. 知识点足、实操性强

本书共涉及 500 多个人力资源量化管理与数据分析的实操知识点和相关工作，知识点的选择立足于解决工作中的实际问题。保证读者一书在手，从此人力资源量化管理与数据分析实务操作无忧。

本书内容及体系结构

人力资源量化管理与数据分析是保证公司人力资源管理质量和效能提升的有效工具。

第1章　如何运用量化管理与数据分析

本章主要介绍人力资源管理者应当如何正确地运用量化管理与数据分析，内容包括：对量化管理与数据分析的正确认识，量化管理与数据分析的正确做法，量化管理与数据分析的实施准备，量化管理与数据分析中的管理成本，如何正确建设和运用人力资源管理仪表盘，如何通过量化管理与数据分析查找问题。

第2章　量化管理与数据分析的常用方法

本章主要介绍在人力资源的量化管理和数据分析过程中可以应用的分析方法，内容包括：对比分析法（时间对比分析、空间对比分析和基准对比分析），属性分析法（相关关系分析、组成关系分析和聚类关系分析），图形分析法（图形转换分析、模型工具分析、象限分类分析和空间结构分析）。

第3章　招聘管理中的量化管理与数据分析方法

本章主要介绍人力资源招聘管理的过程中如何利用量化管理与数据分析方法提高招聘效能，内容包括：岗位编制的量化测算方法（劳动效率定编法、业务数据定编法、行业对标定编法、预算控制定编法、业务流程定编法、专家访谈定编法），招聘效果的量化分析方法（招聘满足情况分析、招聘贡献情况的量化分析和拆分应用、招聘质量分析），招聘过程的量化分析方法，招聘费用的量化分析方法（费用统计、费用分析、费用平衡）。

第4章　离职管理中的量化管理与数据分析方法

本章主要介绍如何利用量化管理与数据分析方法提高人才的保留率、减少人才的离职率，主要内容包括：人才离职数量的分析（离职率计算方法、离职率量化分析、人才离职情况预测），人才离职质量的量化分析（司龄分析、绩效分析、流向分析），如何通过量化分析做好人才保留（人才保留的正确做法、离职原因的量化分析、离职分析的注意事项、人才保留的契约模型）。

第5章　人才梯队建设的量化管理与数据分析方法

本章主要介绍如何利用量化管理与数据分析方法进行人才梯队建设，主要内容包括：人才盘点三个维度的量化分析方法（单维度、双维度、三维度），继任者计划的实施方法与技巧（员工职业发展方向转换、个人发展计划的应用、继任者计划的制定方法），提升继任者技能的有效方法（技能传授的流程、继任计划运行的检查、继任计划效果的评估），员工职业发展中的量化分析（职业兴趣的测评分析、职业选择的匹配分析、价值观与岗位的选择分析）等。

第6章　培训管理中的量化管理与数据分析方法

本章主要介绍如何运用量化管理与数据分析方法，有针对性地提高公司人才培养与培训的效能，主要内容包括：岗位胜任力模型的维度、层级、量化、差距确认和构建方法，培训需求的量化分析（分析维度、分析方法、汇总分析、注意事项和计划制定方法），培训实施环节的量化分析（培训目标量化、培训课程量化、培训形式选择），培训评估环节的量化分析（培训实施情况的量化分析、培训实施效果的量化分析、培训行为改变的量化分析、培训成果转化的量化分析、培训投资回报的量化分析）。

第7章　薪酬管理中的量化管理与数据分析方法

本章主要介绍如何在薪酬管理的过程中运用量化管理与数据分析方法，从而提高薪酬管理效能，提高公司人工成本的应用效率，主要内容包括：岗位价值的量化分析方法（岗位排序法、岗位分类法、因素比较法、要素记点法），薪酬预算的量化分析方法（薪酬比例分析、盈亏平衡分析、劳动分配分析、自下而上分析、薪酬预算控制），薪酬调查的量化分析方法（集中趋势分析、离散情况分析、数据排列分析、频率分析、图表分析、回归分析），整体的薪酬水平、结构、偏离度、调整、效率的量化分析等。

第8章　绩效管理中的量化管理与数据分析方法

本章主要介绍如何在绩效管理的过程中运用量化管理与数据分析方法，提高绩效管理的效率，提高员工的工作积极性，主要内容包括：绩效目标的量化分解方法（三层分解法、价值结构法、战略地图法），绩效指标权重设计、目标设置、质量检验方法，绩效问题诊断、原因分析、改进计划实施方法，公司、部门、员工绩效结果分析方法，绩效结果在薪酬发放、薪酬调整、员工福利、员工荣誉中的应用方法。

第9章　员工关系管理中的量化管理与数据分析方法

本章主要介绍如何在员工关系管理中运用量化管理与数据分析方法，加强公司与员工之间的沟通，缓解公司与员工个体之间的矛盾，提高员工的满意度和敬业度，主要内容包括：员工满意度调查及其量化分析方法，员工敬业度调查及其量化分析方法，员工合理化建议管理操作与量化分析方法，记录、量化分析和减少工伤情况的方法，操作、量化分析和减少劳动争议的方法等。

第10章　人力资源管理三大报表

本章主要介绍人力资源管理中的三大报表，主要内容包括：人力资本负债表的编制、调整、拆分，人才流量表的编制、调整，人力资本利润表的编制及人力投资回报率的分析。

第11章　常见量化管理与数据分析错误

本章主要介绍在人力资源量化管理与数据分析的过程中，经常会出现的逻辑和分析错误，以及如何避免这些错误，主要内容包括：图形应用错误（视觉盲区、图形误导、忽略权重），数字应用错误（数量误导、比率误导、均值误导、忽略基数），分析方法错误（忽略误差、不可比误差、归因错误、来源不明）。

本书读者对象

人力资源管理各级从业人员。

分管人力资源管理各模块的专员、主管、经理、总监、副总经理。

公司各级管理者。

准备考取人力资源管理师及其他人力资源管理专业相关证书的学员。

各高校人力资源管理专业的学生。

需要人力资源管理实战工具书的人员。

其他对人力资源管理工作感兴趣的人员。

目 录

第 1 章　如何运用量化管理与数据分析

第 2 章　量化管理与数据分析的常用方法

第 3 章　招聘管理中的量化管理与数据分析方法

第 4 章　离职管理中的量化管理与数据分析方法

第 5 章　人才梯队建设的量化管理与数据分析方法

第 6 章　培训管理中的量化管理与数据分析方法

第 7 章 薪酬管理中的量化管理与数据分析方法

第8章 绩效管理中的量化管理与数据分析方法

第 9 章　员工关系管理中的量化管理与数据分析方法

第 10 章　人力资源管理三大报表

第 11 章　常见量化管理与数据分析错误

第1章
如何运用量化管理与数据分析

管理学大师彼得·德鲁克（Peter F. Drucker）说："只有可测量的才能够被有效管理。"传统的人力资源管理者因为做大量的基础管理和员工沟通工作，因此工作内容侧重于定性管理。可随着公司规模的不断加大，市场竞争的逐渐激烈，公司对人力资源管理的要求不断提高，人力资源管理者如果不懂量化管理与数据分析，必然会在人力资源管理工作中遇到许多障碍。

1.1 对量化管理与数据分析的正确认识

有人认为量化管理与数据分析就是使用 Excel 软件做表格；有人认为数据分析一定要有大量的数字；有人认为数据分析的推理过程越复杂，越能代表数据分析的质量高；有人认为数据分析就是一大堆数字配上一大堆图表的报告。这些都是对量化管理与数据分析的错误认知，也是很多人力资源管理者不能正确运用这套思维、方法与工具的原因之一。

1.1.1 什么是量化管理与数据分析

什么是量化管理？

量化管理指的是公司以某个目标为基础，运用科学的数字、工具来考察、分析和研究管理事项的运行状态或规律，以便进行顶层设计、制定制度流程或确定管理模式，是涵盖公司管理各个领域的一种管理方法。

什么是数据分析？

数据分析指的是通过收集对公司有价值的资料或信息，运用统计学方法，最大化地开发、利用信息的功能，找到事物之间的内在联系，发挥这些信息的作用，形成结论和行动方案，为公司创造价值的过程。

量化管理四个字的重点不在"量化"上，而在"管理"上，量化是手段，管理是目的；数据分析四个字的重点不在"数据"上，而在"分析"上，数据是形式，分析是目标。采取什么样的手段和形式是"表"，获取什么样的目的和目标是"里"。量化管理与数据分析的最终结果往往是围绕价值，为公司解决实际问题。

什么是人力资源管理中的量化管理与数据分析？

人力资源管理中的量化管理与数据分析工作是通过量化管理与数据分析的手段和形式，达成公司人力资源管理工作的目的和目标，并能够让人力资源管理工作持续为公司创造价值的管理过程。

为简化语言，本书后文中出现"量化管理与数据分析"、"数据分析"或"分析"时，统一指代的是人力资源管理中的量化管理与数据分析工作。

总结量化管理与数据分析的概念，能够提炼出两个关键词。

1. 有价值的信息

在这个信息爆炸的时代，公司内外部可用的信息多如牛毛。人力资源管理者不需要对所有可见的信息进行加工处理，只需要处理那些能够为公司人力资源管理工作的改善提供分析依据的有价值的信息。

2. 有价值的结论

量化管理与数据分析的过程是描述事实、诊断问题、预测未来和形成方案，最终目的是为公司解决问题。这就要求人力资源管理者要本着过程和内容效率优先的原则，在注意方案适用性和可行性的同时，保证结果的价值，切忌一切漂亮而不实用的报告。

要验证公司量化管理与数据分析的工作质量时，人力资源管理者可以查看过程中用到的信息和产生的结论是否实现了某个目标，是否对应解决了某个问题，或者是否产生了某种价值。如果是，则证明公司的量化管理与数据分析工作是具备一定质量的；如果否，则反之。

人力资源管理者可以对量化管理与数据分析报告中罗列出来的不同事实、数据或结论不断地问："然后呢？"当"然后"能够指向问题，指向行动，并最终指向为公司带来的效益时，就证明这份分析报告是有价值的；当"然后"没有明确的指向的时候，则代表这份分析报告是没有价值的。

1.1.2　量化管理与数据分析的思维与认知

《道德经》中有"以道御术"，大致意思是用人的心性修养来指导和驾驭做事的方法。这里的"道"是人的境界、修养、心态，"术"是人的智力、技巧、技术。悟道比炼智更加重要。《论语·卫灵公》中有"工欲善其事，必先利其器"，大致的意思是人们要做好某件事情，必须先有能够帮助事情完成的工具。

"道、术、器"的概念引申到现代公司管理中同样适用。"道"指的是方向，是公司的战略，战略是公司一切工作的指导思想，它回答了为什么而做；"术"指的是方法，方法影响着工作的质量，它回答了应当怎么做；"器"指的是工具，工具影响着工作的效率，它回答了要用什么工具来做。道、术、器的关系如图1-1所示。

治大国如烹小鲜，拿烹饪举例子。

烹饪中的"道"是对烹饪结果的预期，决定了烹饪的目的、目标。比如根据不同的需要，

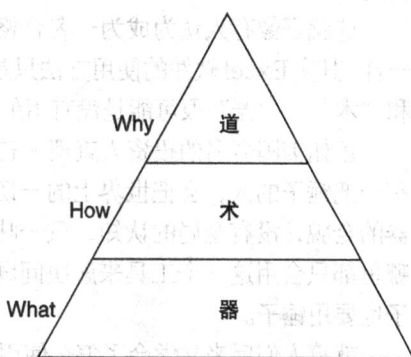

图1-1　道、术、器关系图

决定做三道菜、六道菜还是十道菜（数量），决定是不同菜系搭配还是一种菜系（性质），决定做的菜是京酱肉丝、宫保鸡丁还是麻婆豆腐（内容），决定这些菜应有的色、香、味、意、形等状态（品质）。

烹饪中的"术"是根据烹饪的目的和目标，对烹饪方法、工艺和流程的选择。比如根据制作菜品的数量、性质、内容和品质要求的不同，可以选择自己烹饪，也可以

选择请专业的大厨烹饪，可以选择煎、炒、烹、炸、焖、熘、熬、炖等不同的工艺，不同工艺的组合形成了菜品的烹饪流程。

烹饪中的"器"是烹饪需要的具体工具，工具的选择来源于烹饪的目的、目标、方法、工艺和流程。烹饪相关的工具丰富多样，仅常用的刀具就有超过 20 种分类，其他的烹调用具、调理用具、洗涤用具、储藏用具等更是种类繁多。

在人力资源的量化管理与数据分析工作中同样有道、术、器的区别。

数据分析中的"道"是数据分析的方向，是明确为什么而分析，是关于数据分析最根本、最重要、最核心的环节，也是聚焦和明确问题的环节。明确为什么要解决问题以及应该解决什么样的问题，比解决问题本身更关键。

数据分析中的"术"是数据分析的方法，是明确应当怎样分析，是针对要解决的问题选择什么样的方式和方法来分析。方法向上承接着方向，向下指向工具。方法的选择比一味地努力更重要。

数据分析的"器"是用什么工具来做数据分析，比如 Excel、SPSS、SAS 等数据分析软件或系统就是数据分析的工具。除了用软件外，一些管理模型同样可以成为数据分析的工具，比如经典的 SWOT 分析模型（优势、劣势、机会、威胁，strength、weakness、opportunity、hreat）、SPACE 矩阵模型（战略地位与行动评价矩阵，strategic position and action evaluation matrix）、SCP 分析模型（行业结构、公司行为和经营结果，structure、conduct、performance）。

有个非常经典的错误认知是认为量化管理与数据分析就是软件的使用方法，比如很多人力资源管理者认为量化管理与数据分析就是 Excel 软件的实用技术，特别醉心于提高这方面的技术，认为在数据分析相关的学习资料中，如果不讲 Excel 软件使用就是"文不对题"。

这就好像有人认为成为一名合格厨师的条件就是学会如何使用铁制炒锅（工具）一样。其实 Excel 软件的使用方法只是"器"层面的问题，如果搞不清楚数据分析的"道"和"术"，"器"很可能是没有用的。

正如美国著名的投资人查理·芒格（Charlie Thomas Munger）所说，"手中只有一把锤子的人，会把世界上的一切问题都看成是钉子"。如果人们不了解道、术、器的全貌，没有全局的认知，只一味地学会了锤子这一种工具的用法，那么他们走到哪里都只会用这一个工具来解决问题。他们吃荔枝要用锤子，吃葡萄要用锤子，吃瓜子也要用锤子。

就算人们后来又学会了怎么使用钳子、扳手、螺丝刀，人们有了一整个盒子的工具，但如果人们不知道应该在什么样的情况使用什么样的工具，也是不行的。学会怎么用工具并不是关键，关键是提高思维和认知水平，学会分场合、分情况地选择和使用不同的工具。

比如某公司原本没有量化管理与数据分析的概念，人力资源经理在一次培训中学到了用 Excel 软件做员工离职率分析（工具），回到公司之后马上展开运用，每月都要做员工离职率分析。但这项分析工作在运行半年之后，这位人力资源经理发现似乎并没有解决任何问题。该公司的月度离职率稳定维持在 1.5% 左右，人力资源经理对此结果无所适从。

正确的分析思维应当是展开比较，寻找异常。当与同类行业、对标公司比较后，该公司很可能会发现当前的离职率处在较低的水平。这一定是一件好事吗？不一定！如果该公司当前人才的整体能力和绩效较低，而且离职的大多是能力和绩效较高的人才，这并不能说这家公司的离职率低是件好事。

华为技术有限公司主要创始人任正非、巨人网络集团董事长史玉柱、奇虎360公司创始人周鸿祎、猎豹移动CEO傅盛等企业家，都不约而同地把那种工作态度好、待人热情、团队意识也不错但是能力和业绩却很差的人才称为"小白兔"。他们都表示了对这类员工的不满，认为公司人才结构如果长期处在这种低能力、低绩效状态的话，必然会对公司的发展产生不利影响。

周鸿祎曾说："公司发展到一定阶段，能力强的员工容易离职，因为他们对公司内愚蠢行为的容忍度不高，他们也容易找到好工作，能力差的员工倾向于留着不走，他们也不太好找工作，年头久了，他们就变成中高层了。"他把这种现象叫"死海效应"，好员工像死海的水一样蒸发掉，然后死海盐度就变得很高，正常生物不容易存活。

因为"小白兔"创造的贡献和价值很小，他们喜欢待在舒适区，追求安逸，不愿意做任何有挑战性的事。他们不具备内在动力，很难被制度或机制激励。他们看起来完全无害，比有追求、有冲劲的员工稳定性更高，但是公司却不能依靠他们发展。对公司来说，这类员工其实比稳定性差的高能力、高绩效的员工更可怕。

这位人力资源经理虽然学到了用Excel软件做员工离职率分析，却没有学到这种分析背后的一系列思维和认知。对这家公司来说，最迫切需要的很可能是如何通过能力测评、绩效评估，利用数据分析模型进行人才盘点，进行人才能力和绩效结构情况的分析，识别出"小白兔"，并采取相应的配置、轮岗、培训等针对性措施，而不是用Excel软件做离职率分析。

人力资源的量化管理与数据分析其实并不仅是一个工具，而是方向、方法和工具的集合。它不仅是一种能力，而是思维、认知和能力的集合。一个能熟练运用人力资源量化管理与数据分析技术的人，必须掌握这个领域的道、术、器，具备全局的认知和意识，既知道为什么做，又掌握用什么方法做，还能够熟练使用适合的工具。

1.1.3 量化管理与数据分析不是唯数字论

一说到量化管理，许多人力资源管理者最先想到的是数字。其实量化管理中的量化，不仅指的是数字化。量化，是抽象的量化而不是一定要实体的数字化，是相对的量化而不是一定要绝对的数字化。通过量化管理实现公司的管理目标是量化管理存在的价值，通过数字化实现量化管理的目的才是数字化存在的价值。

不是所有的管理过程都具备能够被数字化的特点，考虑到公司的管理成本，只有当某个环节能够被数字化、数字化的成本较低、未来被测量的成本较低时，数字化才是有意义和价值的。如果不具备上述特点，硬要把所有的管理过程都数字化，结果就会演变成"为了数字而数字"，不仅管理成本较高，而且很可能得不到相应的效果。

　　同样地，许多人力资源管理者认为数据分析一定要有数字才叫数据分析，或者一定要是基于数字的分析才叫数据分析。这种理解是对数据分析的一种曲解。数据其实不仅指的是数字，数据可以代表一切对公司来说有价值、可处理的信息。这里的信息可以是数字，可以是文字，也可以是图形。

　　这种认识通过英文会更容易理解，数据分析一词来源于英文"data analysis"（数据分析），而不是"number analysis"（数字分析）。"data"的含义非常广泛，除了数据之外，还有信息、资料、材料的意思。事实上，"data"的意义更偏重于"information"（信息），是一种信息的集合，可以包括但不限于"number"（数字）。

　　人力资源管理者在做数据分析的时候要特别注意，要对有价值的信息实施分析，而不仅是死板地对数字进行分析。

　　假设有 A 和 B 两家公司，它们的成立时间、主营业务、财务状况、资金实力、设备情况、拥有资源等经营管理方面的要素基本相同。这两家公司的总人数都是 5000 人。那么，是否可以得出结论，因为这两家公司的人力资源数量相同，就可以实施相同的人力资源管理战略呢？

　　从"数字分析"的角度看，能够得出肯定的答案，但如果从"数据分析"的角度看，答案是否定的。为什么呢？不考虑经营管理的要素，单从人数的角度探讨，就不能得出这个结论。即使其他的要素完全相同，相同数量的 5000 人之间也是存在巨大差异的。虽然这两家公司人的"数量"相同，但是人的"质量"却可能完全不同。

　　因为人与人之间素质、知识、能力的差别可能会非常大，人与人之间组织与管理方式的差异同样可能会非常大，造成了相同数量的人力资源被组织在一起后，能够创造的价值以及未来的潜力是完全不同的。这种差异，是质与量之间的差异，也是数据与数字之间最大的差异。

　　人是各式各样、形形色色、多姿多彩的，世界上不存在两个完全相同的人，唯数字论者很容易忽略人与人之间的差异性。即使能力素质模型能够将人才的能力素质予以量化，但人终究是不断变化、存在无限潜力和可能的。唯数字论，会僵化人力资源管理者的思维。

　　如果人力资源管理者执着于对数字的分析，很容易陷入绝对化的"是非观"。因为数字能够给人们带来非常确切的结果，也就很容易让人们对某个事物的判断产生是非分明的感觉，结果是人们对事物的判断不是对、就是错，不是好、就是坏，不是行、就是不行。

　　然而这种绝对化的思维在实际经营管理中往往是会出问题的。管理是一门技术，更是一门艺术。如果绝对化，如何体现管理艺术的存在？对数字的分析是数据分析的一种方式，但并非唯一方式；数字分析可以为决策做参考，但并非决策的唯一依据。

　　量化管理与数据分析该有的思维是相对化的"维度观"，也就是在运用数字的情况下，充分考虑其他各类信息，得出的结论往往是对待某个事物，在某个时刻、某种情况、某些状态下，可能某一部分适合，某一部分不适合。这种思维看起来好像是非不明，实际是实事求是。

1.1.4 量化管理与数据分析不应追求复杂

有的人力资源管理者认为量化管理与数据分析的过程越繁琐、方法越复杂、采用的概念越先进、越让普通人一眼看不明白，就越代表了数据分析的质量高。这同样是对量化管理与数据分析的一种误解。

公司做量化管理与数据分析的最终目的不是搞学术研究，而是解决问题。人力资源管理者就算有运用复杂方法做分析的能力，分析得出来的结论和由结论得出的行动方案，也很难被其他部门或者公司的决策层所理解或认可。最终，这样的量化管理与数据分析很容易变得曲高和寡，被束之高阁。

实务中，在项目路演时，在公司召开绩效分析会议时，在针对某个问题召开研讨会议时，经常能看到那些付出了大量的时间，拥有复杂的论证过程，包含着大量数字、图表和信息的 PPT 展示报告材料，被决策者几个简单的问题"打败"。

为什么会这样？因为资本方、公司的决策者、公司的各级管理者并不是数据分析的专家，不一定对复杂的量化管理与数据分析公式、方式很了解。他们能够在公司中担任重要的位置，不是因为他们的学术水平有多高，掌握知识有多深，而是因为他们了解基本的概念，遵循基本常识，抓住基本的规律，以及因为他们具备一定的知识广度，使得他们具备对某些事物认知上的深度，使得他们往往喜欢用简单的逻辑来理解和决策。

商业世界，往往是那些越简单、越容易被普通人理解的信息越有效，越复杂、越难被普通人理解的信息越无效。公司管理过程中的信息交流追求的结果通常是简单化，而不是复杂化。复杂的推演过程是留给专业人士的，输出的结果应当是深入浅出的。

就好像很多不具备财务管理知识的公司一把手，对公司经营状况的理解通常只是停留在一些简单的概念，他们会把对经营或投资数以亿计财务问题的认知抽象、简化得像是做一笔小买卖。这种认知其实对于公司的一把手来说已经足够，因为他管控的是公司的战略和方向，需要的是宏观的视野和整体的把控。

对于支持公司一把手的财务管理专业人员来说，对财务管理的认识显然不能过于简单。他们需要为一把手提供决策支持，但他们呈献给一把手的信息和结论，通常需要是简单的。比如经典的财务三大报表，就是简化后的信息。对于一把手来说，他只需要能看懂三大报表，不需要详细了解三大报表是怎么做出来的。如果财务管理人员给一把手提供的是从财务专业角度的几十张细分表，一把手可能很难理解。

所以，人力资源管理者在进行量化管理与数据分析时，不必追求过程的复杂，而应当注重输出的简单。数据分析管理人员最重要的能力，其实不是数据处理方法与工具应用相关的能力，而是将数据转化成非专业人士也能够快速理解的过程、结论与行动方案的能力。

1.2 量化管理与数据分析的操作方法

量化管理与数据分析遵循道、术、器的原则，应当形成管理的闭环，人力资源管理者要明确为什么分析、该分析什么、用什么方法分析、用什么工具分析，以及在分析之后，需要采取怎样的复盘和评估方法。

1.2.1 典型无效的量化管理与数据分析

我有一位朋友工作经验非常丰富，业务能力强、忠诚度很高，公司领导对他很满意。于是，他被一级一级地向上提拔，最后成了人力资源经理。成为经理之后，他的领导开始要求他做各种各样的人力资源分析报告，而且有个要求，就是一定要"用数据说话"。

但对于这位朋友做出来的分析报告，领导却总不满意。为此，他向我求助。我让他把给领导的报告发给我看看。很快，我的 E-mail 中收到了他发来的报告。报告分成两个文件，一个文件是 Word 文稿，另一个文件是 PPT 演示报告。

我打开 Word 文稿后，发现内容是这样的。

截至 2017 年 12 月 31 日，公司共有员工 2857 人。其中：男性员工有 1038 人，占员工总人数的 36%；女性员工有 1819 人，占员工总人数的 64%。公司员工的平均年龄为 35 岁。其中：30 岁以下的员工人数为 1115 人，占员工总人数的 39%；31 到 40 岁的员工人数为 715 人，占员工总人数的 25%；41 到 50 岁的员工人数为 628 人，占员工总人数的 22%；50 岁以上的员工人数为 399 人，占员工总人数的 14%。

从文化程度看：公司研究生及以上学历的员工人数为 57 人，占员工总人数的 2%；本科学历的员工人数为 229 人，占员工总人数的 8%；专科学历的员工人数为 544 人，占员工总人数的 19%；高中及中专学历的员工人数为 1199 人，占员工总人数的 42%；初中及以下学历的员工人数为 828 人，占员工总人数的 29%。

从岗位分布看：高层管理人员 7 人，占员工总人数的 0.2%；销售人员共有 49 人，占员工总人数的 1.7%；行政财务及管理人员 439 人，占员工总人数的 15.4%；生产一线人员共有 2362 人，占员工总人数的 82.7%。

从司龄分布看：入职不满 1 年的员工人数为 602 人，占员工总人数的 21%；入职 1～3 年的员工人数为 997 人，占员工总人数的 35%；入职 3～5 年的员工人数为 714 人，占员工总人数的 25%；入职 5 年以上的员工人数为 544 人，占员工总人数的 19%。后面还有文化、岗位等情况介绍。

．．．．．．．．．．．．

我又打开了 PPT 演示报告，发现里面的内容是根据 Word 文稿绘制的大量表格和图形。

在我收到这份报告后不久，这位朋友就迫不及待地问我问题到底出在哪儿，是他的 Word 文稿中的文字太多，还是数字算得不对？是不是 PPT 演示报告中应该再加入更多的表格和图形？

我说都不是，问题其实只有三个字——没有用！

比如，报告中说的"公司男性占比 36%，女性占比 64%"，这两个数字有什么意思，代表了什么？

比如，报告中说的"30 岁以下的员工有 39%，50 岁以上的员工有 14%"，这两个比例是高呢，还是低呢？

比如，报告中说的"研究生以上学历的人有 57 人，初中以下的人数有 828 人"，这是公司希望看到的，还是公司不希望看到的？

这份报告当中所有的这些数字和信息背后，是要说明什么问题？是要解决什么问题？能为公司创造什么价值？这些最核心的问题都没有体现。有的只是大量数字的罗列、表格的堆砌和图形的展示，看得人眼花缭乱，做得再丰富，也改变不了这是一本花里胡哨的"流水账"的实质。这样的分析报告是没有思想和灵魂的，公司的管理者当然不会满意。

对公司来说，不能说明和解决任何问题的罗列数据，无异于垃圾信息。公司需要的数据分析，一定是对数据进行加工分析之后，发现某个问题，形成行动方案，评估行动结果，提升组织绩效，达成组织目标，而不是为了"好看"。通过这样的数据分析，人力资源管理者才有可能为公司提高效益和效率，降低成本和风险。

然而这正是许多公司人力资源管理分析报告的普遍问题。这种报告之所以会出现，通常都是因为公司的管理层对人力资源管理工作有较高的要求，要求人力资源管理者要实现量化管理与数据分析。然而，人力资源管理者也很无奈，因为自己并不知道该如何正确地实施分析，就出现了这样的报告。

人力资源管理者在进行量化管理与数据分析时常犯的错误可以归纳为四项。

（1）为了量化而量化，结果导致有了数据，却没有分析。

（2）为了数据而数据，结果导致有了分析，却没有结论。

（3）为了分析而分析，结果导致有了结论，却没有行动。

（4）为了报告而报告，结果导致有了行动，却没有评估。

1.2.2　量化管理与数据分析的四种类型

人力资源管理者在量化管理与数据分析时，根据不同的分析目的和目标，可以采取的数据分析类型可以分为四种，分别是描述型分析、诊断型分析、预测型分析、措施型分析。这四种分析方法之间的关系以及价值和复杂程度的不同如图 1-2 所示。

1. 描述型分析

描述型分析的主要内容是描述事实，是告诉人们"发生了什么"。这是在许多公司中最常见的分析方法，也是复杂程度最小、对公司价值最小的分析方法。但是这种

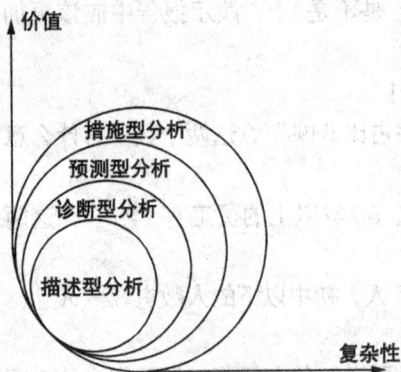

图1-2　数据分析的四种分析类型

分析法并非完全无价值，因为它可以为后续的三类分析方法提供事实的基础数据。上一节中那位朋友做的数据分析报告通篇采取的就是描述型的分析方法。

描述型分析的过程，本质上是让事实变得数据化、可视化的过程。人力资源管理者在进行描述型分析时，要注意数据不是越多越好、越广泛越好，而是为了下一步的目标，获取到的数据越聚焦、越精确、越适时越好。利用一些可视化的工具，能够有效地增强描述型分析所提供的信息。

2. 诊断型分析

诊断型分析是描述型分析的下一步，主要内容是根据描述型分析提供的事实数据，诊断和分析问题的过程，是告诉人们"为什么会发生"以及"问题出在哪儿"。诊断型分析不仅是罗列事实和数据，更是对数据分析进行进一步分析的过程，对公司的价值和复杂性比描述型分析更高。

诊断型分析的过程，本质上是对数据核心意义的挖掘和探讨，是对问题的查找、判断、分析。在这类分析中，人力资源管理者应当对描述型分析中陈述的大量信息和数据进行筛选、分离、归类、整合，并通过这一系列处理动作发现和聚焦问题所在，并通过进一步的分析，找到问题发生的根源。

3. 预测型分析

预测型分析是诊断型分析的下一步，其主要目的是对还没有发生的事情进行预测，主要内容是根据当前的信息和数据，分析当前问题和产生原因，预测未来产生某个问题的概率或发生某个事件的可能性的过程，是告诉人们"未来可能会发生什么"。预测型分析因为要建立预测模型、能够预防风险，所以其复杂性和价值比诊断型分析更高。

预测型分析的过程，本质上是利用一些预测分析的模型或者某种算法，预测某个可以量化的值或者某个可以预估事件的发生时间、地点等特定的结果。这种预测分析过程可以被某种算法或技术固化后，未来自动生成结果。在充满不确定性的环境下，预测型分析能够帮助人们更好地做出决定。

4. 措施型分析

措施型分析是数据分析中价值和复杂程度较高的环节，是通过对"发生了什么""为什么会发生""未来可能会发生什么"的进一步分析，来帮助人们得出行动方案，来告诉人们"应当采取什么样的措施"。

措施型分析的过程，本质上是人力资源管理者应用先进的分析技术，以解决问题为目的，帮助其选择最优的行动策略和方案，最终做出决策的方法。措施型分析通常不是能够直接单独使用的方法，而是在前面所有的分析方法都完成之后，才能够完成的分析方法。

1.2.3 量化管理与数据分析的操作流程

人力资源管理者在操作量化管理与数据分析之前，首先要遵循的思路如图1-3所示。

1. 明确为什么分析

数据分析的方法和工具固然重要，但分析的目的、目标和方向更重要。人力资源管理者在实施数据分析之前，一定要明确想通过分析说明什么问题，解决什么问题，或者是预防什么风险。分析指向的第一目标是行动，终极目标一定是提升公司的价值。

图 1-3 数据分析思路

2. 搞清楚分析什么

在明确方向之后，人力资源管理者要明确具体应当分析什么。公司中的问题很多，但是资源有限，并不是所有的问题都要优先解决。先解决哪个问题，再解决哪个问题，要根据待解决问题的重要性排序而决定。

3. 学会如何分析

人力资源管理者要明确分析的具体方式。比如，如果按照时间频率分析，应当以月为单位、以季度为单位还是以年为单位，或者可以考虑进行不定期的分析。要找到恰当的分析工具，选用准确的分析方法。

人力资源量化管理与数据分析的操作流程可以分成四步，分别是找到问题、形成方案、采取行动、持续评估，如图1-4所示。

数据分析的思路和操作流程看起来容易，在真正应用的时候却很容易被忽略。有时候即使人力资源管理者已经掌握了，也会忘了用，或者即使知道应该如何运用，但是到真正运用

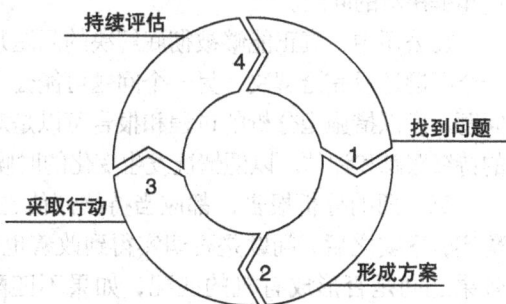

图 1-4 数据分析的操作流程

的时候还是会考虑各种因素而不愿意按照这种思路和流程运用。

那位在数据分析方面向我求助的朋友，当我把数据分析该有的思路和流程向他说完之后，他说方法他已经明白了，也很认可。他认为这确实是公司量化管理与数据分析该有的基本方法，但是他并不想按照这套方法操作。

我问他为什么，他说如果按照这套方法操作，分析的目标将会直接指向问题、解决方案和评估，带来工作量的增加不说，可能一份分析报告只能说明和解决几个问题，有时候甚至可能只说明一个问题，这和他之前每月给领导提供的"非常全面"的分析报告相比，似乎并"不好看"。原来报告的内容那么多，领导都不满意，现在内容少了，领导会满意吗？

存在这类思维的人力资源管理者着实不少，他们当中有的人即使已经到了管理者岗位，但思维还是停留在基层员工的层面。岗位存在的终极目标是帮助公司解决问题、创造价值，不是为了机械地完成任务。这需要人力资源管理者时刻站在公司的角度思考问题。对公司有利的行为，究竟是一份"好看"的报告，还是一份能论证、分析和解决一个问题的不太"好看"但实用的方案呢？

人力资源管理者可以根据数据分析的四种方法，和领导协商，每隔一段时间出具一次分析报告。

描述型分析的分析报告可以每年一次或每半年一次。报告的内容可以涵盖人力资源管理模块的各个方面，报告内容以陈述当前的情况、事实、数据为主，以及包括对当期数据的对比分析、属性分析、图形分析等内容。

诊断型分析的分析报告可以每半年一次或每季度一次。报告的内容可以包括对当前存在问题的聚焦、往期问题的回顾、往期问题与当期问题之间的比较等。报告中应当体现对问题紧急程度和重要程度的评级，明确出公司应当最先解决的问题。

预测型分析的分析报告可以每季度一次或每月一次。报告的内容可以包括对未来的1个月、1个季度、半年、1年、3年和5年在一些关键数据方面的预测。时间远的可以宏观、粗放，时间近的可以微观、精细。

措施型分析的分析报告可以每月一次或每周一次。因为措施型分析的工作量较大，分析工作较为深入，往往需要的时间较长，所以建议一次只需要尝试分析和解决一个最棘手、最重要或最有价值的问题。另外，这类报告并不一定每一次做都要不断地发现和解决新的问题。

在公司中，真正能够被彻底解决的问题几乎是不存在的，随着公司的发展演化，一个问题还没完全解决，另一个问题可能会产生。有时候解决问题本身还会创造新的问题。所以措施型分析的过程和报告可以是对原有待解决问题行动方案实施过程进度的持续跟踪和评估。以便情况发生变化的时候，能够及时做出调整。

每一期的分析报告，都应当持续评估之前报告中行动方案的行为是否切实得到落实，落实之后，问题是否切实得到改善也要评估报告、方案、行动、预期、时间、效果之间是否形成有机的匹配，如果不匹配，应考虑调整数据分析的工作方式和方法。

当人力资源管理者要验证数据分析报告是否有价值的时候，可以针对报告中罗列的不同数据或事实不断问自己"然后呢？"当"然后"开始指向问题、指向行动，并最终指向为公司带来效益的时候，就证明报告中的数据分析是有价值的。

1.3　量化管理与数据分析的准备

公司在正式实施人力资源量化管理与数据分析之前，需要有所准备。对于从来没有实施过这类分析的公司以及管理水平较低的公司来说，想要实施量化管理与数据分析，就要把这项工作当成人力资源管理项目实施，要经过较长时间的努力。

1.3.1　量化管理与数据分析的操作难点

有一次我到某公司考察学习，公司的总经理带我们一行人参观。在参观的过程中，我问这位总经理："请问咱们公司一共有多少员工？"

他回答说："大概有 1 万多人。"

我又问："请问咱们这些员工每年的人工成本额是多少？人事费用率是多少？人均工资是多少？人均劳效是多少？"

总经理愣了一下，转向一旁陪同我们一起参观的人力资源总监，说："你知道这些数字吗？"

这位总监对总经理说："您先等等，我打电话问问部门经理。"

我没想到结果是这样，赶快不好意思地对这位总经理和总监说："抱歉，我只是随便问问，请不必在意。"

可这位总经理很严厉地对这位总监说："不！这些数字你一定要搞清楚！这些基本数据你和我本来都应该是很清楚的！"

当天晚上，我们将要离开时，总经理对我说："你问的那几个问题，我现在终于知道答案了！而且我原来甚至都不知道公司比较准确的人数，只知道大概数据，现在我终于也知道了。"

我好奇地问了他一句："您为什么现在才知道呢？"

他说因为人力资源部平时没有做量化管理与数据分析的习惯，他也从没有要求过，我上午问的那些数据都是人力资源部今天临时做的，他以后一定要让人力资源部做好量化管理与数据分析工作，以后要让人力资源部用数据说话。

我问这位总经理："您想过人力资源部要从平时完全不做量化管理与数据分析到能够做好这项工作，管理成本有多少、难点在哪里、都需要做什么吗？"

他回答说："这有什么难的？直接做不就好了吗！"

2 年后，我再次来到这家公司，见到了当时的总经理和人力资源总监。我问他们公司实现了人力资源方面的量化管理与数据分析了吗？这位总经理叹了一口气，没有说话。同时我看到人力资源总监不好意思地低下了头。

从这位总经理对人力资源量化管理与数据分析的认识来看，这项工作在这家公司没有得到有效的推行不能全怪人力资源总监的工作不利。量化管理与数据分析工作不是人们想象的：管理工作中原本没有引入数字，在引入数字之后就是量化管理与数据分析了。当然，有数字也许会比没有数字强，但是有了数字，并不代表就有了这项工作。

要实施人力资源的量化管理与数据分析，需要做大量的前期投入。要实现量化管理的价值，达到数据支撑决策的目的，必然需要打造一整套完整的闭环管理体系，需要大量的原始数据积累，也需要对公司现有的管理体系以及人力资源管理的方法、流程、制度做出相应调整。

这就好比一家公司原本是生产服装的，公司突然有一天决定不生产服装了，改为生产汽车。这必然需要公司更换大量的生产设备、改变生产流程、调整员工的技能或者重新招聘新员工等。

所以人力资源量化管理与数据分析工作要想在公司中得以实现，需要公司各层级的理解和支持，尤其需要公司一把手的支持。然而通常情况下，人力资源的量化管理与数据分析并不是一件关乎公司生死的大事，也不是一件能直接把公司从经营困境中解救出来的事。它很难"雪中送炭"，也很难"力挽狂澜"，更多时候是"锦上添花"。所以公司的一把手对这项工作往往不够重视。

管理工作的提升并不是一个人一句话或者一个岗位换一换工作内容就能完成的事，它通常需要付出一定的管理成本，需要全公司各个相关岗位为之付出努力。任何一个公司管理上的变化，必然带来运营流程上的一系列变化。

1.3.2 量化管理与数据分析的支持系统

我曾经所在公司的总经理有一次出差，在飞机的杂志上看到某个擅长推行某种管理模式的培训机构的广告后，拍了张照片发给我，要求我调研学习一下这种管理制度，看是否能够在公司中推行。

于是我深入调研这种管理模式，当总经理出差回到公司后，问我了解得怎么样。

我说："这种管理模式确实挺好的，如果您想在公司里推行，是可以考虑的。"

总经理说："那还等什么？开始推行吧！"

我说："推行是第二步，第一步是实现这种管理模式。我需要做……您需要做……用人部门需要做……需要购置……需要新增……需要培训……这些只是前期的准备，并不能保证能够顺利推行，过程中还需要……这项工作可能面临的风险和问题包括……"

总经理听完之后说："那你还是先等等吧，我再考虑一下。"

后来，他再没有跟我提起过要推行这种管理模式的事。

人力资源的量化管理不只是人力资源部一个部门的事，如果得不到一把手的明确支持和帮助，得不到其他部门的支持与配合，或者如果人力资源管理工作在公司的定位是与业务脱离的两层皮或边缘化状态，那么这项原本非常有意义的工作，反而会显得多此一举。

即使公司一把手对量化管理与数据分析工作比较重视，但他并没有认识到这项工作的复杂程度，没有认识到自己、人力资源部及其他部门分别在实现这项工作上需要阶段性或持续性地做哪些工作。

　　拿人力资源管理中的招聘管理模块实现量化管理与数据分析的过程举例子。如果想通过数据指导和改进招聘管理工作，就需要公司至少要做好如下工作。

　　（1）实现工作流程上的数据全覆盖。招聘流程要实现从提出人员需求、岗位发布，到简历筛选、电话预约、初试、复试，再到入职、转正、绩效表现、离职的全流程数据覆盖。只有这样，才能通过数据分析指导哪里做得到位，哪里还有问题。

　　（2）达到数据的全面化和精细化。任何有招聘需求的岗位，都要有详尽、准确的底层数据的记录和支持。只有底层数据全面、精确，才可能准确地分析出不同岗位空缺的原因，才有可能根据不同情况有针对性地制定有效的改进措施。

　　（3）数据来源的多样性。有时候为了提高招聘相关数据的广度和深度，还需要用人部门的深度参与，而不是人力资源管理者的一方参与。比如为了实现对招聘人才质量的评估，可能会需要用人部门平时工作中积累一些基础数据，还可能需要请用人部门负责人对招聘管理工作以及人才在岗位上工作的不同阶段打分评估。

　　除此之外，人力资源管理者很可能还需要付出大量的时间和面对庞大的工作量。数据量化的过程不仅需要人力资源部有专人负责、需要用人部门的参与，还需要大量的工作量作为基础。因为前期的规划问题或者公司业务的调整，1年以后，很可能会发现在之前数据积累和提取上有不合理的地方，需要优化。这就又需要人力资源管理者再次付出大量的时间。

　　即使数据积累不需要优化，如果只有1年的基础数据，这些数据的可靠性也是有待验证的。如果真的要做好量化管理与数据分析工作，让分析能够真正指导公司实践，从开始着手准备到这项工作产生价值，保守估计需要3年时间。这对于许多连人力资源管理正常模块都没做好的公司来说，似乎会有一些遥远。

　　人力资源量化管理与数据分析的支持系统不仅限于管理方面的支持系统，还包括真实信息系统的支持。信息系统能够减少大量人工的工作量。利用信息系统固化数据的获取类型和方法之后，一些固定的分析工作可以通过信息系统直接完成。

　　因为信息管理系统的成本较高，所以并不适合所有的公司。一般来说，对人数超过2000人以上且对人力资源管理有较高要求的公司，建议采用人力资源管理系统帮助实现量化管理与数据分析工作。

1.3.3　量化管理与数据分析的知识能力

　　量化管理与数据分析工作在得到了公司一把手和各部门的支持后，能不能做成，还要看人力资源管理者是否具备相关的能力。如果实际运行这项工作的人力资源管理者不具备思想上和能力上的战略高度，没有一定的统筹、规划、协调、沟通、建模、项目管理等一系列能力，那么量化管理与数据分析体系最终也是做不成的。

　　我曾经工作的公司专门设立了一个数据处理和应用的部门，叫数据中心。这个部门的职责相当于总经理和营运部的参谋部，实时地为总经理和运营部提供数据参考。公司当时已经实现了数据化的管理，运营上的各类报表已经比较完善，通过数据分析能够快速聚焦和查找出经营上的问题。

不过数据中心并不提供人力资源管理相关的数据，但我们有人力资源管理数据的需求，所以就在人力资源部内部成立了一个由 3 人组成的小组，专门负责做人力资源管理相关的数据分析。这个小组成立后，我与他们 3 人一起建立起人力资源部整套的定期与不定期分析报表的模板，明确了他们的工作职责和任务。

可是我发现这个小组做的分析的质量明显比不过数据中心，不是因为他们对数据概念的理解不够，也不是因为他们在使用系统导出数据和使用 Excel 软件做表格方面的技能较低，而是他们的思维高度没有达到分析的要求。他们做出来的分析仅限于我给他们设计的表格，没有查找问题、预测问题和提出解决方案。他们的分析报告没有高度，也没有灵魂。

为什么数据中心的员工分析比较到位呢？因为这个部门的人选是一把手在公司内精挑细选的，骨干都是在公司内有过 8 年以上业务部门工作经验的人，部门中司龄最小的人也至少在公司中有 3 年以上的业务部门工作经验。而且他们每天与公司最高管理层一起开会，非常了解公司的战略需求和当前业务发展情况。所以他们的思维具备一定的高度，他们分析的思路也是比较完整的，能够聚焦问题、解决问题。

但是人力资源部的这 3 位员工年龄比较小、司龄比较短，缺少业务部门的工作经验，并不十分了解业务部门的运作方式，同时和公司高层的接触比较少，不了解公司的战略和整体运营情况。所以他们做出来的数据分析质量比较低。

人力资源量化管理与数据分析工作在对人员知识和能力方面的需求包括如下内容。

1. 数据处理

在数据处理方面，人力资源管理者要具备如下的知识和能力。

➤ 掌握基础的数据挖掘方法、数据建模方法；

➤ 将工作流程转化为数据呈现的能力；

➤ 熟知基础知识、概念和公式；

➤ 熟知常用的分析方法、工具、模板；

➤ 掌握业务知识，了解业务部门的运作情况；

➤ 学习行业知识，了解公司在行业中的情况。

2. 数据分析

在数据分析方面，人力资源管理者要具备如下的知识和能力。

➤ 沟通能力；

➤ 数据统计和处理能力；

➤ 要细心、耐心、静心、严谨；

➤ 对数据的敏锐性，结构化思维；

➤ 分析思维的广度、深度和速度。

3.数据解读

在数据解读方面，人力资源管理者要具备如下的知识和能力。

➢ 不仅要对数据深入分析，还要学会对结果按预期呈现；

➢ 能够准确、有效、简单地解读分析报告，让他人快速理解。

🔗 前沿认知
量化管理与数据分析中的管理成本

一切的管理模式都对应着相应的管理成本。人力资源量化管理与数据分析工作是一件管理成本较高的工作，公司在实施之前，一定要计算成本与收益之间的关系，切忌不考虑成本地跟风式引进。

一般人谈管理，往往因为某种管理模式的先进性，而将视角紧紧盯在这种管理模式的引入、实施和运行上，而忽略了这种管理模式的成本。

公司引入某种管理模式带来的成本增加可以参考战争中关于成本的探讨。《孙子兵法》在商业竞争中的地位非常重要，其中的许多思想在公司管理方面能够给决策者提供非常重要的参考。

《孙子兵法》的作战篇中说："凡用兵之法，驰车千驷，革车千乘，带甲十万，千里馈粮，则内外之费，宾客之用，胶漆之材，车甲之奉，日费千金，然后十万之师举矣。"

这段的意思是说，要兴兵作战，需要的物资准备有：轻车千辆，重车千辆，全副武装的士兵十万，并向千里之外运送粮食。那么前后方的军内外开支，招待使节、策士的用度，用于武器维修的胶漆等材料费用，保养战车、甲胄的支出等，每天要消耗千金。按照这样的标准准备之后，十万大军才可以出发上战场。

《孙子兵法》的作战篇中还有："力屈财殚，中原内虚于家，百姓之费，十去其七；公家之费，破军罢马，甲胄矢弓，戟盾矛橹，丘牛大车，十去其六。"

意思是在战场上，军力耗尽，在国内财源枯竭，百姓私家财产损耗十分之七。国家的财产，由于车辆破损，马匹疲惫，盔甲、弓箭、矛戟、盾牌、牛车的损失，而耗去十分之六。

曹操对此的注解是："欲战必先算其费，务因粮于敌也。"意思是要作战，必须预先计算战争的费用，务必就地取用敌人的粮食。

《孙子兵法》在不厌其烦地告诫决策者们：战争是很贵的，能不打仗就不要打仗。我们的目标是解决问题，而不是一定要去战斗。打不赢就不要打；打得赢，但是打不起，也不要打；打得赢也打得起，还看看能不能不打仗就解决问题；如果不得已要打仗，之前也必须做好成本控制。

公司实施人力资源量化管理与数据分析管理也是同样道理，管理模式不是目的，解决问题才是目的。当公司要引入某种管理模式之前，一定要先考虑成本。如果公司当前情况并不适合引入这种管理模式，就不要引入；如果引入这种管理模式的成本较高，收益率较低，也不要引入；就算成本不高，也要探讨是否可以不引入就能解决问题。

🗨 疑难问题
如何正确建设和运用人力资源管理仪表盘

人力资源管理仪表盘（Human Resources Management Dashboard）是通过对经过收集、分类、汇总后的人力资源管理相关数据进行分析，再通过图形、表格、数字等形式，比较直观、可视化地展示出人力资源数据与数据间的关系。

类似汽车的仪表盘展示汽车的实时情况（如车速情况、燃油状况等）、历史数据（如行驶里程数）、发出预警信息（如燃油过低、安全带警报、胎压警报等），人力资源管理仪表盘同样可以用来展示人力资源工作的实时信息、历史数据、预警信息等，比如展示子公司或各部门员工的异动情况、绩效情况、用工效率等。

人力资源管理仪表盘是一个能够帮助人力资源管理者了解和查找公司当前人力资源管理问题的工具，它的价值主要体现在能够帮助人力资源管理者预警和及时解决问题。通过人力资源管理仪表盘，人力资源管理者可以全盘、清晰、有效地看到公司现有的人力资源情况和存在的问题，为制定公司的发展战略和业务决策提供人力资源管理方面的依据。

人力资源管理仪表盘中的信息和对应的功能包括如下四类。

1. 基本信息

人力资源管理仪表盘中的基本信息反映的是人力资源一段时间内或即时信息的运行情况，一般包括员工的数量、年龄、学历、司龄、员工离职率、新员工比率等。通过这类数据，人力资源管理者可以分析公司当前的人力资源构成是否合理，运行是否正常，为人力资源决策提供依据。

2. 人力资源管理效率

人力资源管理仪表盘中的人力资源管理效率通常反映的是人力资源管理各模块的管理效率。通过这类分析能够得出人力资源管理各模块的实施效果，比如招聘满足率、员工招聘周期、培训计划完成率、培训覆盖率、绩效覆盖率、薪酬发放及时率、发生工伤次数、劳动仲裁次数等。

3. 公司当前绩效情况

人力资源管理仪表盘中的绩效情况反映的是子公司、部门或员工的绩效情况，比如销售业绩完成率、销售回款完成率、产品开发计划完成率、生产计划完成率等。通过对绩效情况的实时分析，便于人力资源管理者快速、深入地查找绩效问题和原因。

4. 财务相关数据

人力资源管理仪表盘中的财务相关数据反映的是公司与人力资源管理相关的财务数据，比如人均劳效、人均利润、人均产值、人力成本、人力成本费用率、人力资源管理费用率等。通过对财务相关数据的分析，能够为人力资源财务相关的决策提供巨大的支持。

某知名软件中，人力资源管理仪表盘界面示意图如图 1-5 所示。

图 1-5　人力资源管理仪表盘界面示意图

人力资源管理者要创建人力资源管理仪表盘应当遵循如下步骤和原则。

1. 创建什么样的仪表盘

人力资源管理仪表盘的建设不应当跟风，而应当根据公司的需要决定是否建设或者建设什么样的仪表盘。仪表盘中展示的信息应当根据公司的需要选择，并非越多越好、越全越好，而是以能够帮助公司查找、监控和解决问题为前提，同时在公司能够承担的管理成本范围内。

2. 用什么方式创建仪表盘

如果公司的经费充足，人力资源管理者可以通过人力资源管理软件实现人力资源管理仪表盘的创建；如果公司的经费有限，只能通过人力资源管理者的个人努力创建仪表盘，则可以通过 Excel 软件建立人力资源管理仪表盘。

3. 创建仪表盘之后的应用

是否创建出人力资源管理仪表盘并不是最重要的，重要的是如何正确地运用人力资源管理仪表盘为公司创造价值。人力资源管理者不要被仪表盘绑架了头脑，量化管理与数据分析的逻辑、思维、方法以及最终发现和解决问题才是最重要的。

☑ 实战案例
如何通过量化管理与数据分析查找问题

以我朋友的那份领导并不满意的分析报告举例子，报告中有如下内容。

从文化程度看：公司研究生及以上学历的员工人数为57人，占员工总人数的2%；本科学历的员工人数为229人，占员工总人数的8%；专科学历的员工人数为544人，占员工总人数的19%；高中及中专学历的员工人数为1199人，占员工总人数的42%；初中及以下学历的员工人数为828人，占员工总人数的29%。

将以上报告中的内容整理成表格如表1-1所示。

表1-1 公司员工文化程度分布表

学历类型	初中及以下学历	高中及中专学历	专科学历	本科学历	研究生及以上学历
人数	828	1199	544	229	57
占比	29%	42%	19%	8%	2%

表中的数字，是公司希望看到的，还是公司不希望看到的呢？目前是没有办法回答的，需要引入一个行业和市场的情况作为参考来判断。假如这里公司了解到如下三条信息。

（1）这家公司所在的行业是某类精密电子零部件的生产加工行业。在这类行业中一线操作工的比例较高，由于这类岗位涉及手工操作，公司就需要对一线操作工有一定的知识和技能要求。基于此，一般来说，一线操作工要有高中及以上学历。

（2）该行业协会在对同行业大量公司实施调研后得出的调研报告也证明了，在这类行业中，高中及以上学历的人数在一线操作工岗位中占比越高，员工的劳动效率越高，产品的质量合格率也越高。

（3）与该公司形成最大竞争关系的公司中，高中及以上学历人数的占比达到了90%，而且根据调研数据显示，竞争对手公司的劳动效率和产品的质量合格率都比该公司高30%以上。

有了这三项信息作为背景条件后，这时人力资源管理者大约可以判断，公司当前高中及以上学历人员的占比为71%（1 - 29%），数字偏低，为了提高该公司的劳动效率，可以考虑采取行动，逐步做出调整。

人力资源调整工作需要谨慎，考虑到公司运营的稳定性，这里的行动方案不宜过于激烈。简单粗暴的行动方案反而有可能会在短期内大幅度增加公司的成本、降低效率、影响正常的运营，得不偿失。

这时候人力资源管理者可以先了解一下员工的自然流失速度，制定一个员工自然流失之后的人力结构调整的计划。

以上的分析思路，是一种比较简单的演示。在实际工作中需要考虑的因素较多，存在的变数较大，所以可能还需要考虑其他因素。比如，高中及以上学历人数在公司中占比应当达到多少合适？像竞争对手一样达到 90% 就是最优的吗？

答案是不一定。人力资源管理者需要根据公司岗位设置的具体情况，做进一步细分的评估。根据每个岗位的特点，判断每个岗位学历与劳动效率之间的关系，得到每个岗位需要的最低学历水平，将全公司所有岗位的需求加总之后，计算出比例，才能得出最优的比例。

比如，如果经过详细的评估和计算之后，公司高中及以上学历人数达到 90% 就是最优的人才结构比例，经过一段时间的调整后，公司的人才结构比例达到了这一标准。这时候，是否可以说公司当前的人才结构比例就是最优的呢？

答案是不一定。因为有可能会有高中以下学历的劳动者在从事着适合高中及以上学历劳动者从事的岗位。也就是说从总人数的比例来看，数字与最优比例相同，但是具体到每一个岗位的情况，有可能存在不匹配的情况。

对于我那位朋友的报告中其他的数字（年龄、司龄等），同样可以按照类似的思路和方法来分析并找到问题，形成方案，采取行动，持续评估。按照这种思路和方法实施的数据分析，不是简单地罗列数字，而是真正深入地分析问题和解决问题，达到提升公司效益和效率的目的。

第2章
量化管理与数据分析的常用方法

人力资源量化管理与数据分析中常用的分析方法按照大类划分有对比分析法、属性分析法、图形分析法。其中，对比分析法包括时间对比分析、空间对比分析和基准对比分析；属性分析法包括相关关系分析、组成关系分析和聚类关系分析；图形分析法包括图形转换分析、模型工具分析、象限分类分析和空间结构分析。

2.1 对比分析法

对比分析是将两个有一定关联性的数据进行比较，从数量上展示和说明研究对象的规模大小、水平高低、速度快慢等数值间的相对差异。通过相同维度下数据之间的对比，人力资源管理者可以发现在不同阶段存在的问题。

2.1.1 时间对比分析

时间对比分析是对不同时间段内事物之间发展变化情况的对比分析。常见的时间对比分析根据时间段选择的不同可以分成同比分析和环比分析。常用的对比方式可以分成数量变化对比、倍数变化对比和比率变化对比。

同比分析是某个时期与上年同一时期水平的对比；环比分析是某个时期与前一时期水平的对比。在人力资源量化管理与数据分析中，同比和环比按照时间划分可以分成日、周、月度、季度、半年度、年度的同比分析与环比分析。

同比分析和环比分析反映的虽然都是变化速度，但由于采用基期的不同，其反映的内涵是完全不同的。一般来说，环比可以与环比相比较，但不能拿同比与环比相比较；而对于同一个事物，考虑时间上的发展趋势，往往可以把同比与环比放在一起进行对比。

同比分析的通用公式如下。

同比数量变化 = 本期数据 – 上年同期数据。

同比倍数变化 = 本期数据 ÷ 上年同期数据。

同比增长率 =（本期数据 – 上年同期数据）÷ 上年同期数据 × 100%。

环比分析的通用公式如下。

环比数量变化 = 本期数据 – 上期数据。

环比倍数变化 = 本期数据 ÷ 上期数据。

环比增长率 =（本期数据 – 上期数据）÷ 上期数据 × 100%。

同比分析和环比分析各有优缺点和适用性。同比分析能够消除随季节变化而变化的因素，所以可以从整体上把握事物的发展方向；环比分析能够更细致地反映事物发展的每个阶段。同比分析和环比分析可以同时运用，从多个角度探究事物发展的规律，说服力更强。

举例

某公司人数的变化情况如表2-1所示。

表2-1　某公司人数随时间变化情况

时间	20×1年1月	20×1年2月	20×1年3月	20×1年4月	20×1年5月	20×1年6月
人数	10000	10100	10200	10300	10400	10500
时间	20×2年1月	20×2年2月	20×2年3月	20×2年4月	20×2年5月	20×2年6月
人数	10100	10200	10300	10400	10500	10600

20×2年1月人数与20×1年1月人数相比同比增长数量=10100−10000=100（人）。

20×2年1月人数与20×1年1月人数相比同比增长倍数=10100÷10000≈1.01（倍）。

20×2年1月人数与20×1年1月人数相比同比增长率=（10100−10000）÷10000×100%≈1%。

20×2年2月人数与20×2年1月人数相比环比增长数量=10200−10100=100（人）。

20×2年2月人数与20×2年1月人数相比环比增长倍数=10200÷10100≈1.01（倍）。

20×2年2月人数与20×2年1月人数相比环比增长率=（10200−10100）÷10100×100%≈1%。

2.1.2　空间对比分析

空间对比分析指的是在同一时间下，不同事物之间结构上的对比分析。常见的空间对比分析根据结构上的不同可以分成横向对比和纵向对比。除此之外，人力资源管理者可以根据情况需要，进行横向与纵向之间的交叉分析。

根据空间设置的不同，横向分析和纵向分析的定义可以代表自己与自己比、自己与他人比。交叉分析则是自己与他人之间的交叉对比。在空间对比分析中，常用的对比方式有数量对比、倍数对比和比率对比。

举例

有A、B、C、D四家行业类型、产品类型和业务规模相似的公司，各公司之间分岗位的人数比较如表2-2所示。

表2-2　四家公司之间分岗位人数对比表

公司岗位	A公司	B公司	C公司	D公司
a岗位人数	2000	2500	3000	3000
b岗位人数	3000	2500	2500	3500

续表

公司岗位	A公司	B公司	C公司	D公司
c岗位人数	4000	4000	3500	3000
d岗位人数	5000	4500	5500	4000
总人数	14000	13500	14500	13500

从横向上看，B公司a岗位人数比A公司a岗位人数多500人（2500−2000），B公司a岗位人数是A公司a岗位人数的1.25倍（2500÷2000），B公司a岗位人数比A公司a岗位人数多25%（500÷2000×100%）。

从纵向上看，A公司b岗位人数比a岗位人数多1000人（3000−2000），A公司b岗位人数是a岗位人数的1.5倍（3000÷2000），A公司b岗位人数比a岗位人数多50%（1000÷2000×100%）。

交叉来看，A公司d岗位人数比B公司c岗位人数多1000人（5000−4000），A公司d岗位人数是B公司c岗位人数的1.25倍（5000÷4000），A公司d岗位人数比B公司c岗位人数多25%（1000÷4000×100%）。

2.1.3　基准对比分析

基准对比分析是固定时间和空间，与某一特定或标准的对象进行的对比分析。

常用基准对比的方式同样可以分为数量变化对比、倍数变化对比和比率变化对比。

基准对比分析的通用公式如下。

基准数量差距＝当前数据−固定数据。

基准倍数差距＝当前数据÷固定数据。

基准比率差距＝（当前数据−固定数据）÷固定数据×100%。

举例

某公司处在迅速发展和扩张期，根据公司人力资源数量需求的测算，公司的目标总人数为10000人，随着每月的招聘，该公司每月人数的变化如表2-3所示。

表2-3　某公司每月人数变化

时间	目标人数	20×1年1月	20×1年2月	20×1年3月	20×1年4月	20×1年5月
a岗位人数	2000	1900	1950	1950	1900	2000
b岗位人数	2000	1900	1900	2000	1950	2000

时间	目标人数	20×1年1月	20×1年2月	20×1年3月	20×1年4月	20×1年5月
c岗位人数	3000	2900	2950	2900	2950	2950
d岗位人数	3000	2800	2800	2850	3000	2950
总人数	10000	9500	9600	9700	9800	9900

从总人数的横向比较看，该公司20×1年1月人数与目标人数之间还差500人（10000−9500）；20×1年1月的人数为目标人数的95%（9500÷10000×100%）；20×1年1月的人数与目标人数之间的比率差距为5%（500÷10000×100%）；按照20×1年每月人数净增加100人的变化趋势，预计在20×1年6月，人数将达到目标人数。

从纵向比较看，该公司20×1年2月a岗位人数比b岗位人数多50人（1950−1900）；20×1年3月a岗位人数比b岗位人数少50人（2000−1950）；到20×1年5月时，a、b岗位人数比例与c、d岗位人数比例达成一致，都是1∶1，且与目标人数的a、b岗位之间，c、d岗位之间比例一致。

从时间和空间的交叉比较看，从20×1年1月至5月，d岗位人数的补充数量最多，为150人（2950−2800）；c岗位人数的补充数量最少，为50人（2950−2900）；人数补充比例最多的是d岗位，为5.4%（150÷2800×100%）。

2.2 属性分析法

对比分析法研究的内容主要是事物之间的数量变化，而属性分析法研究的内容主要是事物本身的内在属性和相互之间的关系。

2.2.1 相关关系分析

相关关系分析指的是当某一个或几个变量发生变化时，与它相关的另一个或几个变量将会随之按照某种规律在一定范围内变化的分析。这种变量间的相互关系，被称为相关关系。变量之间的相关关系有很多类别。

如果按照相关关系的变量数目划分，可以把相关关系划分为单相关、复相关、偏相关，具体区别如下。

（1）单相关：一个自变量同一个因变量之间的相关关系。

（2）复相关：两个或两个以上的自变量同一个因变量之间的相关关系。

（3）偏相关：有两个或两个以上的自变量同一个因变量相关时，把其他自变量当作常量，只研究一个自变量同因变量之间的相关关系。

自变量指的是人们能够操作和掌握的变量，因变量是因为自变量的变化而产生的某种现象或结果。自变量与因变量是同时存在、相互依存的关系，没有自变量也就无所谓因变量，没有因变量无所谓自变量。

如果按照相关关系的形态划分，可以把相关关系划分为直线相关（线性相关）、曲线相关（非线性相关），具体区别如下。

（1）直线相关（线性相关）：当相关关系的某个变量变动时，另一个变量相应发生均等的变动。反映在图形上，变量之间的关系呈现出直线形态。

（2）曲线相关（非线性相关）：当相关关系的某个变量变动时，另一个变量相应发生不均等的变动。反映在图形上，变量之间的关系呈现出某种曲线形态。

如果按照相关关系的程度划分，可以把相关关系划分为完全相关、不相关和不完全相关三类，具体区别如下。

（1）完全相关：一个变量变化由另一个变量变化唯一确定，即呈现函数关系。

（2）不相关：两个变量彼此变化互相独立，没有关系。

（3）不完全相关：两个变量之间的关系介于不相关和完全相关之间。

如果按照相关关系的方向划分，可以把相关关系划分为正相关和负相关，具体区别如下。

（1）正相关：两个变量的变化趋势相同，当一个变量的值变大或变小时，另一个变量也随之变大或变小。

（2）负相关：两个变量的变化趋势相反，当一个变量的值变大或变小时，另一个变量呈现相反方向的变小或变大。

举例

某公司人力资源部想要提高招聘满足率，所以研究招聘满足率相关的数据指标。经过探讨与分析，发现影响招聘满足率的因素包括招聘费用的投入、招聘渠道的数量、人力资源管理者工作时间、人力资源管理者的技能水平等。

招聘满足率与招聘费用的投入、招聘渠道的数量、人力资源管理者工作时间、人力资源管理者的技能水平等数据指标之间呈现复相关关系。在进一步研究它们的相关性时，可以考虑其他条件不变，只改变招聘费用投入的数量。此时，招聘满足率与招聘费用之间是偏相关。

经研究发现，招聘费用提高后，招聘满足率有所提升，说明它们之间是正相关关系。但是当招聘费用提高到一定水平后，招聘满足率基本不变，这说明它们之间并非直线相关，而是曲线相关，且是不完全相关关系。

2.2.2 组成关系分析

组成关系分析指的是某一事物与其他事物之间呈现组成关系的情况分析。组成关系可以有包含关系（某事物包含其他事物）、来源关系（某事物来源于其他事物）、因子关系（某事物是其他事物的因子）等种类。

举例

人力资源成本指的是公司为了获取、激发、使用公司的人力资源，而需要付出的人才招聘、培训、管理、离职等各项费用成本。人力资源成本可以分成四大类，分别是取得成本、开发成本、使用成本、离职成本。

1. 取得成本

（1）招聘成本：公司寻找、吸引、引进人才所需的费用。

（2）选择成本：公司评估、测试、甄选人才所需的费用。

（3）录用成本：公司为获得人才的合法使用权而需要付出的费用。

（4）安置成本：公司将候选人安排到岗位上岗需要付出的各类行政费用。

2. 开发成本

（1）岗前培训成本：公司为人才提供上岗前的培训需要的费用。

（2）岗中培训成本：公司为了让人才达到岗位要求而进行培训发生的费用。

（3）脱产培训成本：公司根据需要，允许员工脱离工作岗位培训发生的费用。

3. 使用成本

（1）薪酬成本：公司为员工支付的劳动报酬、津贴等费用。

（2）福利成本：公司为员工提供的各类法定和非法定福利费用。

（3）奖励成本：公司为员工提供的各类奖金及其他具有激励性质的措施的费用。

（4）调剂成本：公司为调剂员工的工作和生活而采取一系列措施所付出的费用。

（5）劳动保障成本：员工工伤或患职业病时，公司需要承担的费用。

（6）健康保障成本：员工的健康相关问题公司需要承担的费用。

4. 离职成本

（1）离职补偿成本：员工离职后，公司需要支付给员工的费用。

（2）离职低效成本：员工离职前，因工作效率降低造成的公司损失。

（3）岗位空缺成本：员工离职后，因岗位空缺造成的公司损失。

2.2.3 聚类关系分析

聚类是将数据分类到不同的类或簇中的过程，所以在同一类或同一簇中的对象具有很大的相似性，而不同簇间的对象有很大的相异性。在统计学中，聚类分析是通过数据建模简化并分类数据的一种方法。

在人力资源量化管理与数据分析中，运用统计学中非常专业的聚类分析的情况并不多，大多数情况下的聚类关系分析是根据需要提前设置分类，同一分类具有一定的相似性，然后根据信息的属性不同，将其分布在不同的分类中。

举例

美国通用电气公司（GE，General Electric Company）的前CEO杰克·韦尔奇（Jack Welch）提出过"活力曲线"。韦尔奇按照绩效和能力，将所有员工分成三类。活力曲线中员工的类别和比例如表2-4所示。

表2-4 活力曲线中各员工分类及占比

分类	A类	B类	C类
占比	20%	70%	10%

对于A类的员工，韦尔奇对他们采取的策略是不断奖励，包括岗位晋升、提高工资、股权激励等。有的A类员工得到的奖励，是B类员工的2～3倍。对于B类员工，韦尔奇会根据情况，适当提升其工资。C类员工，不但不会有奖励，还将被公司淘汰。韦尔奇的这套方法，可以转化为人力资源管理中的"强制分布法"。

某公司参考韦尔奇的活力曲线，实施强制分布法评判公司内所有员工的年度绩效结果。经公司管理层讨论，决定把全公司所有员工分成A、B、C、D、E五个等级，每个等级对应的人数比例如表2-5所示。

表2-5 某公司绩效分布等级和人数占比

绩效类别	A	B	C	D	E
人数占比	10%	20%	30%	30%	10%

年度绩效等级评定为A的员工第二年薪酬将提升20%。

年度绩效等级评定为B的员工第二年薪酬将提升15%。

年度绩效等级评定为C的员工第二年薪酬将提升10%。

年度绩效等级评定为D的员工第二年薪酬将提升5%。

年度绩效等级评定为E的员工第二年薪酬不变。

该公司按照大部门评价绩效和划分人员等级，要求每个大部门的人员同样按照该比例划分。大部门内，人员绩效评定工作由部门负责人负责组织，由人力资源部负责监督和协助部门负责人实施。

某部门共有10名员工，该部门负责人为了体现公正性，成立评价小组，按照工作态度、工作能力和工作绩效三个维度，对部门内不同成员进行评价，评分表如表2-6所示。

表2-6 某公司绩效评价样表

部门	姓名	工作态度（权重30%）	工作能力（权重30%）	工作绩效（权重40%）	得分

根据汇总平均各评价小组成员的评分结果，得到部门员工的绩效分数结果，并根据分数结果，参照等级划分比例，得出不同员工所属的绩效等级，如表2-7所示。

表 2-7　某公司某部门绩效评价结果和等级划分

姓名	绩效分数	所属绩效等级
张晓萌	82	C
李舒淇	87	B
王海燕	83	C
徐峰	89	A
王磊	75	D
张强	72	E
李艳	81	C
刘乐乐	78	D
徐晓梅	76	D
王晓明	86	B

该部门负责人将该结果提交至人力资源部。人力资源部汇总全公司的绩效评价结果后，第二年按照此结果实施薪酬提升。

2.3　图形分析法

图形分析法是将数据或信息转化为图形的分析方法。因为图形具有可视化更强的特点，能够给人们带来更强的感官体验，所以在某些情况下，通过图形表达数据分析的过程和结论能够让他人更快、更好地理解。

2.3.1　图形转换分析

比较简单的图形分析法是利用软件（如 Excel）把数据信息转化为图形，从而让数据信息展现得更加直观。常见图形包括柱形图、饼图、折线图、条形图、面积图、散点图、雷达图等。

举例

某公司共有员工 2857 人。员工的平均年龄为 35 岁，其中 30 岁及以下的员工人数为 1115 人，占员工总人数的 39%；31 岁到 40 岁的员工人数为 715 人，占员工总人数的 25%；41 岁到 50 岁的员工人数为 628 人，占员工总人数的 22%；50 岁以上的员工人数为399人，占员工总人数的14%。

将以上数据转化为表格如表2-8所示。

表2-8　某公司员工年龄结构

年龄	30岁及以下	31～40岁	41～50岁	50岁以上	合计
人数	1115	715	628	399	2857
比例	39%	25%	22%	14%	100%

对于这类分类别、有数字、有比例的数据，如果只看表格中的数字往往并不直观，可以将其转化为柱形图或饼图，并在图形中显示人员数量和比例。

将以上数据转化为柱形图如图2-1所示。

将以上数据转化为饼图如图2-2所示。

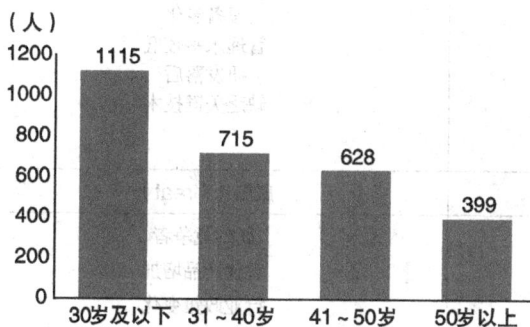

图2-1　某公司员工年龄结构柱形图

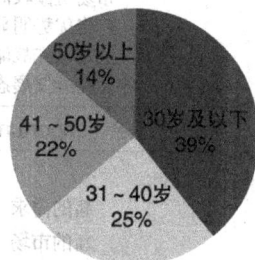

图2-2　某公司员工年龄结构饼图

2.3.2　模型工具分析

模型工具分析指的是将数据或信息以某种模型的方式呈现。这里的模型和工具不仅是指统计学中数据处理的模型和工具，更重要的是指在人力资源管理中比较经典的模型和工具。

常见经典的人力资源管理工具、方法和模型可以包括如下内容。

4P模型，从素质管理（personality management）、岗位管理（position management）、绩效管理（performance management）和薪酬管理（payment management）四个方面探讨人与人、人与岗位、岗位与岗位、人与公司的匹配。

5W1H模型，从原因（why）、对象（what）、地点（where）、时间（when）、人员（who）、方法（how）六个方面对人力资源管理问题进行探讨。

SWOT模型，从优势（strength）、劣势（weakness）、机会（opportunity）、威胁（threat）四个方面分析人力资源管理问题。

SMART原则，从具体的（specific）、可以衡量的（measurable）、可以达到的（attainable）、有相关性的（relevant）、有截止期限的（time-bound）五个方面分析目标或指标设置情况。

STAR 法则，面试时从情境（situation）、任务（task）、行动（action）、结果（result）探讨候选人过去的工作行为表现。

在人力资源管理中可以用到的工具、方法和模型还有很多，此处不再列举。公司能够用到的模型不限于经典的或已有的，可以根据需要自建模型作为分析工具。

举例

SWOT 模型不仅可以运用在公司的战略管理上，还可以运用在人力资源管理过程中。某公司运用 SWOT 模型对公司战略的分析如表 2-9 所示。

表 2-9　某公司战略 SWOT 分析

优势（strength）	劣势（weakness）
富足的经济来源 良好的公司形象 有利的技术支持 市场份额较高 广告优势明显 成本领先战略 稳定持续发展态势	设备老化 管理水平较低 研发落后 缺乏关键技术
机会（opportunity）	**威胁（threat）**
新的需求 新的市场 新的产品	新的竞争者 替代产品增加 行业政策变化 产业经济衰退 客户偏好改变

该公司将现有的招聘渠道分成内部招聘渠道和外部招聘渠道，并分别运用 SWOT 模型对内外部招聘渠道进行分析，对内部招聘渠道的 SWOT 分析如表 2-10 所示。

表 2-10　某公司内部招聘渠道 SWOT 分析

优势（strength）	劣势（weakness）
有效地激励在职员工，鼓舞士气 减少招聘风险 节省招聘成本 提高员工奉献意识和忠诚度	造成"近亲繁殖" 引发内部矛盾 失去外部招聘人才的机会 人才晋升短期内达不到预期要求
机会（opportunity）	**威胁（threat）**
提升空间大 内部晋升空间大 员工潜能大 最大化机会成本	流失掉外部的优秀人才 不能吸收其他公司经验 造成眼光狭隘，故步自封

该公司对外部招聘渠道的 SWOT 分析如表 2-11 所示。

表 2-11　某公司外部招聘渠道 SWOT 分析

优势（strength）	劣势（weakness）
有利于树立公司形象 能够树立新理念、带来新技术 选择余地更多 减少内部紧张关系 唤醒内部员工的危机意识 激发内部员工的潜能	筛选时间较长，难度较大 花费成本较高 新员工进入角色较慢 评价可能不客观，决策风险较大 可能影响内部员工的积极性 价值观可能与公司冲突
机会（opportunity）	威胁（threat）
宣传公司，提升公司形象 人才筛选更有针对性 更新公司的观念 引进更多的优秀人才	招聘周期较长，不利于留住求职者 花费成本后不一定能招聘到合适人才

2.3.3　象限分类分析

象限分类分析指的是根据数据类型的不同，用坐标轴的象限划分类别，将数据划分到不同象限中，并进行分类的方法。象限分类分析可以广泛地应用在人才类别的划分上。通过象限对数据进行分类和分析，人力资源管理者能够更直观地呈现出数据之间的不同。

举例

戴维·尤里奇（Dave Ulrich）针对人力资源管理者在实践中担任的角色提出了四角色模型，根据着眼于"战略/决策/未来"还是着眼于"日常运作"的不同、更加关注"程序/流程"还是更加关注"人员"的不同，将人力资源管理者在公司中应该扮演的角色分为四类：战略执行过程中的合作伙伴、任务组织与实施方面的专家、员工的坚强后盾、持续变革的推动者，如图 2-3 所示。

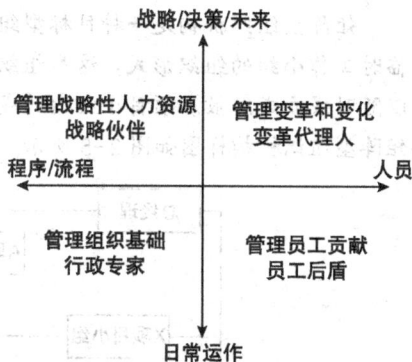

图 2-3　人力资源管理者四角色模型

2.3.4　空间结构分析

空间结构分析是通过图形描绘，便于人们可视化地认知和识别出数据之间的空间关系或结构关系的分析方法。空间结构分析可以被广泛地应用在组织机构图的绘制和分析上。

举例

公司的组织机构类型可以包括很多种，比如事业部型、矩阵型、多维立体型、流程型、网络型。为了将组织机构中的上下级关系、工作关系、结构关系等标示清楚，可以将不同的组织结构类型用组织机构图的方式呈现出来。

事业部型组织机构是一种分权制的组织形式，这种组织机构类型在欧美大型公司中被广泛应用。它具体的表现形式是组织按照地区、市场、产品或顾客的相近性等可以承担独立责任的部门划分成多个事业部。各个事业部之间独立经营、独立核算，并具有一定的自主权。事业部型组织样图如图2-4所示。

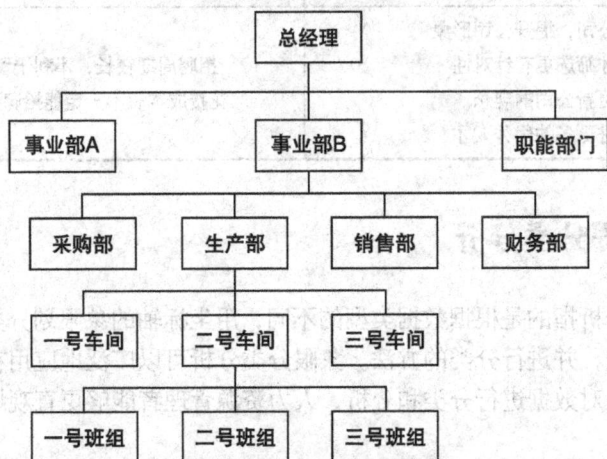
图2-4 事业部型组织机构样图

矩阵型组织机构是一种目标型组织形式，它是以完成某项具体工作为目的而组成临时工作小组的组织形式。这类组织机构中的项目小组往往目的性和适应性较强，可以随时成立或解散。项目小组内的成员受部门负责人和项目小组负责人的双重领导。矩阵型组织机构样图如图2-5所示。

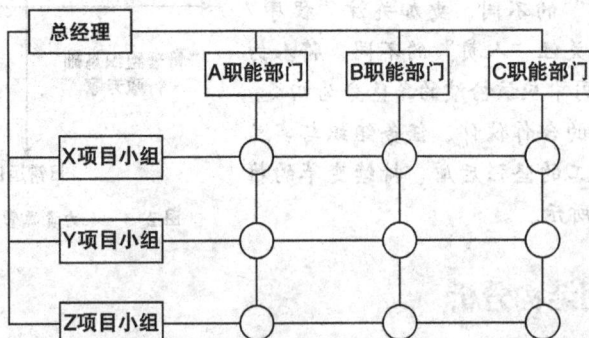
图2-5 矩阵型组织机构样图

多维立体型组织机构是矩阵型组织机构的发展和延伸，它是将事业部型组织机构和矩阵型组织机构有机结合后，形成的新型组织机构模式。这种组织机构多运用于规模较大、产品多样、跨地域较广的超大型公司。

多维立体型组织机构通常包括三个维度的管理机构：一是按照部门职能划分的专业参谋机构，属于专业成本中心；二是按照产品划分的不同事业部，属于利润中心；三是按照地区划分的管理机构，属于地区利润中心。多维立体型组织机构样图如图2-6所示。

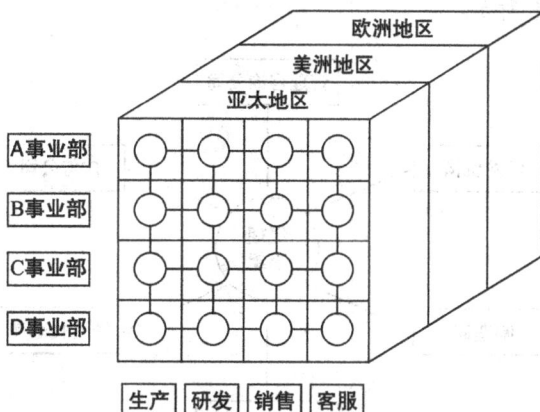

图 2-6　多维立体型组织机构样图

流程型组织机构是以满足顾客需求为导向、以业务流程为中心的组织机构类型。这种组织机构以迈克尔·波特（Michael Porter）的价值链模型为理论基础，在组织中并不强调纵向的管理线，而是采取以横向的流程线为主、以部门职能为辅的管理模式，一切重心导向结果和顾客。流程型组织机构样图如图2-7所示。

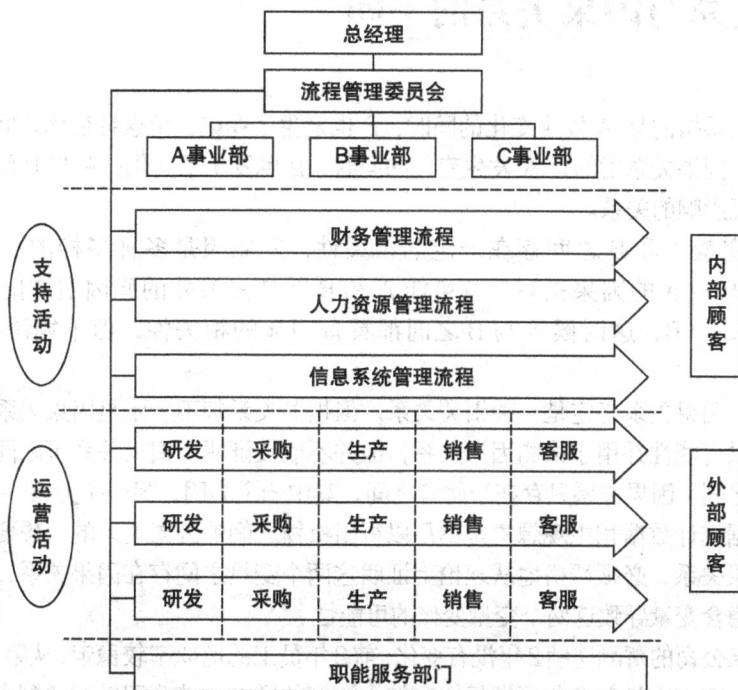

图 2-7　流程型组织机构样图

网络型组织机构是一种虚拟组织形式，它的关键词是"联合"与"外包"。它是通过信息技术等手段，把研发、供应、生产、服务等各类公司或个体连接成一个经济联合体。通过与经济联合体内其他公司或个体的互动，公司可以专注于某个细分领域，保持自身的核心优势，实现"做强"组织能力而不需要"做大"组织规模。网络型组织机构样图如图2-8所示。

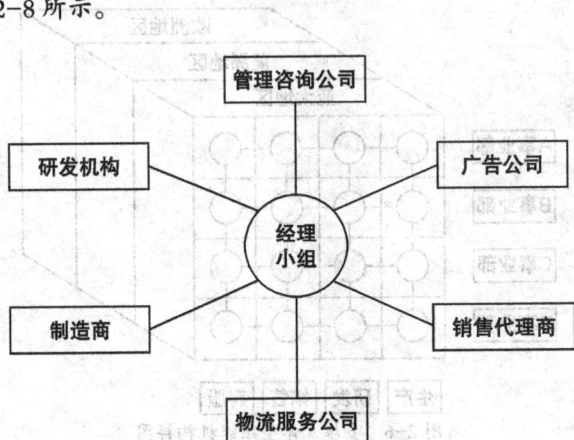

图2-8　网络型组织机构样图

前沿认知
相关关系与因果关系的不同

相关关系指的是A发生变化的同时，B也发生了变化，但这种变化之间并没有直接的关系；因果关系指的是A发生变化的同时，B也发生了变化，A与B两者之间存在某种相互影响的关系。

两个变量A和B之间存在一定的相关性，其原因是多种多样的，并非只有A→B或B→A的因果关系。有可能A和B都是由另外的原因造成的，形成了C→A且C→B，这时候A与B之间都具备明显的相关性，但不能说A→B或B→A。

因此，因果关系必定是一种相关关系，但相关关系却不一定是因果关系。相关关系可以提供可能性并用于推测因果关系，但并不能被证明。相关关系可以同时存在于多个变量之间，因果关系只存在于两者之间，其中一个为因，另一个为果。

仅依据统计数据和主观想象是不足以得出事物之间的因果关系的，想要得出两者之间的因果关系，必须严格地从理论上证明这两个变量之间存在因果关系，并且要排除掉其他隐含变量导致这两个变量变化的可能性。

比如某公司的薪酬连续2年没有变化，前2年员工的离职率较稳定，从第三年开始，公司员工的离职率较前2年同期相比有较大幅度的增加。该公司针对薪酬水平做了一系列的市场调研，对薪酬做出了调整，增加了一些岗位的薪酬后，员工离职率开始呈现明显的下降趋势。

　　该公司人力资源管理者因此得出结论，薪酬水平高低和员工离职率之间属于因果关系，员工离职率高的原因是公司的薪酬水平低，只要公司的薪酬水平比较低，员工的离职率就会变高。

　　这种论断就是典型的没有分清楚相关关系和因果关系的不同，错把相关关系当成了因果关系。公司薪酬水平低和员工离职率高之间应当具备一定的相关性，但并不能判断它们之间属于因果关系。

　　薪酬水平低不一定会导致员工离职率高，从该公司前2年的薪酬水平没有变化但是员工离职率趋于稳定就能够看出。第三年开始员工离职率升高，不一定是因为薪酬水平低所致，有可能是因为公司文化氛围、上下级管理、制度规则等变化。薪酬水平增加后，员工离职率有所降低，也不一定是因为薪酬水平增加，因为员工离职率降低，还有可能与公司其他方面相关。

　　一般而言，人力资源管理者在人力资源管理日常工作中遇到的绝大多数有关联的变量关系都是相关关系。如果要推测因果关系，必须有严密的论证和推理过程，要考虑的因素较多、过程较为复杂。如果没有专业的数据分析人员运用比较专业的方法、工具，以及耗费较长时间研究的话，是很难推导出结论的。

第3章

招聘管理中的量化管理与数据分析方法

在招聘管理环节实施量化管理与数据分析，能够有效地提高招聘效能。招聘管理环节中应用的量化管理与数据分析方法主要包括岗位编制量化测算方法、招聘效果的量化分析方法、招聘过程的量化分析方法以及招聘费用的量化分析方法。

3.1　岗位编制的量化测算方法

岗位定编是采取一定的程序和科学的方法，对确定的岗位进行各类人员的数量及配备。它要求根据组织的业务方向和规模，在一定的时间内和一定的技术条件下，本着精简机构、节约用人、提高工作效率的原则，规定各类人员必须配备的数量。

3.1.1　劳动效率定编法

应用劳动效率进行定编的方法是根据生产任务和员工的劳动效率以及出勤等因素来计算岗位人数的方法，或者说是根据工作量和劳动定额（产量定额、时间定额）来计算员工数量的方法。因此，凡是实行劳动定额的人员，特别是以手工操作为主的岗位，都适合用这种方法。劳动效率定编法的公式如下。

定编人数 = 计划期生产任务总量 ÷（员工生产效率 × 出勤天数）。

【举例】

某公司明年计划生产的产品总任务量是 100 万件，工人平均的生产效率（或劳动产量定额）为每天生产 10 件，工人的年平均出勤率为 90%，该公司工人的定编人数应是多少？计算过程如下。

工人定编人数 $=1 \times 10^6 \div [10 \times（365-2 \times 52-11）\times 90\%]=445$ 人（四舍五入）。

其中：

"1×10^6" 是计划期内生产任务总量。

"10" 是员工的生产效率。

"365" 是 1 年的天数。

"2×52" 是每周六和周日 2 天的公休天数。

"11" 是每年国家法定节假日的天数。

"90%" 是出勤率。

劳动定额的基本形式有产量定额和时间定额两种。如果采用时间定额，则计算公式如下。

工人定编人数 = 生产任务 × 时间定额 ÷（工作时间 × 出勤天数）。

以上例来说，如单位产品的时间定额为 1 小时，则计算过程如下。

工人定编人数 $=1 \times 10^6 \times 1 \div [8 \times（365-2 \times 52-11）\times 90\%]=556$ 人（四舍五入）。

其中：

"1×10^6" 是计划期内生产任务总量。

"1" 是每件产品需要的小时数。

"8" 是每名工人每天工作的小时数。

"365" 是 1 年的天数。

"2×52" 是每周六和周日 2 天的公休天数。

"11" 是每年国家法定节假日的天数。

"90%" 是出勤率。

3.1.2 业务数据定编法

应用业务数据进行定编的方法是根据公司业务数据变化来确定员工人数的方法，通常适用于员工人数与业务数据关联性较大的岗位。这里的业务数据可以包括销售收入、销售量、利润额、市场占有率等。

根据公司的历史数据和战略目标，确定公司在未来一定时期内的岗位人数；根据公司的历史业务数据及公司发展目标，确定公司短期、中期、长期的员工编制；根据公司的历史数据，将员工数与业务数据进行回归分析，得到回归分析方程；根据公司短期、中期、长期业务发展目标数据，确定人员编制。

举例

某品牌笔记本电脑销售公司去年每月的平均销售额为 1 亿元，预计明年销量将增长 20%。通过回归分析，每月销售额与销售人员数量的回归分析方程得数为 4.286×10^{-6}。该公司需要的销售人员定编数量应是多少？计算过程如下。

明年销售人员定编数量 = 明年全国月平均销售额 × 回归分析方程得数 = $1 \times 10^8 \times （1+20\%） \times 4.286 \times 10^{-6}$ = 514 人（四舍五入）。

业务数据分析定编法中用到的回归分析方法是建立在对未来预测的基础上的。要保证计算结果的准确性，首先要保证预测的准确性，其次要加强数据管理，保留真实的历史数据，便于用统计的方法建立回归分析方程。

3.1.3 行业对标定编法

应用行业对标公司的情况进行定编的方法是用某一特定行业内的组织中某类岗位人数与另一类岗位人数的比例来确定该岗位人数的方法。在组织中，由于专业化分工和协作的要求，某一类人员与另一类人员之间可能会存在一定的比例关系，并且两者相互随对方变化而变化。该方法比较适合人力资源管理、行政管理、后勤管理等各种辅助支持类岗位的定员。行业对标比例法的计算公式如下。

某类岗位定编人数 = 另一类岗位人员总数 × 行业内对标公司定员比例。

举例

　　某连锁餐饮服务业现有一线服务人员1万人，在该行业的其他对标公司中，人力资源管理者与公司一线服务人员之间的比例一般为1：100，该公司应配置多少名人力资源管理者？计算过程如下。

　　该公司人力资源管理者人数 $=1\times10^4\times1\div100=100$（人）。

3.1.4　预算控制定编法

　　应用预算控制进行定编是财务管控型公司中最常使用的定编方法，它通过人力成本预算的金额或比率控制在岗人数，而不对某一部门或某类岗位的具体人数做硬性规定。部门负责人对本部门的业务目标、岗位设置和员工人数负责，在获得批准的预算范围内，自行决定各岗位的具体人数。由于公司的资源是有限的，且与产出是密切相关的，因此，预算控制对公司各部门人数的扩展有着严格的约束。

举例

　　某集团公司给A子公司设定明年的销售预算额为10亿元，预算人事费用率为10%，A子公司平均每人每年的人工成本（非工资）为8万元，该子公司应配置多少人？计算过程如下。

　　A公司定编人数 $=10\times10^8\times10\%\div(8\times10^4)=1250$（人）。

　　其中："$10\times10^8\times10\%$"是明年的预算人工成本额。

　　若组织战略调整或市场环境发生较大变化，预算相应发生了重大变化，则定编人数也应相应调整。以上例来说，假如市场形势较好，A子公司明年的销售预算额调整为12亿元，则按照预算控制定编法，该子公司的定编人数算法如下。

　　A公司定编人数 $=12\times10^8\times10\%\div(8\times10^4)=1500$（人）。

　　其中："$12\times10^8\times10\%$"是明年的预算人工成本额。

3.1.5　业务流程定编法

　　应用业务流程进行定编的方法是根据岗位的工作量，确定各岗位每名员工单位时间的工作量，比如单位时间的产量、单位时间处理业务等，再根据业务流程衔接，确定各岗位编制人员比例，最后根据公司总的业务目标，确定单位时间流程中总工作量，从而确定各岗位人员编制。

举例

　　某部门每天全部的工作流程一共分5个步骤，每个步骤需要的工作量（换算成工时）以及平均每名员工每小时能完成的工作量见表3-1，假设员工出勤率为80%，该部门应配备多少名员工？如表3-1所示。

表3-1　某部门流程与工作量案例

工作量	流程环节				
	1	2	3	4	5
每天需要的工时	72	64	160	40	80
每名员工每小时工作量	3	4	5	5	1

计算过程如下。

该部门定编人数 =[72÷（3×8）+64÷（4×8）+160÷（5×8）+40÷（5×8）+ 80÷（1×8）]÷80%=25（人）。

3.1.6　专家访谈定编法

制定岗位定编还可以应用管理层或专家访谈的方法进行定编。这种定编方法更偏重经验，通过与管理层访谈获得下属员工工作量、流程的饱满性，得到员工编制调整的建议，预测各岗位员工一定时间之后的流向，确定部门内或跨部门的提拔、轮岗、离职方案。

通过专家访谈可以获取到国内外同类行业、同类公司中各种岗位类型人员的信息结构、管理层次、管理幅度等信息。通过对这些信息加工处理，直接设计部门组织内部各部门、各岗位的人员结构。

对于很多创业公司或者集团公司内新成立的部门来说，因为运营模式还没有完全形成，业务还处在持续的摸索和调整的阶段，许多做法并不稳定。这时候公司的定编没有现成可参考的流程或数据，在这种情况下，应用专家访谈法进行定编是比较合适的。

3.2　招聘效果的量化分析方法

招聘效果分析也可以叫作招聘结果分析，可以分成四部分内容，一是对招聘满足情况量化分析，二是对招聘贡献情况量化分析，三是对招聘贡献情况拆分应用，四是对招聘质量量化分析。

3.2.1　招聘满足情况的量化分析

对招聘满足情况的量化分析，常用的指标是招聘满足率。

招聘满足率 = 已招聘到位的人数 ÷ 需求招聘的人数 × 100%。

评估公司的招聘满足率，需要用到的数据分析工具招聘满足率汇总评估表，样表如表 3-2 所示。

表 3-2 招聘满足率汇总评估样表

部门	_____月（___月___日－___月___日）			
	招聘需求人数	已招聘到位的人数	满足率	仍需招聘的人数

通过变化表 3-2 最左端列的项目，招聘满足率可以按照部门划分来分析和评估，也可以按照不同的子公司评估，还可以按照不同的招聘专员来评估。

如果某个子公司／部门的招聘满足率始终保持在较高水平，人力资源管理者应当分析该子公司／部门招聘满足率高的原因，总结优秀的经验，尝试在招聘满足率低的子公司／部门加以应用。同样道理，对招聘满足率较低的公司／部门，人力资源管理者应当分析其招聘满足率低的原因。

造成招聘满足率低的原因可能包括如下内容。

➤ 薪酬水平较低，薪酬不具备外部竞争力；

➤ 雇主品牌较弱，公司雇主品牌不具备竞争力；

➤ 招聘渠道较少，招聘信息没有覆盖尽可能多且有效的渠道；

➤ 招聘流程不专业，招聘流程中的某些环节造成候选人流失；

➤ 招聘人员不专业，招聘人员的工作态度、工作能力有问题等。

3.2.2 招聘贡献情况的量化分析

对招聘贡献情况的量化分析，是针对不同岗位，看哪种招聘渠道的招聘效果更好。要分析不同招聘渠道的贡献度，需要用到招聘渠道贡献度分析表，样表如表 3-3 所示。

表 3-3 招聘渠道贡献度分析样表

列1	列2	列3	列4	列5	列6	列7	列8	列9	列10	列11	列12	列13	列14
需求部门	需求岗位	岗位类别	需求人数	招聘开始时间（需求提出）	需求满足时间（人员到岗）	招聘期（天）	平均每人招聘期（天）	A渠道满足数	A渠道贡献度	B渠道满足数	B渠道贡献度	C渠道满足数	C渠道贡献度

列1	列2	列3	列4	列5	列6	列7	列8	列9	列10	列11	列12	列13	列14
财务中心	财务经理	中层管理岗位	3	20××-03-15	20××-05-20	66	22	3	1	0	0	0	0
财务中心	财务专员	基层岗位	10	20××-03-15	20××-05-30	76	7.6	0	0	8	0.8	2	0.2

招聘渠道贡献度分析表是一张数据总表，接下来许多分析都可以从这张表往下延伸。填写这张表的过程是基础数据的采集过程，直接决定了公司下一步招聘数据分析和判断的准确性和有效性。

有人认为数据分析或者量化管理的关键，在于数据采集后的处理技巧和分析技巧。从技术层面来说，确实是这样，可从实操性的角度来说，前期工具表格的设计以及数据采集和整理的过程才是最重要的。

填写头两列内容的时候，要注意一致性。一是在同一列中，人力资源管理者填写的部门层级要保持一致；二是在同一列中，人力资源管理者填写的部门名称要保持一致。

[举例]

某公司的财务中心是公司的一级部门，下设的二级部门有财务部、结算部、资金部、税务部等四个部门，财务部下面还分设着三级部门。

为了后续的统计分析，人力资源管理者在填写这一列时，应该填写相同层级的部门。可以全部填财务中心、销售中心、采购中心等这些一级部门，也可以全部填财务部、结算部、资金部、税务部等这些二级部门。对应地，其他的销售中心和采购中心里也应填写对应的二级部门。

人力资源管理者可以在招聘渠道贡献度分析表中需求部门处加一列或者两列，横向表头中的需求部门，可以分别写成需求一级部门、需求二级部门和需求三级部门。

招聘渠道贡献度分析表的第3列是岗位类别。岗位类别可以有好多种划分，可以根据公司的行业或需要来设置，也可以通过增加列的方式，增加岗位类别的分类方式，使后续的分析更多元。

[举例]

如果某公司按照层级划分，可以划分为基层人员、基层管理人员、中层管理人员和高层管理人员。

如果某公司所处的行业比较集中，也可以直接用该行业内代表层级的岗位名称。比如某零售行业，可以用店长、部门经理、主管、员工这类的层级。

如果某公司按照岗位属性划分，可以划分为行政事务类、销售业务类、技术研发类、客户服务类、生产制造类等。

招聘渠道贡献度分析表的第4列、第5列和第6列，分别对应着每次招聘需求确认后的需求人数、招聘开始的时间以及人选确定后最后全部到岗的时间。

填写的时候需要注意，如果对于表中的财务专员，部门在某年的1月15日提出了5人的招聘需求，在同一年的3月15日又提出了10人的招聘需求，这两个需求的部门和岗位，是完全相同的，是否可以直接合并在一起呢？

这里注意不要合并写，这张表中的每一行，都代表着一次招聘需求的提出、确认和满足的过程。人力资源管理者不需要人为合并，只要需求被提出和满足一次，人力资源管理者就填写一行，不论这两次需求的时间、人员类别多么相近，都不需要人为合并。

招聘渠道贡献度分析表中的第7列的招聘期，是根据第5列和第6列的时间计算出来的天数，指的是满足这一行招聘需求所需要的时间周期。第8列中平均每人的招聘期，是用第7列的招聘期除以需求人数得出来的，代表着在这一招聘期之内，平均每满足一个岗位招聘需求需要的时间周期。

招聘渠道贡献度分析表从第9列开始，人力资源管理者可以罗列公司不同的招聘渠道对招聘需求的满足情况和贡献度。某渠道的招聘满足数，代表了某一种招聘渠道在该条招聘需求下，满足的岗位需求数。某渠道的招聘贡献度，代表了某一种招聘渠道对该条招聘需求下的贡献有多大。

招聘贡献度是判断某招聘渠道招聘效率的非常重要的概念。它的计算方法如下。

招聘贡献度＝某招聘渠道招聘到的人才数量÷需求招聘的人数。

当某条招聘需求全部被满足，也就是招聘满足率是100%时，在这条招聘需求之下，所有招聘渠道的招聘贡献度之和等于1。

在运用招聘渠道贡献度分析表时，还需要注意两个问题。

（1）招聘渠道要细到什么程度？是按照大类、中类还是小类？

这里应当按照小类划分。比如招聘渠道中的网络招聘代表着大类，中高端人才招聘网站代表着中类，具体哪一个招聘网站就代表着小类。运用招聘渠道贡献度分析表时，人力资源管理者应当把公司用到的所有招聘网站全部列出来，每一个网站对应一种招聘渠道，而不是仅仅写成网络招聘或者中高端人才招聘网站。

这时候，当人力资源管理者想了解网络招聘或者中高端人才招聘网站这两种招聘渠道的满足数和贡献度的时候，也是可以做到的，只需要把所有细分的网络招聘方式相加即可。

（2）有一些招聘渠道，比如某猎头公司的招聘渠道，一般是用来满足中高端岗位招聘需求的，招聘渠道贡献度分析表里有大量的低端岗位与该猎头公司的招聘方式无关，这种情况还需要把这个猎头公司的渠道也列出来吗？会不会不合理？

这里应当列出来，招聘渠道贡献度分析表应当列出公司当前能用到的所有的招聘方式，哪怕这种招聘方式没有运用在一些岗位上也没关系，人力资源管理者应当把它们全部列出来。

3.2.3 招聘贡献情况的拆分应用

通过对招聘渠道贡献度分析表的数据采集、分析，人力资源管理者能够很快速地得出不同的招聘方式对于不同部门和不同岗位类别的招聘效率高低，以及进行其他更多样的招聘效果的分析。比较常见的招聘效果分析有如下内容。

（1）不同的招聘渠道，在满足不同部门的人才需求上的效率高低。以需求部门为纵向、以招聘贡献度为横向分类汇总和统计一段时期内不同招聘方式的效率，就能够做出判断，样表如表3-4所示。

表3-4 不同招聘渠道在满足不同部门招聘需求上的情况分析样表

需求部门	A渠道 招聘贡献度	B渠道 招聘贡献度	C渠道 招聘贡献度
财务中心	1.5	1.3	0.6
销售中心	0.2	1.5	1.8
采购中心	0	0.9	2.4

从表3-4中能够看出，对于财务中心的招聘需求，A渠道和B渠道的招聘贡献度较高，代表着A渠道和B渠道对于招聘财务中心岗位的有效性更高。

对于销售中心的招聘需求，B渠道和C渠道的招聘贡献度较高，代表着B渠道和C渠道对于招聘销售中心岗位的有效性更高。

同样，对于采购中心的招聘需求，C渠道招聘贡献度较高，代表着C渠道对于招聘采购中心岗位的有效性更高。

这里也可以对部门进行进一步的细分，根据需要分别列出一级部门、二级部门或三级部门，形成表3-5的形态。

表3-5 不同招聘渠道在满足不同部门（分级）招聘需求上的情况分析样表

需求部门 （一级部门）	需求部门 （二级部门）	A渠道 招聘贡献度	B渠道 招聘贡献度	C渠道 招聘贡献度
财务中心	结算部	1.5	1.3	0.6
销售中心	综合部	0.2	1.5	1.8
采购中心	供应商部	0	0.9	2.4

通过这类分析，人力资源管理者能够知道不同的招聘渠道对于不同部门的有效性，便于公司未来在对待不同部门的招聘需求时，把精力和资源投入到更有效的招聘渠道上。

（2）不同的招聘渠道，在满足不同岗位类别需求上的效率高低。以岗位类别为纵向、以招聘贡献度为横向分类汇总和统计一段时期内不同招聘渠道的效率，就能够做出判断，如表3-6所示。

表3-6 不同招聘渠道在满足不同岗位层级招聘需求上的情况分析样表

岗位类别	A渠道 招聘贡献度	B渠道 招聘贡献度	C渠道 招聘贡献度
基层人员	2.8	1.2	0
基层管理	1.5	1.3	0.6
中层管理	0.2	1.5	1.8
高层管理	0	0.9	2.4

从表3-6中能够清晰地看出，对于基层人员的招聘需求，A渠道的招聘贡献度较高，代表A渠道在招聘基层岗位方面的有效性更高。

对于基层管理人员的招聘需求，A渠道和B渠道的招聘贡献度较高，代表A渠道和B渠道在招聘基层管理类岗位方面的有效性更高。

对于中层管理人员的招聘需求，B渠道和C渠道的招聘贡献度较高，代表B渠道和C渠道在招聘中层管理类岗位方面有效性更高。

对于高层管理人员的招聘需求，C渠道的招聘贡献度较高，代表C渠道在招聘高层管理类岗位方面的有效性更高。

这里也可以按照其他的维度进行岗位类别的划分，比如按照岗位属性划分，形成表3-7的形态。

表3-7 不同招聘渠道在满足不同岗位类别招聘需求上的情况分析样表

岗位类别	A渠道 招聘贡献度	B渠道 招聘贡献度	C渠道 招聘贡献度
行政事务类	1.6	1.8	1.7
生产制造类	2.8	1.2	0
销售业务类	1.5	1.3	0.6
客户服务类	0.2	1.5	1.8
技术研发类	0	0.9	2.4

通过这种分析，人力资源管理者能够一目了然地看出不同的招聘渠道在不同岗位属性的需求下招聘效率的高低。

（3）将全公司不同方式的招聘贡献度相加汇总后，人力资源管理者可以形成不同方式招聘贡献度的比较，如表3-8所示。

表3-8 不同招聘渠道招聘贡献度汇总

渠道	A渠道 招聘贡献度	B渠道 招聘贡献度	C渠道 招聘贡献度	D渠道 招聘贡献度	......
合计					

从表 3-8 能够看出全公司所有岗位需求汇总后，不同招聘渠道的贡献度大小。需要注意，这里得出的数据更多是参考，不能就此得出结论。比如如果某招聘渠道的贡献度低，不能说该招聘渠道就无效，因为很可能该渠道是专门用来招聘高端岗位的。

通过这种招聘效果分析，人力资源管理者可以将招聘的资源和精力更多地运用在招聘效果更高的渠道上，能够有效地缩短招聘周期，提高招聘效率。

举例

某公司通过分析发现，某招聘网站对于招聘客户服务类岗位的贡献度较高。而公司近期将会有大量客户服务类岗位的人才需求。该公司人力资源管理者选择和该网站建立进一步长远的合作，购买该网站首页一段时期的广告位，购买了一些招聘信息发布置顶的权限，购买了该网站对人才的招聘职位推荐，同时增加招聘专员在该招聘网站上的时间和精力的投入。

要评估人力资源管理者所做的这些行动和努力的效果，可以通过下一个周期的招聘渠道贡献度分析表，判断不同部门和不同类别岗位招聘期有没有缩短。

如果有的公司要评估不同招聘专员的招聘效率高低，也可以用这套方法来评估，只需要把招聘渠道变成专员的名字，就能够比较出不同招聘专员的招聘效能和贡献，如表 3-9 所示。

表 3-9 招聘专员贡献度分析样表

列1	列2	列3	列4	列5	列6	列7	列8	列9	列10	列11	列12	列13	列14
需求部门	需求岗位	岗位类别	需求人数	招聘开始时间（需求提出）	需求满足时间（人员到岗）	招聘天数	平均每人招聘天数	A专员满足数	A专员贡献度	B专员满足数	B专员贡献度	C专员满足数	C专员贡献度
财务中心	财务经理	中层管理岗位	3	20××-03-15	20××-05-20	66	22	3	1	0	0	0	0
财务中心	财务专员	基层岗位	10	20××-03-15	20××-05-30	76	7.6	0	0	8	0.8	2	0.2

对招聘专员的贡献度分析也可以根据需要细分成不同的部门、岗位层级或岗位类别。通过给招聘贡献度高的招聘专员更多资源和激励的方式，往往能够快速地提高公司整体的招聘效能，缩短招聘周期。

3.2.4　招聘质量的量化分析

招聘到的人才的质量决定了招聘的最终效果，所以人力资源管理者需要对招聘到的人才的情况进行评估。评估方式一般是对招聘到的未转正的新员工，在个人品质、行为态度、业务能力和工作成效方面等进行跟踪和测试，以此来衡量招聘到的人才的质量，评估工具为新员工考核表，如表3-10所示。

表3-10　新员工考评样表

个人品质（20分）	行为态度（20分）	业务能力（30分）	工作成效（30分）
正面：品行端正、以身作则、责任心强、言行一致、坚持原则、具备团队精神和奉献精神等； 负面：言行不一、推卸责任、个人主义等	正面：爱岗敬业、顾全大局、遵纪守法、积极主动、勇于创新、勇于担当等； 负面：投机取巧、不按时打卡上班、消极怠工、无故离开工作岗位等	正面：精通业务、有领导力和执行力、有沟通协调能力、有逻辑思维能力、工作思路清晰、有学习能力和理解能力、有创新能力等； 负面：眼高手低、好高骛远、缺乏沟通能力、不思进取等	正面：实现部门价值、与其他部门密切配合、决策准确、合理分工等； 负面：只顾自己、不配合其他部门工作、无法按时保质保量地完成工作任务等
评估结果的总分为100分。评估结果低于60分定为不及格，60～85分为良好，85分以上为优秀。			

人力资源管理者如果发现某个时期、某个公司、某个部门或者某位招聘专员招聘人才的质量普遍较高，人力资源管理者应当分析原因，总结优秀的经验，尝试对人才招聘质量较低的时期/公司/部门/专员加以应用。

当人才招聘的质量普遍较低，人力资源管理者则应当查找和分析人才招聘质量较低的原因。人才招聘质量较低的原因可能包括如下内容。

➤ 岗位实际需求与岗位发布信息不符；

➤ 简历筛选、人才测评或面试的专业性较差；

➤ 背景调查的工作质量较低；

➤ 招聘人员的工作态度或专业能力较差。

3.3　招聘过程的量化分析方法

人力资源管理者不能通过招聘结果的贡献度高，就得出招聘过程的效率也高的结论。对于不同招聘渠道的招聘过程，人力资源管理者同样应当做好评估工作。本节重点探讨对于某一种招聘渠道，哪种招聘过程的有效性更高，对于不同岗位，从招聘过程来讲哪种招聘渠道的效率更高。

3.3.1 招聘过程的量化分析

判断不同招聘渠道在招聘过程中的效率和有效性的工具为招聘过程分析表，样表如表 3-11 所示。

表 3-11 招聘过程分析样表

列1	列2	列3	列4	列5	列6	列7	列8	列9	列10	列11	列12	列13	列14	列15	列16	列17	列18	列19	列20
需求部门	需求岗位	岗位类别	需求人数	招聘人数	贡献度	招聘开始时间	需求满足时间	招聘期（天）	平均每人招聘期（天）	收取简历数	比值1	通知面试人数	比值2	参加面试人数	比值3	录用人数	比值4	最终到岗人数	比值5
生产中心	车间主任	基层管理岗位	10	5	0.5	20××-01-15	20××-03-03	47	9.4	8	0.8	6	0.75	6	1	5	0.83	5	1
生产中心	操作工	基层岗位	100	80	0.8	20××-01-15	20××-05-20	125	1.6	600	6	300	0.5	150	0.5	100	0.67	80	0.8

通过招聘过程分析表的数据采集、统计和分析的过程，人力资源管理者可以清晰地看到不同招聘渠道运作过程中的效率，能够更精准地判断当某部门、某类岗位有招聘需求时，重点采用哪种招聘渠道的效率和有效性较高。

招聘过程分析表是已经选定了某一种特定的招聘渠道，对于不同的需求部门、不同的需求岗位以及不同的岗位类别的招聘过程中的效率和有效性进行分析。

招聘过程分析表中的第 11 列代表通过这种招聘方式，公司在该岗位需求上收到的简历总数。

第 12 列的比值 1 是收到简历总数与招聘需求人数之间的比值，也叫简历获取率。比值 1 从一定程度上反映了这种招聘渠道吸纳简历的能力大小，进一步反映了这种招聘渠道满足该岗位需求的可能性大小。

第 13 列代表人力资源管理者筛选简历之后，针对符合岗位要求的简历，通知候选人面试的人数。

第 14 列中的比值 2，是通知面试的人数与收取简历的数量之间的比值，也叫简历合格率。比值 2 代表了通过这种招聘渠道，收取到的简历数量与岗位要求的契合度。有很多招聘方式也许能收到很多简历，表面上很好，但其中有很多是无效的简历。花费了人力资源管理者大量的时间去筛选，但结果适合岗位要求的简历却很少。

　　第 15 列代表候选人在接收到面试通知之后，接受面试邀约并参加面试的人数。

　　第 16 列的比值 3 是参加面试的人数与通知面试的人数之间的比值，也叫面试赴约率。面试赴约率的高低，与雇主品牌有关，与面试通知的及时性有关，与候选人的个人时间安排有关，与求职平台和招聘渠道也有一定的关系。

　　如果样本的数量足够大、招聘专员在不同招聘渠道上做出的努力相当的情况下，出现相同岗位在不同招聘渠道的面试赴约率有明显的高低差异，那么这时候基本可以判断，这里的面试赴约率与招聘渠道的关联性比较强。也就是说有的招聘渠道候选人应聘后比较偏向于实际参加面试，有的招聘渠道候选人应聘后比较不愿意参加面试。

　　如果所有招聘渠道的面试赴约率都较低的话，那么人力资源管理者应该检查招聘专员筛选简历以及面试通知和邀约的技巧了。

　　第 17 列代表通过面试后，公司决定录用并发放 offer（聘用通知）的人数。

　　第 18 列的比值 4 是公司决定录用的人数与参加面试的人数之间的比值，也叫面试通过率。比值 4 进一步代表着来参加面试的候选人与公司岗位需求之间的契合度。

　　第 19 列代表面试通过的候选人接受 offer 后，最终实际到岗的人数。

　　第 20 列的比值 5 是最终实际到岗的人数与决定录用的人数之间的比值，也叫到岗率。比值 5 代表了候选人对公司 offer 的接受度。offer 接受度的高低与面试赴约率类似，与招聘渠道有一定关系，与雇主品牌、offer 送达的及时性以及候选人的个人期望与公司的契合度也都有关系。

　　如果公司 offer 的接受度普遍较低，那么应该检查公司对于岗位薪酬待遇的设置情况、雇主品牌的建设情况以及招聘专员 offer 发放的技巧。

　　从第 11 列到第 20 列，代表了人力资源管理者通过某一种招聘渠道，在整个招聘过程所要付出劳动的数据量化记录。

　　从表 3-11 的样例能够看出，虽然这种招聘渠道在招聘车间主任岗位时的贡献度与招聘操作工岗位时的贡献度相比不高，但是从收取的简历和岗位的契合程度、人选参加面试的意愿、人选录用的比例以及最终到岗的比例来说，通过这种招聘渠道招聘车间主任比招聘操作工的效率更高。

　　也就是说，通过这种招聘渠道，从最初的收取简历，到简历筛选、邀约面试、实施面试、录用邀请，到最终的人才上岗，这期间的工作量化之后，招聘车间主任这个岗位所付出的劳动和努力、付出的时间和精力，是要小于招聘操作工岗位所要付出的劳动、努力、时间和精力的。

　　所以有时候，人力资源管理者不能只看招聘贡献度。招聘贡献度是结果，结果不能代表过程。有可能招聘贡献度低，是因为另外的招聘方式恰好在这段时间满足了招聘需求，招聘需求在短时间内关闭造成的。

　　招聘过程分析表的分析方法，特别适合当招聘所能付出的时间或精力有限的时候，或者是同一时间采取了 A 招聘渠道就不能采取 B 渠道的时候。

　　比如校园招聘，全国各地学校校园宣讲会和双选会的时间一般都比较集中。校招的特点决定了如果公司人员有限，在同一时间，安排了 A 学校的校园招聘，就很难兼顾到不同城市 B 学校的校园招聘。在校园招聘的黄金时间，很多公司都是 A 学校和 B

学校只能择其一。

案例

曾经在校园招聘季的时候，我在几个月的时间里要跑十几个城市和上百所高校。有的高校在招聘过程中收到的简历特别多，结果有效的却很少；有的高校收到简历虽然不多，但是最终的录用比例却很高。刚开始不做分析的时候，我们只要有相关专业的高校都会去，可效果时好时坏。

有了几年的基础数据后，我们再做校园招聘计划的时候，会分析不同学校的招聘效率。对于招聘效率低的学校或者城市，就不去了；对于招聘效率高的学校或者城市，我们就加强在这些学校的招聘力度，原本只安排双选会的，还会尽量在双选会之后安排专场宣讲会或同学见面会。

3.3.2 招聘过程的分析应用

按照招聘过程分析表的思路继续统计分析，我们可以统计汇总得到按照部门划分，对于不同招聘渠道的进一步更细的比较。也就是不仅是对不同招聘渠道招聘结果的比较，也是对不同招聘渠道招聘过程的比较。如表 3-12 所示。

表 3-12　按部门招聘渠道效率分析样表

需求部门（一级部门）	需求部门（二级部门）	A 渠道						B 渠道					
		贡献度	比值1	比值2	比值3	比值4	比值5	贡献度	比值1	比值2	比值3	比值4	比值5
财务中心	结算部												
销售中心	综合部												
采购中心	供应商部												

表 3-12 中列出了一级部门和二级部门，根据公司自身的需要，也可以只留一级部门，或者进一步扩展到三级部门。

我们也可以按照岗位需求的类别，进一步细致地比较招聘结果和招聘过程的效率，如表 3-13 所示。

表 3-13　按岗位类别招聘渠道效率分析样表

岗位类别	A 渠道						B 渠道					
	贡献度	比值1	比值2	比值3	比值4	比值5	贡献度	比值1	比值2	比值3	比值4	比值5
行政事务类	1.2	1.8	0.8	0.9	0.9	0.9	1.4	2	0.6	0.6	0.8	0.4
生产制造类	3.6	3	0.7	0.8	0.8	0.7	0.4	2	0.5	0.5	0.6	0.4

岗位类别	A 渠道						B 渠道					
	贡献度	比值1	比值2	比值3	比值4	比值5	贡献度	比值1	比值2	比值3	比值4	比值5
销售业务类	1.4	1.3	0.8	0.7	0.8	0.9	1.9	1.5	0.8	0.8	0.7	0.9
客户服务类												
技术研发类												

岗位类别可以按照基层岗位、基层管理岗位、中层管理岗位和高层管理岗位划分，也可以根据不同公司的需要，自行设置类别分类。

表3-13中，对于行政事务类岗位，A招聘渠道与B招聘渠道比较：如果只看贡献度的话，B渠道比A渠道的数值略高；从招聘结果来看，B渠道要优于A渠道。

但是从招聘过程来看：A渠道的比值1等于1.8，代表A渠道对于每10个招聘需求能收到18份简历；比值2等于0.8，代表对于每10份简历，就能挑选出8个符合岗位需求的候选人；比值3等于0.9，代表对于每10位候选人，就有9人会选择参加公司的面试；比值4等于0.9，代表每10位面试者，就有9位能通过面试，达到岗位录用条件；比值5等于0.9，代表每10位发放offer的人选，就有9位接受该offer并最终上岗。

B渠道的比值1等于2，虽然高于A渠道的1.8，但是B渠道的比值2、比值3、比值4和比值5都普遍低于A渠道，代表着同样招募一名行政事务类岗位的人才，采取B招聘渠道比A招聘渠道所要付出的时间和精力要高。

在招聘行政事务类员工方面，选择A招聘渠道明显优于B招聘渠道。所以如果公司未来需要招聘行政事务类岗位，虽然A渠道的贡献度较低，但是仍然建议优先在A招聘渠道上投入更多的资源和精力。

对生产制造类岗位，A渠道的招聘贡献度是3.6，B渠道的招聘贡献度是0.4，从招聘满足率的结果来看，A渠道要明显优于B渠道。从比值1到比值5的数量关系看，A渠道也明显高于B渠道。所以如果公司未来需要生产制造类岗位，建议优先在A招聘渠道上投入更多的资源和精力。

对销售业务类岗位，A渠道的招聘贡献度小于B渠道的招聘贡献度，但差别不大。A渠道的比值1到比值5与B渠道的比值1到比值5的数值水平相当。在招聘销售业务类岗位方面，A招聘渠道从过程到结果整体与B招聘渠道相当。如果公司未来需要招聘销售业务类岗位，对于A、B两种招聘渠道，不需要特别倾向于哪一种，可以在A和B两种招聘渠道上提供均衡的资源和精力。

3.3.3　招聘过程与效果比较

招聘渠道贡献度分析表是判断不同招聘渠道在结果层面的效果，是聚焦在结果层面。招聘过程分析表是对招聘过程效率的分析，是聚焦在过程层面。有读者可能会有疑问，是不是对过程进行分析比对结果进行分析要更高级？如果是这样的话，以后人力资源管理者全部都分析过程不就好了吗？

这种观点是错误的，为什么呢？因为管理成本不同。

招聘过程分析表需要的数据信息量特别大，如果把这种管理过程比喻成照片的像素，像素越高，对照相设备的要求就越高，通常设备的价格也会越高。招聘过程分析表就好比像素比较高的管理过程，属于精细化管理，或者叫"管理颗粒度"较高。

要实现招聘过程分析表的分析，需要人力资源管理者有大量日常数据的积累做支撑。相比于招聘渠道贡献度分析表，招聘过程分析表付出的整理、汇总和归纳的工作量非常大，需要的时间非常多，也就是后者比前者的管理成本要高很多。

对于一些公司规模不大、招聘需求较少、本身人力资源部人数较少或者没有比较高管理要求／需求的公司来说，利用招聘渠道贡献度分析表就已经可以满足需求，不需要用到招聘过程分析表。

那些公司规模较大、招聘需求较多、对管理的精细化程度要求较高的公司，则可以考虑在运用招聘渠道贡献度分析表的同时，采用招聘过程分析表分析不同招聘渠道在招聘过程中的效率和有效性。

3.4 招聘费用的量化分析方法

在进行招聘数据分析的时候，招聘费用同样是非常重要的概念。招聘费用的分析不仅仅体现在对招聘费用本身高低的评估，更重要的是评估，在考虑成本的情况下哪种招聘渠道既经济又有效。

3.4.1 招聘费用的统计方法

招聘费用中最重要的指标为每单位直接招聘成本。每单位直接招聘成本是指每招聘一名员工需要付出的成本。

每单位直接招聘成本 = 招聘成本 ÷ 录用人数。

招聘的成本包括：招聘人员差旅费、应聘人员招待费、招募费用、选拔费用、工作安置费用等。招聘费用的记录和汇总工具，如表 3-14 所示。

表 3-14　招聘费用评估样表

招聘渠道	报纸媒体宣传费用	写真喷绘条幅	易拉宝/展架	招聘宣传单	岗位申请表	招聘交通费用	招聘住宿费	招聘会入场费	费用合计	人均招聘费用	上一年度人均招聘费用
报纸广告											
大型招聘会											
短信招聘											
来公司应聘											
人力市场											
网络招聘											
校企合作											
校园招聘会											
……											
总计											

3.4.2　招聘费用的量化分析

因为招聘与招聘渠道之间有较强的关联性，所以招聘费用一般都是以某种招聘渠道为单位来统计、记录和分析的。有的公司把整个招聘渠道的费用分摊到单次的招聘需求或者分摊到某子公司/部门上，这些做法都是不严谨的。

举例

某公司给A、B、C三个招聘需求做了一个媒体广告花费6000元，给B、C、D三个招聘需求做了一次新媒体推广花费9000元，但是A、B、C、D四个招聘需求和其他的招聘需求同时也在网络招聘、校园招聘、社会招聘会等各类招聘渠道中宣传，现在分别计算A、B、C、D四个招聘需求的招聘费用分别是多少。

实务工作中比上述案例更复杂的招聘费用支出比比皆是。如果按照招聘需求计算招聘费用，一来很难算，二来就算非要按照平均值硬算，结果也是不准确的。

对招聘费用和招聘效果的分析，可以用到招聘渠道费用-效果分析表，如表3-15所示。

表 3-15　招聘渠道费用 - 效果分析样表　　　　　　金额单位：元

列1	列2	列3	列4	列5	列6	列7	列8	列9	列10	列11	列12
招聘渠道	费用合计	基层岗位		基层管理岗位		中层管理岗位		高层管理岗位		总招聘人数	平均每人招聘费用
		招聘人数	贡献度	招聘人数	贡献度	招聘人数	贡献度	招聘人数	贡献度		
A渠道	100000	0	0.0	6	0.2	4	0.2	2	1.0	12	8333
B渠道	50000	22	0.1	10	0.3	6	0.3	0	0	38	1316
C渠道	20000	31	0.2	11	0.4	7	0.4	0	0	49	408
D渠道	10000	100	0.7	3	0.1	1	0.1	0	0	104	96
总计	180000	153	1	30	1	18	1	2	1	203	887

　　招聘渠道费用 - 效果分析表的横向是所有的招聘渠道，公司一共有多少种渠道就列出多少种。表 3-15 中的第 1 列和第 2 列分别代表着招聘渠道和这种招聘渠道在一段时间内的费用。这里的一段时间一般是以年为单位，有月度或季度分析需求的，可以以月度或季度为单位。除非遇到某类招聘项目需求，否则不建议采取更短的周期。

　　第 3 列到第 10 列是按照岗位层级划分岗位类型的招聘人数和招聘贡献度的分列。根据分析的需要，也可以按照岗位的属性划分。需要注意，岗位类别的划分一定要全，也就是要包含全公司的所有岗位，不要有遗漏，目的是引出第 11 列的总招聘人数，也就是前面所有岗位类别招聘人数之和。

　　第 12 列的人均招聘费用，是用第 2 列的招聘费用除以第 11 列的总招聘人数，代表的是利用该种招聘方式平均每招聘一名人才所需要的费用。

　　从第 12 列的数据看，发现 A 渠道是人均招聘费用最高的招聘方式，这个时候，还不能马上做出判断。通过观察，我们能够发现 A 是唯一能够满足高层管理岗位招聘需求的招聘渠道。所以即使人均的招聘费用高，考虑到高层管理岗位的特殊性，也是可以理解的。

　　再看 B 渠道和 C 渠道，从不同层级的招聘人数结果来看，C 渠道的招聘数量都比 B 渠道略高一些，但是 C 渠道的总费用和人均招聘费用却远低于 B 渠道。这里的岗位需求只考虑层级这一个维度，没有考虑在这些层级内部可能有一些岗位具备一定的特殊性和稀有性，而且对公司很重要。如果 B 招聘渠道能够招聘到这一类岗位，而 C 招聘渠道却做不到，那么只能说 C 渠道比 B 渠道更经济，不能简单地说 C 渠道比 B 渠道更有效。

　　可如果 B 和 C 招聘的全部都是一般的通用岗位，没有稀缺性、特殊性或其他问题，那么可以说 C 渠道与 B 渠道相比既经济又有效。得出这个结论后，我们在下一年的招聘渠道选择时可以减少 B 渠道的招聘费用投入，做到降低招聘费用、提高招聘效率。

　　为什么不把 D 渠道一起纳入进来和 B、C 两种渠道比较呢？D 渠道的成本不是更低吗？招聘到的人才不是更多吗？

　　从招聘人员的总数看，确实D渠道比B、C两种渠道招聘到的人才都多，但从岗位层级看，我们能发现D渠道招聘基层管理岗位和中层管理岗位的能力远不如B、C两种渠道，但是在招聘基层岗位方面的能力较强。

　　B、C、D之间对比，如果得出结果是不用B、C两种渠道，全部改用D渠道，那么公司中基层管理岗位的招聘满足率可能会出问题。管理岗位招募本身就比基层岗位招募的难度大，在能够有效招到管理岗位的招聘渠道上，人均招聘费用比侧重招募基层岗位的招聘渠道高也是比较正常的。

　　对于招聘渠道费用–效果分析表的分析工作可以更细致一些，比如在每个岗位类别的列中加上招聘过程分析表中体现招聘过程的关键数据比值1到比值5。不过加入过程分析之后，会带来管理成本的增加，而且会让分析过分复杂，不容易聚焦形成结论和行动改善的方案。所以如果不是招聘规模大到一定程度或者管理要求高到一定程度的公司，没必要分析细到那种程度。

3.4.3　招聘渠道的费用平衡

　　有的读者可能会有这样的疑问：在当前人才招聘越发艰难的时代，减少在招聘渠道上的投入会不会降低招聘满足率？增加一些招聘渠道的投入会不会增加招聘满足率？所以是不是即使判断出了招聘渠道的成本和效果之间的关系，也不能随随便便减少招聘方式上的投入？

　　这种观点是不正确的。减少在招聘渠道上的投入确实有可能会降低招聘满足率，但也可能不会；增加一些招聘渠道的投入可能会增加招聘满足率，也可能不会。两者之间并没有必然的相关性。

　　改变在招聘渠道上的投入能否改变招聘满足率，除了公司自身的外部吸引力和内部招聘管理能力等状况外，还可以参考劳动力市场上不同岗位的求人倍率情况。

　　求人倍率＝有效需求人数÷有效求职人数。

　　求人倍率代表了当期劳动力市场中每个岗位需求所对应的求职人数。它可以反映一个统计周期内劳动力市场的供需状况。这个指标既是反映劳动力市场供求状况的重要指标，也是反映整个经济景气状况的重要指标。

　　当求人倍率大于1时，表示需求大于供给；当求人倍率小于1时，表示需求小于供给。并不是所有岗位的求人倍率都大于1，由于结构性行业的调整，总会出现一些岗位的求人倍率是小于1的。

　　如果公司当前的招聘满足率较高，劳动力市场的需求小于供给时，那么公司即使减少对效率较低招聘渠道的投入，通常也不会降低招聘满足率。

　　如果公司当前的招聘满足率较差，劳动力市场的需求大于供给，那么公司即使对效率较低的招聘渠道继续投入，通常也不会有效地增加招聘满足率。因为人才市场的供需决定了公司之间对人才的竞争将更加激烈，这时候能够有效招募到人才的手段往往已不全部在招聘渠道的层面了，还在于公司的吸引力，比如薪酬、福利、待遇、文化、氛围、学习成长的机会等。

求人倍率的具体数值，人力资源管理者可以关注当地政府、机构等权威部门定期发布的数据。

疑难问题
如何建设和管理公司人才库

人才库建设是解决公司人才问题的有效方式之一，是公司为一些关键岗位做人才储备、继任者计划以及招聘储备的重要手段。如今，已经有越来越多的公司开始建设和管理自己的人才库。人才库可以分成外部的人才库和内部的人才库。

1. 内部人才库

公司内部的人才库，是最容易被公司忽略的人才库。内部人才库主要来源于内部的员工以及内部员工的人际关系网。

通过内部人才继任者计划的实施和管理，能够形成内部的人才市场，逐渐建立内部的人才供应链。对这类人才，需要注意做好提前的能力培养工作。

通过内部员工推荐人才的奖励机制，能够形成供外部招聘人才备用的人才池。对这类人才需要注意做好背景调查和关系调查。不要因为有内部人才介绍就放松警惕，要把好入职关。

另外，对已经离职的员工，我们要抱有宽容的态度，他们或者他们的人际关系网同样可以作为公司的内部人才库。

2. 外部人才库

在内部人才无法满足招聘需求的情况下，可以通过建立外部的人才库来满足对人才的需求。外部人才库主要来源于各种招聘渠道。在建设和管理外部人才库时，需要注意如下事项。

（1）人才分类。

人才库中的人员要有所分类，要分清优劣和主次。当有人才需求时，先联系谁，后联系谁，要根据分类进行选择，以提高效率。这里可以参考简历筛选中的 ABCD 分类来划分。对于一些重点岗位，人才库要重点维护和管理。

（2）保持更新。

一般来说，对于重点岗位的人才库，要保持至少每季度更新一次。对于一般岗位的人才库，可以保持每季度增加或减少，因为管理成本的原因，不一定要做到更新。

（3）共享流动。

对于跨地域的大型公司来说，如果有人力资源管理系统，人才库可以保持在不同区域和分公司之间的共享和流动。当有些优秀的员工因为某些原因希望更换工作场所或者工作岗位，他所在的分公司无法满足的时候，可以由另外一个分公司满足。

疑难问题
如何应对管理中的套娃效应

著名的广告人奥格尔维（David MacKenzie Ogilvy）曾经送给公司管理层每人一个俄罗斯套娃。大家开始并不明白奥格尔维的用意，以为是送给自己的纪念礼物，但是奥格尔维说：这个俄罗斯套娃是为了提醒你们，你如果永远都只任用比自己水平差的人，那么我们公司会变小；你如果总是敢于启用比自己水平高的人，我们公司就会成长为巨人！

绝大多数管理者都喜欢用能力或水平比自己差的人，这就造成了在很多公司中，上级总是比下级能力强的情况。下级只会听上级的话，能力难以得到成长。公司缺乏具备培养潜质的高素质人才，造成公司的人才断层问题。

为什么会出现这样的套娃效应？

1. 追求安全感

管理者害怕自己的下属比自己能力强，因为这样可能会威胁到自己的位置。所以管理者在选择下属的时候，会按照自己的能力标准做衡量，要保证下属的能力在自己能力之下，这样下属和自己之间不会形成竞争关系，不存在岗位替代的可能性，能让自己获得安全感。

2. 便于管理

对于管理者来说，能力不如自己的下属往往对自己是言听计从的，与他们的沟通通常不需要浪费自己太多时间，他们通常会坚决执行上级管理者的指令，让管理者感受到一种控制感。

如何缓解公司中的套娃效应？人力资源管理者可以在如下环节中做出努力。

1. 增强安全感

解决管理者的安全感问题能够有效地缓解公司中的套娃效应。增强管理者的安全感可以通过晋升机制，可以通过宣传培训，还可以通过公司其他相关的管理、流程解决。比如有的公司规定公司内部晋升要具备一定的工作年限，下属晋升到上级的位置后，他原本的上级不论是否晋升或调岗，薪酬待遇同样会提升，而且还会享受相应的荣誉或福利。

2. 岗位发展

对于业务稳步发展、规模不断扩大的公司，公司可以为现有的管理者提供更多的岗位发展的机会，应当尽可能培养和发展现有的内部管理者，把他们发展到新的、更高的岗位上去，实现公司发展和管理者个人成长的共赢。对于培养下属和优秀人才的管理者，公司可以对其进行额外的奖励。

3. 人事任用权

规范的招聘流程以及内部人才的岗位调整等人事任用权也是避免套娃效应的方法

之一。用人决策权通常不应由上级领导直接决定，而应当让更高层的管理者和人力资源部共同把关。比如有的公司最高管理者以身作则，监督公司中人才的选拔、岗位调整和任用工作，对于公司内存在用人问题的管理者，最高管理者对其进行宣导、培训和行为修正。

4. 选人标准

公司可以规定明确的岗位选人标准，通过评价中心、公文筐等相对专业的测评工具对人才进行测评。对于达不到该标准的人选，不得录用；对于达到该标准的人选，管理者如果不录用，需要说明具体的理由。人力资源部在过程中应强化人才评价机制的监督和管理工作，加强人才测评的信度和效度。

5. 人才评估

公司可以对管理者的下属进行能力和绩效的持续评估，对于人才能力和绩效出现连续的不合格或者不达标的，及时淘汰。如果同一位管理者连续出现多名下属能力或绩效不合格或不达标的，这位管理者应承担关联责任。

除了管理上的流程和机制之外，也可以在公司文化和公司的管理氛围方面做文章。

☑ 实战案例
如何通过数据沟通员工配置

人力资源管理者与业务部门沟通员工配置时，是否用数据说话，效果是完全不一样的。

公司召开总经理在场的业务会议时，经常会出现这样的情况。

某事业部的负责人说："我这个事业部下半年要再增加100人的配置，需要人力资源部再给我们招100名员工。"

如果公司的人力资源管理没有实现量化管理与数据分析，人力资源管理者可能会对业务部门的负责人说："不行，你部门的人工成本已经很高了！怎么还想再加人？"

事业部负责人可能会看一眼总经理，说："那如果我这个事业部的业绩目标完不成，你们人力资源部能负责吗？"

人力资源管理者可能会说："我们凭什么给你负责啊？我们就是管控你的人工成本！人工成本太高就是不行！"

事业部负责人也不甘示弱，会拍着桌子说："管控人工成本？你们人力资源部就只会站着说话不腰疼。你了解我们这个事业部的具体情况吗？你有能力，你来做我这个事业部的负责人啊！"

人力资源管理者无凭无据、全凭感觉的沟通，让这个业务会议陷入僵局，难以收场，最终只能落得不欢而散，达不到理性沟通和科学管理的目的。

可如果公司的人力资源量化管理与数据分析做到位的话，人力资源管理者在听到事业部想增加员工配置时可以说："我想说一组数据，然后再请你确定你的事业部是否要增加配置。"

"事业部去年的人工成本是 5000 万元，今年上半年，人工成本已经达到了 3000 万元。按照现在的情况，今年全年的人工成本应该会在 6000 万元。你所在的事业部，平均每人每年的人工成本是 10 万元，如果你下半年准备在员工配置上再增加 100 人的话，这 100 人半年的人工成本会是 500 万元。现在预估到了今年年底，你的人工成本大约会是 6500 万元。

"事业部上半年的销售额增长是 20%，与人工成本的增长比率正好相当。事业部的人数在上半年和去年保持持平，也就是说事业部的劳动效率在上半年和去年是持平的。如果下半年再增加 100 人，要保持人工成本费用比率和劳动效率达到去年的水平，粗略估计，你的销售业绩要比去年同期增加至少 30%。如果达不到这个数字的话，你的人工成本费用比率和劳动效率都会有所降低。

"当然，你也不一定要在下半年实现销售业绩的增长，如果预估明年能够实现业绩增加也可以，如果你的销售业绩能在明年比上一年增长大约 40% 的话，预计你部门的人工成本费用比率和劳动效率都能维持在去年的水平。"

这时候，人力资源管理者有数据、有根据、有逻辑、有分析，会在沟通中占据主动。

☑ 实战案例
招聘满足率低时如何分析

随着中国人口红利减少，企业招聘变得越来越难。人才市场早已不是从前的优秀人才多、空缺岗位少，企业可以任意挑人才的局面，而是空缺岗位多、优秀人才少，很多企业的人才招聘已经变成了寻找和吸引优秀人才，招聘工作变得越来越像营销。

招聘工作的本质，变成了如何把岗位"卖"给候选人。

既然招聘工作的本质跟营销是一样的，那么运用产品营销的思维做招聘，将有助于企业更深刻、更全面地理解招聘，有助于企业系统地提高人才招聘的效率。

在这一点上，企业可以向互联网公司的营销思维学习。在互联网公司，整个销售产生的过程与三个维度息息相关，分别是产品、流量和转化率。

销售 = 产品 × 流量 × 转化率。

同样的，招聘成功 = 产品 × 流量 × 转化率。

招聘中的产品，指的是企业待招聘的岗位。企业待招聘的岗位吸引力越强，招聘成功的概率越高，招聘效率也越高。

招聘中的流量，指的是招聘信息能够到达的范围。招聘信息到达的范围越广，接收到招聘信息的人群越多，招聘成功的概率越高，招聘效率也越高。

招聘中的转化率，指的是接收到招聘信息的人，最终选择企业待招聘岗位的概率。转化率越高，招聘成功的概率越高，招聘效率也越高。

企业可以用这个数据模型做延伸，来拆解问题，解决招聘满足率低和招聘难的问题。要系统解决招聘难题，提高招聘满足率，人力资源管理人员可以将与招聘成功相关的产品、流程和转化率拆分，如图 3-1 所示。

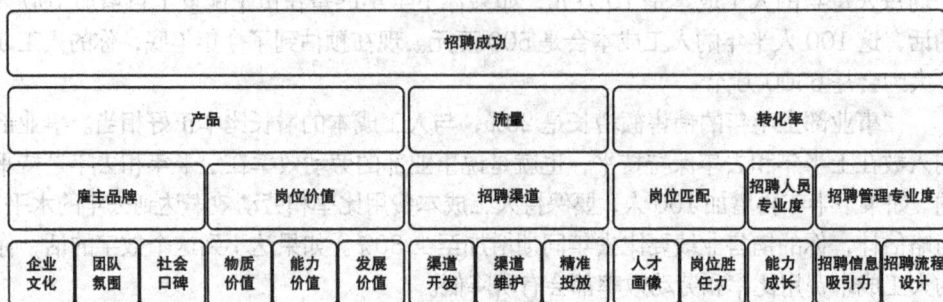

图 3-1　招聘成功公式拆分图

从企业的角度来说，雇主品牌影响着岗位的吸引力，雇主品牌与企业文化、团队氛围和企业的社会口碑有关；从岗位的角度来说，岗位价值影响着岗位的吸引力，岗位价值可以分成岗位的物质价值、能力价值和发展价值。

拿岗位价值举例。很多 HR 在写招聘 JD（Job Description，职位描述）的时候，或者在向候选人介绍岗位的时候，呈现出来的更多是物质价值，也就是这个岗位每月薪酬是多少，或者包括了岗位的薪酬待遇、工作环境、劳动条件、隐性福利等的总和薪酬是多少。

但除了物质价值外，岗位还有能力价值，也就是从事岗位能够给候选人带来的能力提升，以及这种能力的社会价值。大多数人工作都期望有奔头，所以岗位除了物质价值和能力价值外，还有发展价值。发展价值指的是从事岗位在未来会得到哪些预期的职业发展或其他收益。

招聘的流量主要与招聘渠道有关。招聘渠道越多，招聘信息传播的范围越广，招聘流量就越大。要管理好招聘渠道，招聘渠道的开发、招聘渠道的维护和根据岗位情况在不同的招聘渠道精准投放招聘信息都能影响招聘的流量。

招聘的流量其实不一定在于企业用了多少个招聘平台，而在于对每个招聘平台的应用质量，也就是在不同的招聘平台上，实际能获得多少流量。

假如 A 企业用了 100 个招聘平台，但候选人做关键词搜索后，A 企业的岗位全部排在好多页后面。这不代表 A 企业招聘的流量大。假如 B 企业只用了 1 个招聘平台，但能保证自己在这个招聘平台上关键词搜索后，要招聘的岗位总排在首页。这时候，招聘同样的岗位，B 企业很可能比 A 企业获取的流量大，招聘效果好。

招聘的转化率与产品本身的吸引力有关，与流量投放的精准度有关，除此之外，还和岗位与候选人是否匹配和招聘管理的专业度有关。通过人才画像，企业可以实现"人人匹配"；通过岗位胜任力分析，企业可以实施"人岗匹配"。当然还有一种，通过岗位的族群序列角色的划分，还可以实施"角色匹配"。

招聘人员的专业度影响着招聘管理的专业度。要提高招聘人员的专业度，可以让招聘人员通过刻意学习来获得能力成长。招聘管理是否专业，决定了投放的招聘信息是否具备吸引力，决定了招聘流程设计的专业度，这些都决定了候选人最终是否会选择企业，影响着招聘的成功率。

例如我以前在一家大型零售公司工作时，发现了一个问题，就是外部招聘的店长稳定性比较差，往往工作不久就会离职。

一开始我以为是我们招聘工作中的背景调查没有做好，后来就对很多外部招聘的店长做了充足的背景调查，确认很多优秀的店长确实曾在沃尔玛、家乐福这类世界顶级零售公司中工作多年，业绩也比较好，但这些店长来了以后，还是很难留下。

这是为什么呢？

因为这些人虽然原来的业绩很好，但他们带团队的能力不行。当然，这里带团队的能力不行的意思不是说他们不会管理。在世界顶级零售公司工作过，而且曾经业绩不错的人，通常素质是有保障的。

世界顶级零售公司的人才培养体系比较完善，人才轮岗机制也很完善，作为店长基本上不太用操心经理、主管和员工的成长问题，管理上也基本靠流程制度来完成就好了，每个人都是大机器上的螺丝钉。

我所在的那家公司虽然是上市公司，但还没有达到世界顶级零售公司的那种管理水平。对店长的综合能力要求很高。这些曾经在世界顶级零售公司工作过的优秀店长来了之后水土不服，所以造成了这种稳定性差的现象。

后来我在店长的招聘端流程中引入了岗位胜任力模型。其中，店长能力模型中有个重要要素就是带团队的能力。当然这里的带团队能力有那家公司的独特定义。在面试环节做测评时，会重点考察这项能力。

这样做了之后，我发现后来招聘到的很多非常优秀的店长，不一定是曾经在大公司做得有多成功的人，反而是那些自己创业开过店的，带过团队的，或跟着小企业成长起来的店长。这类人群才是适合我当时那家公司的店长人选。

所以，当企业的招聘满足率低、发现招不上人来时，怎么办呢？

企业可以运用招聘成功的公式，运用这个模型来查找问题。看企业的问题究竟是出在产品端，流量端，还是转化端，以及具体是在这些端当中的哪个或哪些环节出了问题。

一般来说，招聘满足率低的问题总能在全流程中找到改进方案，也就是当发现某个岗位招不上人来后，通常在招聘的产品、流量和转化率中的各个环节上都可以找到改进空间。

要提升招聘成功率，提高招聘满足率，除了本节上图中介绍的要素外，还可能存在很多其他相关因素。我们可以根据自身企业实际情况，运用人才招聘成功的思维模型，在产品、流量和转化率3个维度上深挖分析、寻找机会、做出努力，才能有效提高招聘满足率。

第4章

离职管理中的量化管理
与数据分析方法

如果人力资源管理者只是一味地、不断地招人，而不考虑怎么把员工留下的话，那么结果很可能会竹篮打水一场空。这正是很多公司招聘工作的真实写照。如果公司始终是个"竹篮"，那么招聘永远也无法满足公司的人才需求。所以通过对人才离职情况的分析，控制公司人才的离职率，对公司的健康发展至关重要。

4.1　人才离职数量的分析

通过对人才离职数量的分析和改进，能够有效降低公司人才的流失率，增加公司的人力资源管理效能。通过人才离职数量的分析，能够让人力资源管理者快速了解到当前人才在离职数量上存在的问题。通过对这些问题的分析研究，人力资源管理者可以采取一系列行动方案改善公司的人才离职状况。

4.1.1　离职率的计算方法

关于人才的离职率的计算，有两种典型的错误的计算方法。

第一种典型错误的离职率计算方法是运用以下公式计算员工的离职率。

离职率 = 某时期内的离职人数 ÷ 当前在岗人数 × 100%。

这种算法之所以错误，原因在于他完全没有考虑时间变化的因素。公司每个时间点的在岗人数是不同的，而且常常差异会很大。利用这种方法计算出来的离职率数值可能会偏高，甚至会超过 100%。

尤其是当需要计算一段长周期内人才离职率的时候，比如计算某公司近 3 年的离职率。用 3 年内全部的离职人数加和后，除以现在的在岗人数，结果很可能会发现离职人数大于在岗人数，最后得出的离职率大于 100%。这样计算的结果不仅不科学，而且没有后续分析的价值和意义。

第二种典型错误的离职率计算方法是当计算较长时间段的离职率时，用较短时间段的离职率求平均数的方法来计算，比如，当某公司要计算年度员工离职率的时候，计算公式如下。

员工年度离职率 = $\sum$（每月离职率）÷ 12 × 100%。

假设某公司从 1 月到 12 月的离职率都是 5%，那么按照上述公式计算，该企年年度的离职率也将会是 5%。有很多人力资源管理者喜欢用这个公式计算较长时间段的离职率，原因是用这个公式计算出来的离职率数据从结果上看比较低。离职率的数值越小，越代表人力资源管理者的工作没有失职。这种自欺欺人的分析，同样没有价值和意义。

常见正确离职率的计算方法有两种。

离职率 = 某时期的离职人数 ÷（期末人数 + 某时期的离职人数）× 100%。

离职率 = 某时期的离职人数 ÷（期初人数 + 某时期的入职人数）× 100%。

这两种算法的原理相同，分母表达的意义也相同。这两种离职率的算法没有局限性，适用于任何公司和任何情况。

比较这两个公式，第一个公式相对来说比较好算，人力资源管理者只需要掌握某个时期末的人数和某个时期的离职人数两个数据就可以计算出员工的离职率；而第二个公式需要某时期离职人数、期初人数和某时期的入职人数三个数据才能计算离职率。

4.1.2 离职率的量化分析

对人才离职情况的分析最常见的是对不同月份和年份公司离职情况的分析，分析工具样表如表 4-1 所示。

表 4-1 年度－月度离职率情况分析样表

年度	1月份离职率	2月份离职率	3月份离职率	……	11月份离职率	12月份离职率	年度离职率
A 年	1.1%	5.3%	2.1%	……	3.2%	1.5%	23.0%
B 年	1.3%	6.4%	2.5%	……	3.3%	1.6%	25.0%
C 年	1.9%	7.8%	5.4%	……	3.8%	1.7%	32.0%

通过年度－月度离职率情况分析表，人力资源管理者能够清晰地看出离职率的同比情况，即不同年份相同月份的情况比较，也能够看出环比的情况，即相同年份相邻两个月份之间的变化情况。通过同比和环比的比较分析，人力资源管理者能够快速了解公司离职率的走势情况。

通过表 4-1 中现有的数据，能够得出如下结论。

（1）离职率有逐年上升的趋势，而且增长速度较快。

（2）不考虑中间 7 个月的数据，该组织全年离职的最高峰稳定集中在 2 月份，最低峰稳定集中在 12 月份和 1 月份。

（3）C 年的 2 月份和 3 月份离职率增长幅度较大。

如果不考虑公司的背景，通过这三点结论，人力资源管理者可以尝试运用发散思维，思考造成这种局面的原因可能会有哪些。

（1）离职率的逐年增长是否可能由于薪酬待遇问题？有没有可能公司的薪酬待遇已经远远低于市场的平均水平了？

（2）2 月份出现离职高峰，这可能是因为春节前发放年终奖，造成春节后返工情况比较差。12 月份和 1 月份的离职低峰是因为临近过年，原本想离职的员工因为有对年终奖的预期，所以人员相对比较稳定。也就是因为该公司制度的影响，2 月份的离职高峰其实是 12 月份和 1 月份的报复性反弹。

（3）C 年的 2 月份和 3 月份离职率增长幅度较大，有可能是因为尽管 2 月份是离职高峰，A 年和 B 年在 2 月份和 3 月份的时候人力资源部会针对离职情况采取一些措施，而 C 年的时候人力资源部没有采取这些措施。

因为这不是某个具体公司的具体情况，所以可以尽情地发散思考和分析。如果是具体的公司，就要具体问题具体分析，找到确切的可能原因。

4.1.3　人才离职情况的预测

人力资源管理者除了按照月份和年份分析离职情况外，还可以重点分析公司关键人才的流失情况以及对人才流失情况做出预测。预测即将流失的人员数量，可以提醒公司提前储备人才。对公司下一年整体人才离职情况的预测，可以参考表4-2所示。

表4-2　某公司下一年人才离职情况预测

上年度人才离职率	本年度人才离职率	下年度人才离职率（预测）	下年度公司总人数（预估）	下年度公司离职人数（预测）	下年度公司需要为离职储备的人才数量

对公司整体人才离职情况预测的思路，可以运用到公司的各子公司、各部门、各类岗位，让公司为离职储备的人才更加精准。

对于培训期较长的岗位（如中高层管理岗位），公司应当根据培训周期提前预测人才的离职率，提前储备人才，为人才离职做准备。比如，某零售公司店长的培养期至少需要2年，那么对店长岗位的离职情况预测应当至少提前2年进行。也就是对店长岗位，不仅要预测其明年的人才离职情况，还要预测其后年和大后年的人才离职情况。

对于那些从事关键岗位、司龄较长或者对绩效有较突出贡献的人才，其流失可以单独列成表格重点分析和预测其流失情况。比如，关键管理岗位、关键技术岗位、司龄5年以上员工、司龄3~5年的员工、高绩效的员工的离职情况。

公司需要补充的人才不仅包括正常的离职人员，还应包括退休人员（可以按照3年内将要退休、2年内将要退休或者1年内将要退休划分）、绩效评分排末位的人员、曾经提出过要离职的人员（尤其是多次提出过离职的人员）。

4.2　人才离职质量的量化分析

不同人才的离职对公司的影响是不同的，高质量人才离职对公司的影响是比较大的。所以在分析人才离职情况时，要引入对离职人才质量的分析，其中可以包括离职人才的司龄量化分析、离职人才绩效量化分析以及离职人才流向量化分析。

4.2.1 离职人才司龄的量化分析

对某段时期内不同司龄人才的离职情况做对比分析，能够帮助人力资源管理者找出差距，有针对性地做出努力，减少人才的流失率。比如某段时期内，某公司各子公司离职人才司龄分析样表如表4-3所示。

表4-3 某公司各子公司离职人才司龄分析样表

子公司	2周以内离职人数	2周~3个月离职人数	3个月以上~1年离职人数	1年以上~2年离职人数	2年以上~5年离职人数	5年以上离职人数	总计离职人数
甲	4	12	8	5	3	2	34
乙	2	3	4	8	10	6	33
丙	6	10	5	4	2	1	28
丁	1	4	5	4	3	4	21
合计	13	29	22	21	18	13	116
占比	11.2%	25.0%	19.0%	18.1%	15.5%	11.2%	100.0%

根据其他公司分析的需要，最左边表头的子公司可以换成部门或岗位类别。假如这张表的周期代表1个月，第2行第2列中的4代表甲公司在1个月的时间内，入职2周以内便离职的人数为4人。

按照这6个时间段划分司龄和离职的关系是因为这5个司龄时间段和人才离职在公司方面的原因是存在一定关联性和对应关系。通过这种划分，人力资源管理者可以根据某个司龄段离职人数较多快速聚焦和查找可能存在的问题，有针对性地改进。

1. 入职2周之内离职

员工入职2周之内离职，往往与入职管理流程的关系较大。这时候通常是员工发现了公司的实际情况和自己的预期有较大的差异。这种差异，常常是因为人力资源管理者在招聘或者入职培训的过程提供了不客观的信息，使员工对于新的工作岗位产生了一定的期待和预期，结果上岗后发现想象与现实的差距太大，所以选择了离职。

有的人力资源管理者为了迅速吸引人才，在招聘宣传的时候会给候选人传递过多的正面信息，有的甚至提供虚假岗位、薪酬、福利待遇等信息。候选人产生过高的期望，入职后发现实际情况与人力资源管理者的描述不符，必然会产生较大的心理落差，最终导致离职。

如果分析过程中发现某公司或者部门的在入职2周之内的离职人员人数较多的话，那么人力资源管理者首先应该审视公司入职管理的质量，查找从入职通知、新人报道、入职培训、手续办理、部门交接等整个流程环节的衔接是否到位，过程中有没有给员工提供一些不客观的信息，有没有充分考虑新人的感受和需求，新人有没有可能在整个过程中没有感受到尊重和重视等。

2. 入职 2 周到 3 个月离职

员工入职 2 周到 3 个月之间离职的原因通常与岗位工作本身有关。这里有可能是因为部门内部的融入问题，也有可能是工作岗位的设置、岗位职责、任职要求、选拔环节对人才能力判断出了问题。

如果发现某公司或部门离职人员集中在 2 周到 3 个月之间，人力资源管理者一是要关注他的直属上级有没有很好地包容他、接纳他、关注他，二是要关注部门内部的其他成员对于接纳新人的态度怎么样，新人所处的环境、氛围、权限、汇报关系等有没有让他觉得难以正常的开展工作，三是要关注是不是新人自身的能力有问题？人力资源管理者在招聘时对新人能力与岗位契合度的判断是否准确。

3. 入职 3 个月以上到 1 年离职

员工入职 3 个月以上到 1 年之间离职，通常与员工的直属领导有关。这个时期是最考验管理者领导力的时候。如果发现某公司或部门人员集中在这个时间段离职，人力资源管理者应关注他的直属上级有没有发挥员工的优势，让员工的优势为公司创造价值，而不是只盯着员工的缺点，要关注员工的直属领导有没有激发出员工的潜能，有没有注重培养下属的能力，有没有让员工感受到了团队积极的氛围，有没有有效调动团队的士气。

4. 入职 1 年以上到 2 年以上离职

员工入职 1 年以上到 2 年之间离职，原因通常与公司的价值观或公司文化有关。可能是因为员工不适应公司文化，不能融入这种文化氛围；也可能是因为员工感到个人的价值观与公司的价值观不一致。

如果员工集中在这个时间段离职，人力资源管理者可以审视公司文化和价值观是否过于强势，同时应该审视在招聘过程中有没有介绍过公司文化，有没有考虑过员工个人的价值观与公司的价值观是否存在一致性。

5. 入职 2 年以上到 5 年离职

员工入职 2 年以上到 5 年之间离职，原因通常与职业晋升和发展有关。通常是公司所能提供的职业发展通道、薪酬水平或学习机会已经不能满足员工的需求。没有职位、薪酬或知识技能变化，员工最有可能做的就是跳槽，来寻找更多的职业发展机会、学习机会和薪酬提升机会。

对于公司来说，处在这个阶段的员工往往对公司价值较大。这时候的员工既有了岗位需要的经验和技能，也有一定的积极性，正好是员工对公司、岗位都比较熟悉，工作比较熟练，成长性最强的时期。员工在这时候离职，往往公司的损失也相对较大。

如果员工集中在这个时间段离职，人力资源管理者要评估一下公司给员工提供的职业发展通道是否顺畅，有没有员工"怀才不遇"的情况，员工的薪酬和能力的发展是否匹配，市场上与各岗位员工层级和能力相当的同等岗位薪酬水平如何。

6. 入职 5 年以上离职

员工入职 5 年以上离职，原因通常与外部环境有关。一般来说，在一个公司工作

5年以上的员工，对公司内部的管理和文化已经很适应了，已经具有一定的稳定性。这时候离职通常是因为对职业产生了倦怠感，公司能够提供的职业机会已经不能满足自身的需要，这时候只有从外部找机会。如果外部恰好有适合的就业机会，员工就会选择离职。

如果员工集中在这个阶段离职，人力资源管理者要评估一下公司能够给员工提供的职业选择是否足够丰富，有没有给员工一定的调岗自主权，同样也应该审视公司的职业发展和晋升体系是否完善以及薪酬水平是否合理。

上述不同司龄和离职原因之间的对应关系属于一般通用情况，并不绝对。在实务操作时，人力资源管理者要具体问题具体分析。离职人员司龄分析样表除了可以运用公司的整体层面、子公司或部门上之外，对公司的核心岗位、关键人才或高绩效人才同样可以运用这种方法单独做离职情况分析。

4.2.2 离职人才绩效的量化分析

根据公司管理中的"8020"定律，一般来说，公司80%的绩效是由20%的高绩效人才创造，20%的绩效是由其他80%的员工创造。高绩效人才对公司的意义重大，高绩效人才的离职对公司来说意味着巨大的损失。因此，了解离职人才在职期间的绩效情况，能够判断人才离职对公司影响情况的大小，便于人力资源管理者及时发现和改善人才离职问题。

比如某段时期内，某公司各子公司离职人才在职期间上年度绩效情况样表如表4-4所示。

表4-4 某公司各子公司离职人才在职期间上年度绩效情况样表

子公司	A类离职人数	B类离职人数	C类离职人数	D类离职人数	总计离职人数
甲	8	4	2	0	14
乙	1	5	6	4	16
丙	2	4	6	10	22
丁	1	3	5	5	14
合计	12	16	19	19	66
占比	18.2%	24.2%	28.8%	28.8%	100.0%

根据其他公司分析的需要，最左边表头的子公司可以换成部门或岗位类别。假如这张表的周期代表1个月，第2行第2列中的8代表甲公司在1个月内离职了8位在职期间上年度绩效情况为A类的员工。

假设甲、乙、丙、丁四家公司的总人数相同。从四家公司的总离职人数看，甲公司和丁公司的总离职人数最少，都是14人，且两家公司员工离职率相同。如果不考虑离职人才的绩效情况，人力资源管理者原本应当判断这两家公司具备相同的离职状况。

可当人力资源管理者开始关注离职人员在职期间的绩效后，情况将完全不同。甲公司离职的 14 人中有 8 人是在职期间绩效为 A 类的人才，4 人是在职期间绩效为 B 类的人才；而丁公司离职的 14 人中仅有 1 人是在职期间绩效为 A 类的人才，3 人是在职期间绩效为 B 类的人才。

甲公司的离职人数主要集中在高绩效人才，而丁公司的离职人数主要集中在低绩效人才。所以虽然甲公司与丁公司的离职人数和离职率相同，但是甲公司人才的离职状况要比丁公司更严重。

虽然乙公司的离职人数较多，丙公司的离职人数最多，但是乙公司和丙公司的离职人数同样主要集中在绩效较低的人才上。如果四家公司一起比较，该公司要优先查找、评估和改善某家子公司的离职问题的话，应当先解决甲公司人才的离职问题而不是表面上离职人数和离职率最高的丙公司。

4.2.3　离职人才流向的量化分析

对人才流向的分析，是对商业竞争的预警，是对潜在危机的洞察。人才流失后是去了同业或竞业，还是去了其他行业，对本公司的意义和影响完全不同。如果是去了其他行业，那本公司的损失只是人才流失造成的直接成本；如果到了竞业，相当于替竞争对手培养了人才，还存在客户丢失、关键技术泄露、商业秘密泄露等难于发现和维权的间接成本。

对人才离职流向分析的工具如表 4-5 所示。

表 4-5　离职人员流向分析表

原工号	姓名	离职原因	离职去向	离职去向所属行业	离职去向所在地区	后续进展
	张三					
	李四					
	王五					

制作离职人员流向分析表的主要目的是了解和统计离职人才离职后的动向。统计一段时间的人才离职流向之后，能够获得公司人才流向最多的公司或行业。比如选取 1 年内公司人才离职后流向排名前 3 的公司，可以形成如表 4-6 所示的内容。

表 4-6　离职人员流向前 3 名公司统计汇总样表

排名	离职去向	1 年内公司流向人数	原因分析	改进措施
1				
2				
3				

通过对离职人员流向原因的分析，公司可以有针对性地做出改进，降低人才的流失率。除了人才离职后流向的公司之外，还可以根据需要，分析人才流向的行业情况或地区情况等。

4.3 如何通过量化分析做好人才保留

进行离职分析的目的是帮助公司有效地留住想要留住的人才。为此，人力资源管理者要按照人才保留的正确方法开展工作，根据人才离职原因分析及注意事项减少人才离职率，根据人才保留的契约模型操作人才保留。

4.3.1 人才保留的正确方法

很多人力资源管理者通过员工的满意度调查来实施人才保留。他们的做法通常是设计一套问题丰富的表格，列出一些事项询问员工是否满意，然后通过统计分析结果，得出员工在某些方面满意度较低的结论，然后针对调查结果中员工满意度较低的部分给予补充，提升员工在那些方面的满意度，以便降低员工的离职率。

这个逻辑看似正确，实际应用起来却往往是收效甚微。要想有效地留住员工，只在员工满意度调查上做文章是没有用的。

在第二次世界大战的时候，美军为了减少自己的飞机被击落的概率，开始研究是否可以在飞机上的某些部位安装加强装甲。他们经过统计之后发现，从战火当中返航回来飞机的伤痕确实会呈现出某种规律。

这些飞机有的部位中弹比较多，有的部位中弹却比较少。那么，为了提高美军飞机的防御力，这些科学家一开始得出的结论是应该在弹孔密集的地方装上加强装甲。然而当时有一位名叫亚伯拉罕·沃尔德的统计学家说：你们都错了，应该做的事情和你们的想法刚好相反，那些弹孔最稀疏的地方才是最需要保护的！

因为美军只统计了飞回来的飞机，但是却没有统计没有飞回来的那些飞机，也就是没有统计那些被击落的飞机。那些真正被击中了要害部位的飞机，其实最后都飞不回来了，而只有那些没有被击中要害部位的飞机才更有机会返航。这位统计学家当时还为此事专门写了一篇论文，题目为"A Method of Estimating Plane Vulnerability Based on Damage of Survivors"《一种根据幸存飞机损伤情况推测飞机要害部位的方法》。

对在职员工实施满意度调查和美军统计飞回来的飞机哪里中弹的数量最多是一个道理。在职的员工会告诉人力资源管理者，我这里不满意（中弹），那里也不满意（中弹）。统计之后人力资源管理者会发现员工不满意最多的方面（中弹最多的部位）。这时候很容易陷入认为只要补充了这些方面，就能降低员工离职率（增强飞机的防御力）的思维误区。

与美军补充飞机装甲的原理类似，人力资源管理者只考虑了那些在职的员工（飞回来的飞机），却没有考虑那些离职的员工（没有飞回来的飞机）。事实上，那些对在职员工来说不满意的部分（飞回来的飞机中弹较多的部位），也许并没有那么致命，那些离职的员工为什么离职才是降低离职率的关键（没有飞回来的飞机在哪里中弹），而这有可能是在职员工满意度调查中被较少提及的部分（飞回来的飞机中弹较少的部位）。

这种观点确实有些反常识，也许会让有的读者一时难以接受。这正是人力资源管理者学习运用科学的方法进行量化管理与数据分析的原因、目的和意义所在。所以人力资源管理者为了有效地保留人才，只做员工满意度调查是无效的，最有效的方法，是员工离职原因分析，或者把员工离职原因分析和员工满意度调查两个结果放在一起综合分析。

我工作过的公司每次做员工满意度调查的时候，经常在最后得出来的结论中，排第一不满意的项目是薪酬，即使这份满意度调查是在公司上调薪酬后不久做的，结果也可能是这样。但是当在同一时间做离职原因分析的时候，得出来离职排名第一的原因，往往不是薪酬方面的原因。

我的经验是，在职的员工一般会偏向于表达薪酬待遇方面的不满。这可能源于每个人都期望能够进一步提高自己的薪酬待遇，借助公司的调查表达出来，实现这种期望的可能性会更大。而离职的员工，因为与公司之间没有了利益关系，他们更有可能把真正导致他们离职的原因指出来。

4.3.2　离职原因的量化分析

根据员工是否出于主观意愿，可以把员工离职的种类分为主动离职和被动离职两种。主动离职包括员工由于各种原因主动提出辞职、合同期满后员工不再续签、退休后不接受公司的返聘三种类型；被动离职包括员工被公司辞退、合同期满后单位不再续签、单位被迫的经济性裁员三种类型，如图 4-1 所示。

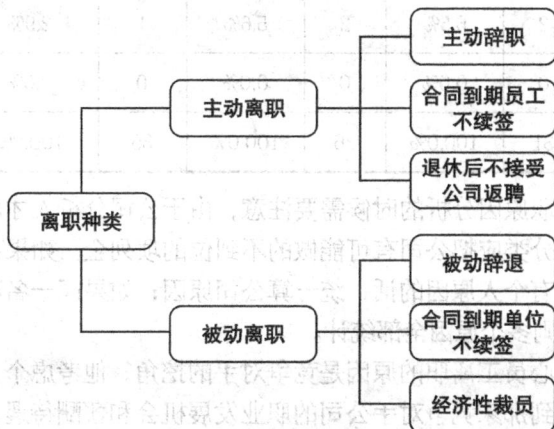

图 4-1　离职种类

人才离职的原因可以分成两大类：个人原因和公司原因。个人原因可以包括家庭原因、地域原因、身体原因、个人发展等原因；公司原因包括薪酬原因、领导原因、同事关系、文化氛围、工作环境、学习机会、职业发展等原因。

当人力资源管理者以查找问题、改进问题、降低公司员工的主动离职率为目的进行离职原因分析的时候，一般在分析中主要查找的是员工主动离职的原因，而非被动离职的原因。比如某集团公司有 A、B、C 三家子公司，它们离职原因分析的工具样表如表 4-7 所示。

表 4-7 离职原因分析样表

分类1	分类2	A公司	A公司占比	B公司	B公司占比	C公司	C公司占比	合计	总占比
公司原因	薪酬原因	5	16.1%	6	16.7%	2	5.7%	13	12.7%
	领导原因	0	0.0%	1	2.8%	7	20.0%	11	10.8%
	同事关系	2	6.5%	1	2.8%	5	14.3%	8	7.8%
	文化氛围	0	0.0%	5	13.9%	4	11.4%	9	8.8%
	工作环境	0	0.0%	0	0.0%	1	2.9%	1	1.0%
	学习机会	6	19.4%	4	11.1%	2	5.7%	12	11.8%
	职业发展	10	32.3%	9	25.0%	3	8.6%	22	21.6%
	其他	0	0.0%	0	0.0%	1	2.9%	1	1.0%
个人原因	家庭原因	3	9.7%	1	2.8%	3	8.6%	7	6.9%
	地域原因	2	6.5%	3	8.3%	4	11.4%	9	8.8%
	身体原因	1	3.2%	4	11.1%	2	5.7%	7	6.9%
	个人发展	2	6.5%	2	5.6%	1	2.9%	5	4.9%
	其他	0	0.0%	0	0.0%	0	0.0%	0	0.0%
合计		31	100.0%	36	100.0%	35	100.0%	102	100.0%

在进行人才离职原因分析的时候需要注意，由于公司分析人才离职原因是为了改进，所以离职原因分类应把公司有可能做的不到位的项列全。如果某位员工的离职原因既有公司原因也有个人原因的话，统一算公司原因；如果同一名离职者离职的原因有多个公司原因，则多个原因全部统计。

比如某公司核心员工离职的原因是竞争对手的挖角，他考虑个人的职业发展，觉得在本公司不能得到那家竞争对手公司的职业发展机会和薪酬待遇，所以决定离职。这种情况既有公司原因，又有个人原因，就可以统一归为公司原因。离职的原因应在公司原因的职业发展和薪酬原因两处分别算1。

在表4-7中，A公司员工离职公司原因排名前三的分别是职业发展、学习机会和薪酬原因，B公司员工离职公司原因排名前三的分别是职业发展、薪酬原因和文化氛围，C公司员工离职公司原因排名前三的分别是领导原因、同事关系和文化氛围/地域原因。三家公司合计员工离职公司原因排名前三的分别是职业发展、薪酬原因和学习机会。所以对于这三家公司和总公司应分别针对各自的弱项制定降低离职率的计划。

4.3.3 离职分析的注意事项

为了保证公司离职分析的准确性，人力资源管理者在实施人才离职分析的时候要注意三方面的内容，分别是离职原因的确认方式、离职回访的操作方式以及离职面谈时机与实施对象。

1. 离职原因的确认方式

有的公司离职原因的收集，是在员工离职时简单地通过让员工填表的方式统计。员工勾选的离职原因是什么，最后公司就统计什么。这种方式统计出来的离职原因通常是有效度较低的。因为员工往往不好意思或者不愿意填写真实的离职原因，大多数离职者会偏向于填写个人原因。

公司要了解员工离职的真实原因，最好的方式是做好离职面谈。当员工的直属上级或者人力资源管理者面对面地问员工到底为什么离职或者公司有哪些地方做得不到位时，往往比单纯地让他填一个勾选菜单的表格获得的信息要更加丰富、准确。

2. 离职回访的操作方式

在员工刚刚提出离职到他们最后办理完离职手续离开公司期间，有的员工由于考虑到一些因素，可能不愿意说出自己离职的真实原因。尤其是当员工的离职原因是因为公司的某位管理者或者某位同事时，他可能更不会说。

一般来说，员工正式离职2周之后，那些不愿意说出真实离职原因的员工才有可能说出自己真实的离职原因。所以人力资源管理者要确认员工离职的真实原因，可以通过2周之后的离职回访。

很多公司会做离职后的员工管理，在员工离职一段时间之后，定期询问员工的现状、工作的情况。当公司有聚会或活动时，会邀请这些离职员工回公司参加。一些公司会为此专门设置一个岗位，叫前雇员管理岗位。公司可以把离职原因分析和离职后人才的管理工作做对接，得出更加准确的离职原因。

3. 离职面谈时机与实施对象

公司管理离职的目的是防止员工离职，所以公司离职面谈最好的时机其实是员工还没有提出离职的时候，而不是员工已经提出离职以后。而且首次离职面谈工作的实施最好由员工的直属上级来操作，而不是由人力资源部操作。

当员工日常的情绪和行为有异常的时候，其实员工的直属上级是能够第一时间知道的，而人力资源管理者却永远是滞后的。所以最好的情况是员工的直属上级发现员工有离职苗头时，就能够及时给员工一些关心和帮助，让员工不要提出离职。把员工离职的想法扼杀在萌芽之中。

4.3.4 人才保留的契约模型

人才保留的契约模型如图 4-2 所示。

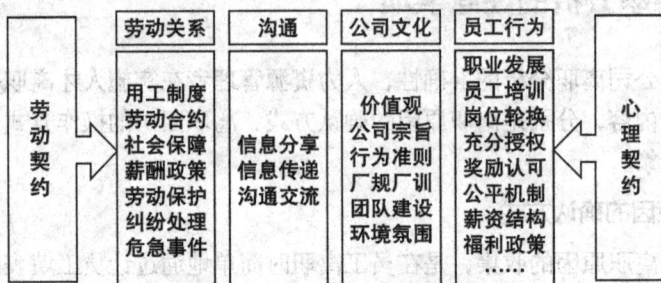

图 4-2 人才保留的契约模型

留住员工可以分成两个部分，一个部分是从劳动契约的层面，另一个部分是从心理契约的层面。中间的四个层面中，越往左越偏向劳动契约，越往右越偏向于心理契约。劳动契约能够留住员工的人，心理契约能够留住员工的心。所以，公司真的想留住人才，关键还要在心理契约层面做出努力。

人力资源管理者可以探讨公司的管理者对他们的下级有没有足够的授权，公司有没有良好的公司文化，公司的工作氛围怎么样，员工在公司里是否会感觉到公平等。这些问题都直接影响着公司和员工之间的心理契约，也直接影响着员工是否真的愿意留在公司安心工作。

美国心理学家弗雷德里克·赫茨伯格（Fredrick Herzberg）在 1959 年提出过激励保健理论，也可以称为双因素激励理论。激励保健理论的核心含义是组织为员工提供的各种回报不都具有激励性，而是分为两种，一种并不具有激励性，被称作保健因素，另一种具有激励性，被称作激励因素。

保健因素指的是当这些因素没有得到满足的时候，人们会感到不满意，但是当这些因素得到满足之后，人们的不满意感消失，但是并没有达到满意。保健因素通常包括薪酬福利、工作环境、组织内部关系等。

激励因素指的是当这些因素没有得到满足的时候，人们不会满意，但也不会不满意，只是还没有达到满意的程度，但是当这些因素得到满足的时候，人就会满意。这个理论说明，能有效激励到人的，往往是激励因素。它通常是指被信任感、职业发展、学习机会、成就感、满足感、掌控感、团队氛围等。

越靠近心理契约的这些项目，越偏向激励因素；越靠近劳动契约的这些项目，越偏向保健因素。不论是在激发员工的行动方面，还是在保留员工方面，激励因素在公司中都起着非常关键的作用。越是那些激励因素做得比较好的公司，员工愿意选择留下来的可能性越大。

𝒞 前沿认知
如何让员工愿意留下

很多人力资源管理者在实施人才保留的时候，存在一个认知上的误区，认为人才保留就是如何让员工不离职的办法。实际上，人才保留的关键并非只是想办法让员工不离职，还包括想办法让员工愿意留下。

"让员工不离职"和"让员工愿意留下"是两个完全不同的概念。员工没有离职的情况可能会有很多。有时候员工早就想离职了，但是短期内还一直没找着合适的工作，他又担心直接离职没有收入，所以就暂时不走；或者是觉得现在的公司上班比较近，考虑到自己还要照顾孩子，所以就暂时不离职。

如果用员工满意和不满意来总结，员工不离职，可能是员工对公司满意，可能是员工对公司既没有满意也没有不满意，也可能是员工对公司早就已经不满意了，只是暂时还没走而已。但是员工愿意留在公司，那只能说明他主观上是满意的，或者至少说明，他对公司没有不满意。

如果人力资源管理者追求的是员工不离职，那么一切工作的中心都会是查漏补缺；如果人力资源管理者追求的是员工愿意留在公司，那么一切工作的中心会是想办法搞清楚员工到底想要什么。

搞清楚员工想要什么的方法，同样不仅限于员工满意度调查的问卷统计，还需要人力资源管理者通过平时了解员工背景、实地访谈、工作观察等，掌握大部分员工的真实诉求和想法。针对员工的诉求，给员工最想要的。

一个方法是找公司哪里有不足，去弥补这个不足；一个方法是找员工想要什么，为他提供他想要的。如果我们把追求员工不离职和追求员工愿意留在公司当成是两种人力资源管理战略的话，追求员工不离职实际上是在追求公司人力资源管理的最低要求，而追求让员工愿意留在公司，是追求公司人力资源管理的较高要求。

有的人力资源管理者会想当然地认为员工想要的东西肯定是金钱，这实际上也是一种拍脑袋式的认知。在同一个城市、相似的行业、同类的岗位，对于具备一定素质、能力和经验水平的人才，不同公司提供的薪酬水平实际上是趋同的。也就是说，人才不论选择哪个公司，薪酬一般情况不会产生较大幅度的差异。

如果员工真正最想要的东西是金钱的话，选择一份职业对他来说并不是最好的选择，他应该去创业。员工既然选择了这份职业，说明员工当初对这份职业的薪酬待遇水平是基本认可的。

金钱是保健因素，而不是持续有效的激励因素。涨工资会让员工兴奋一段时间，但不会持续太久。员工真正想要的东西，大多是激励因素包含的内容。

疑难问题

如何降低人才离职率

人才流失对公司造成的损失不仅包含招聘成本、培训成本等管理成本，还包括从寻找接任者到接任者达到该岗位需求能力的时间成本和因人才流失影响现有在职人员士气的精神成本。降低员工的流失率可以从以下方面着手。

1. 注意招聘的环节

面试时，如果候选人曾经的工作经历转换比较频繁，平均每份工作的时间不超过3年，工作过的公司数量较多，转换工作的理由含糊其词，说明该员工的稳定性较差，用人单位在选择时需谨慎考虑。

有的人力资源管理者为了迅速吸引人才，在招聘宣传的时候会给候选人传递过多的正面信息；有的人力资源管理者提供薪酬信息时只提供薪酬范围（比如，月薪4000 ~ 15000 元）。候选人产生过高的期望，入职后发现实际情况并非如此，必然会引发较多离职。

2. 用薪酬福利留住员工

具有市场竞争力的薪酬福利体系是留住员工的有效手段之一。薪酬和福利应采取多样化的方式，不应仅包括工资和奖金金额的提高，还应在薪酬福利的多样性、长远性、独特性上下功夫。比如，设置员工持股计划、提供菜单式可选的个性化福利、定期组织团建活动等。

需要注意，薪酬和福利是保健因素，而不是激励因素，是能够满足员工物质和生活需求的基本资源，而不是灵丹妙药。一味期望通过采取高薪酬、高福利留住人才的方式并不可取。

3. 用文化和情感留住员工

比制度更能够影响员工的是公司文化，公司文化是员工扎根的土壤。优秀的公司文化天然具有吸引和留住员工的作用，能够让员工在这片土壤中茁壮成长；而不好的公司文化，就像一股无形的力量在把员工往外推。

与薪酬和福利等保健因素不同，与员工建立起的情感交流属于激励因素。通过上级和同事与员工之间建立起的感情纽带，能够极大地增加员工的幸福感、满意度、责任感，进而增加员工的稳定性。

4. 用职业发展留住员工

如果公司能够为员工提供良好的学习和培训，提供一条畅通、清晰的职业发展通道，那么哪怕目前公司在该岗位上的薪酬没有市场竞争力，但是未来的预期收益是明显的，职业的发展和能力的提升意味着员工将收获自身价值提高的满足感，会有许多员工为了得到更好的发展选择留在公司。

所以，公司应完善培训管理体系，做好职业发展通道建设，为员工创造更多的学习和发展的平台和机会。

☑ 实战案例

如何管理离职后人才

离职率并不是越低越好，公司定期有一定数量的人才离职和补充，能够给公司输送新鲜的血液，带来新的思想、方法或文化。所以公司的离职率保持在一定范围内是正常现象，不必刻意追求离职率为零，那样对一般公司来说反而是不利的。

组织为什么要做人才离职管理？一是争取让有可能留下的人才留下；二是让不愿意留下或不该留下的人才不要带着情绪离开；三是通过离职员工反馈出的问题，使公司的流程或制度得到改善。而一家公司对已经离职人才的态度和管理，能够看出这家公司的格局。

领英（LinkedIn）的创始人里德·霍夫曼（Reid Hoffman）在《联盟：互联网时代的人才变革》（*The Alliance: Managing Talent in the Networked Age*）这本书中提出，在移动互联时代，公司与员工之间应该从商业交易转变为互惠关系，需要建立起一种互惠互利、共生共赢的结盟关系。

公司应该告诉员工："只要你忠诚于客户价值、为公司创造更多的价值，公司就会让你收获更多"。员工也可以告诉公司："如果公司帮助我发展我的事业，我也会尽我所能帮助公司发展壮大。"

公司与员工的关系应该更像是剧组和演员的关系。双方在合同期内时，可以相互合作、信守合约；合同到期后，彼此可以继续合作，也可以不再合作。但是即使不合作，公司和人才之间也可以保持着持续的联系和良好的关系。

比如，著名的麦肯锡公司（McKinsey & Company）的许多业务都是由自己的前员工牵线搭桥的。麦肯锡公司把员工离职当成是"毕业离校"，他们为前员工建立了一个名字叫"麦肯锡校友录"的信息库，麦肯锡会定期更新他们的职业变动情况，继续保持着良好的关系。

而这些离开麦肯锡的人，他们活跃在各行各业，成为了不同领域的精英人才，其中有很多后来成为了 CEO、高管、教授或政治家。他们会继续为老东家提供宝贵的信息、情报、人际关系，会直接或间接促成订单，为麦肯锡的发展做出了巨大的贡献。

另一家有类似做法的公司是贝恩公司（Bain Capital），这家公司的人力资源部设立了专人负责"前雇员业务"。这位专员会定期跟踪贝恩前雇员的生涯变化，会定期与他们联络，告诉他们贝恩公司的最新进展，会组织、邀请他们参加聚会活动。

贝恩公司的执行董事汤姆·蒂尔尼（Tom Tierney）曾说过："人员流失并非坏事。我们吸引了最优秀和最聪明的人才，而这些人往往也是最难留住的。我们的工作是创造有价值的事业，使他们多停留1天、1个月或1年。但如果你认为能永远留住人才，那是愚蠢的。你应该在他们离职之后，继续保持与他们的联系，把他们变成拥护者、客户或商业伙伴。"

世界一流的设计和建筑公司甘斯勒公司的创始人甘斯勒（Gensler）说："人们在职业生涯的某个时候会因为各式各样的理由离开我们。比如'我想去一家小公司干干'或者'我想住在郊区'等。如果他们是优秀的，如果他们为了学习新事物而去，那么，竭力留住他们是不值得的。但我们努力保持与大家的关系，因为他们中许多人最后可能决定回来。而且回头的员工将成为我们最忠心的员工，他们回来后会令人难以置信地投入工作中。"

与这些著名的国外公司类似，国内的许多公司也组织了官方或非官方的离职员工联盟，比如百度公司的"百老汇"、腾讯公司的"单飞企鹅俱乐部"和"南极圈"、美的公司的"北美洲"、南方报业集团的"南友圈"。

这些社群建立的初衷原本是以联络感情、嫁接资源为目的，随着人数增多，逐渐形成了一个个很有特色的社群。2014年，"南极圈"的创始人潘国华甚至把南极圈注册为公司。腾讯的网点通开放平台、应用宝、"200亿流量"分发活动等都向"南极圈"成员倾斜，并投资了"南极圈"。

此外，网易、盛大、人人网、新浪、TCL、小米、搜狐、搜狗、金山、猎豹、华为、清科、巨人、1号店、房多多、开心网、赶集网、Hao123、同程旅游、飞信、中国移动等这些公司也都有自己的离职员工联盟。离职后的优质人才同样是社会所需要的，当他们聚集在一起的时候，必将产生具大的商业价值。

许多离职员工会选择创业，有做原来公司上下游产业的，有做互补产业的，有做竞争产业的。这种优秀人才的流失让许多公司都非常头疼，可如果公司能够在他们离职创业前做些什么，甚至鼓励内部员工创业，也许会收到很好的效果。

海尔打造的"众创空间"，也是同样的原理。海尔公司的设想是未来公司有三种人，平台主、小微主、创客。海尔的目标是变为一个平台型公司，原来在册的员工变为"在线员工"，根据用户订单"按单聚散"、自主经营。利用这种方式，海尔也将不仅局限于"在线员工"，还可以吸引并利用更多的社会资源。

正确地认识人才离职管理，是把思维由"雇佣"向"结盟"转变，把"打工"向"交往"转变，把"离职"向"暂别"转变。根据优秀公司的经验，要做好离职员工管理，组织要做到以下四点。

 ➤ 建立离职员工的人才库，定期更新；

 ➤ 与离职员工保持沟通，并建立持续、良好的关系；

 ➤ 与离职员工分享公司近期取得的发展与进步；

 ➤ 为在职或离职员工打造创业孵化器。

公司一定要正确地对待人才离职，与其用传统的思维、固执的心态、僵化的态度去看待这件事，不如接受这种流动，用更加开放的态度、更加包容的心态去激活离职员工这笔隐形的资产。

第5章
人才梯队建设的量化
管理与数据分析方法

人才梯队建设对于许多 500 强公司来说已经是家常便饭了。通用电气的杰克·韦尔奇（Jack Welch）就是通过继任者计划走上了 CEO 的位置。一位宝洁的高管曾经说过，"如果有一天我们公司的 CEO 离职，我只需要补充一位刚毕业的大学生就好了。因为 CEO 会由他底下的人接任，他底下的人还会有人接任，这样一层一层地接任。最后，离职的是 CEO，但是不需要招聘 CEO，只需要招聘一名没有经验、刚毕业的大学生就可以。"

5.1 人才盘点的量化分析与实施方法

人才获取的渠道主要有两类：一类是外部招聘，一类是内部培养。外部招聘的人才由于对公司的实际情况了解少，很难在短时间内创造佳绩，甚至往往水土不服，最终人才流失，同时也会给公司造成伤害；内部培养人才则需要长期的投入才可以实现，规划不到位则容易在公司需要人才时，培养工作还没有完成，产生人才的高位使用，产生较大的用人风险。要缓解这两方面的问题，比较有效的方法是实施人才盘点。

5.1.1 人才盘点实施的作用

人才盘点本身是一项"过程"工作，而不是结果工作。人才盘点这项工作本身并不直接产生价值，它只是对人才现状的一个梳理。它是一个把公司人才相关信息具体化和明晰化的过程。

就好像超市每过一段时间都要做商品的盘点。假设对某个商品，月初的时候进了100件货，系统显示已经卖了70件，那么，到月底的时候，工作人员应当去货架或者仓库里核对一下，是不是剩了30件货。

这个过程本身其实没有对超市产生什么价值，但是它能够给超市提供了一个非常明确的信息，就是当前到底是不是"账实相符"。真正产生价值的过程，是超市根据这个信息，接下来做了什么。

人才盘点的过程和超市商品的盘点虽然名字类似，但是人才盘点可不仅是盘点数量这么简单。从微观角度来说，人才盘点一般可以包括员工的技能水平、知识水平、经验水平、绩效水平、工作态度等这些员工自己条件和工作成果之间的关系。

从宏观角度来说，人才盘点还可以用来评估组织结构与人才匹配情况、关键岗位的胜任和继任情况、关键岗位人才的晋升和发展情况、关键岗位人才的激励和开发情况以及关键岗位人才的招聘情况等。

总的来说，人才盘点是组织当前的人才情况、组织能力和组织战略实现之间的一条无形的纽带。通过人力资源管理者对人才盘点呈现出来有价值的信息的分析，可以制定出具体的、详细的组织层面的行动计划，保障组织能够得到需要的人才，落实公司的整体业务战略，实现可持续的增长。

人才盘点到底有什么作用呢？

从公司的角度来说，人才盘点可以帮助公司梳理现有人才，有助于发现公司不同类型的人才，建立完善的人才管理体系，为人力资源"选、训、用、留"以及其他模块的有效运行提供管理和决策上的依据。

从个人的角度来说，人才盘点能够帮助员工评估自身在组织中的位置，改善个人绩效，明确职业发展方向，激发员工的成长动力，有助于员工制定绩效目的，找到个人职业发展方向，并主动提高能力。如图5-1所示。

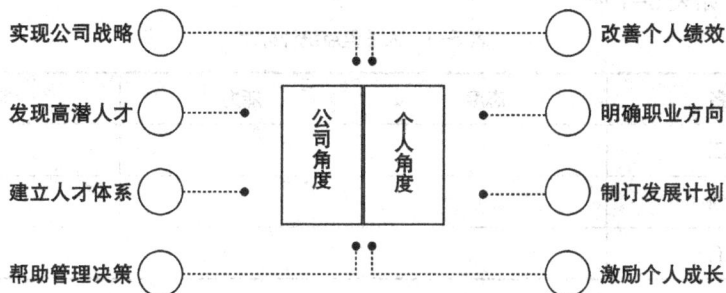

图5-1　人才盘点作用

具体来说，人才盘点的用途比较常见的，至少包括如下3个方面。

（1）能够为招聘决策服务。通过人才盘点，人力资源管理者可以知道组织现有人员情况，以及需求人才的情况，可以从信息上明确组织需要的人是什么样的，为招聘工作提供决策依据。

（2）能够为能力发展服务。通过人才盘点，人力资源管理者可以知道现有的人才处于什么水平，未来的组织需要什么样的人才。通过盘点找出差距，就可以有针对性地制定培育措施，提高个人能力。

（3）能够为留住人才、激励人才服务。人力资源管理者在人才盘点的同时一般也开展绩效盘点，针对绩效的优劣，可以有针对性地指定激励措施，刺激员工绩效提升的同时也能够加强员工的稳定性。

这三者还能够相辅相成，互相促进，最终达到组织能力提升的目的。

5.1.2　人才盘点量化分析方法维度

在人力资源管理中，对人才质量的盘点比对人才数量的盘点更重要。所有对人才质量盘点的工具，最终都会指向人才质量的三个维度，分别是工作态度的维度、工作能力的维度以及绩效水平的维度，如图5-2所示。

态度，包含员工工作的积极性，员工的主观能动性、主观意愿，即员工愿不愿意把工作做好，对自身岗位的工作抱有大多的热情，为了把自己的工作做好，愿意付出多大的努力。

能力，包含员工的个人素质、知识水平、技能水平、工作经验或者熟练程度，就是员工有没有能力把工作做好或者说做好工作的可能性有

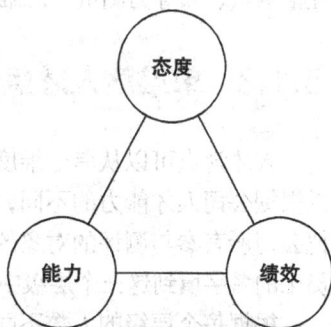

图5-2　人才盘点三个维度

多大。

绩效，包含员工在工作岗位上实际展现出来的成果，就是员工实际上有没有达成岗位要求的工作目标，有没有达到公司的要求，有没有把工作做好。

通过评估人才在这三个维度上的关系，人力资源管理者可以简单地形成人才质量的统计表，如表5-1所示。

表5-1 人才盘点统计样表

姓名	态度	能力	绩效
张三			
李四			
王五			

如果公司人才盘点的最终输出物只是一张表的话，那么就应该是这张表。通过这张表，人力资源管理者可以总括公司人才盘点的最终结果。这张表现在的样子只是最粗略的演示，公司可以根据自己的实际情况和需要进行丰富。

比如在态度、能力和绩效的模块内做一些细分。假如张三、李四、王五三人的岗位相同，岗位需要的能力和绩效指标都相同，彼此之间具备一定的可比性，那么这其中的每一项都可以再做细分，便于彼此比较。

测评态度、能力和绩效三个维度需要的人才盘点的方法和工具也有所不同。在人才盘点过程中，根据测评侧重的不同，可以分成三个类别。

（1）绩效评价，用来测评员工的绩效水平，常见的工具包括目标管理（MBO）、关键过程领域（KPA）、关键结果领域（KRA）、关键绩效指标（KPI）、目标与关键成果法（OKR）、平衡计分卡（BSC）、360度评估、关键事件法、行为锚定法、行为观察法、加权选择法、强制排序法、强制分布法、直属领导评价等。

（2）胜任力测评，用来测评员工的能力水平，常见的工具包括岗位胜任力模型、冰山模型、十字路口模型等。

（3）专业或模拟测试，用来测评员工的态度及潜能，常见的工具包括心理测试、性格测试、领导力测试、思维能力测试、专家访谈、角色扮演、管理游戏等。

5.1.3 单维度人才盘点的量化分析方法

人才盘点可以从单一维度来分析。比如，单看能力这个维度。人力资源管理者可以根据公司人才能力的不同，测绘出本公司的人才能力结构图。人力资源管理者可以把公司所有参与测评的对象的能力测评结果，分成优、中、差三个层级，然后把所有员工的名字填到这三个层级中。

根据每个层级的人数不同，能够绘制出公司人才能力的结构图，从而非常直观地看出整个公司当前的人才能力结构是什么情况。常见的人才能力结构图可以分成五种，分别是橄榄型、倒金字塔型、直方型、花生型、金字塔型，如图5-3所示。

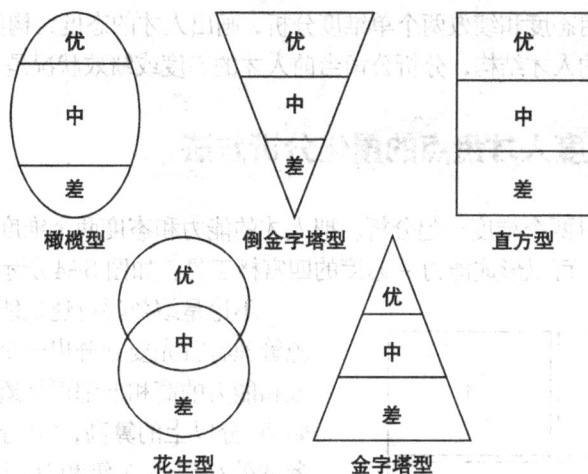

图 5-3　人才能力结构示意图

这五种人才能力结构的形态，哪一种是比较健康的形态呢？

其实这五种结构图是按照从优到劣的顺序排列的。第一种的橄榄型结构一般来说是最健康的人才能力结构。在这种结构中，处于中间位置的人数是最多的，处于优和差的人数比较少。尽管从表面上看公司优秀的人才并不多，但如果公司需要发展的话，还是有很多能力处在中等水平的人才，可以对这批人才进行培养和提升。因为差的人也比较少，也不至于对公司的发展形成阻碍。

有读者朋友可能会认为第二种倒金字塔型才应该最好的，原因是这个结构代表了公司当中能力强的人非常多，用一个词来形容就是"人才济济"。

一般来说，在一个公司中，素质和能力差的人不应当占多数，否则公司的发展就没有足够的人才支撑。但同时，能力优秀的人也不需要占多数，因为如果优秀的人才太多，公司提供的职业机会、发展空间和薪酬待遇可能都是有限的，反而会导致大部分人得不到锻炼或者得不到想要的待遇，最终反而会迫使人才选择离开公司，这样对公司的发展是不利的。

如果公司处于快速发展的时期，有足够的发展空间和平台提供给这部分优秀人才，那么，优秀人才占比应当多一些。如果不是快速发展的公司，倒金字塔型结构往往会导致人才过剩，存在不稳定因素。对于一般的公司来说，素质和能力中等的人占公司人才比例为 50% ~ 70% 是比较理想的状态。

直方形的结构看起来比较平均，优秀的、中等的、差的人才数量都一样，但是公司未来的发展可能会出现人才不足的状况。问题比较大的是最后这两个类型的，也就是花生型和金字塔型的结构。

花生型是那种中等能力人才数量比较少的结构，这种人才结构很容易导致人才断层的现象，可能严重影响公司发展。金字塔型结构是能力优秀的人才太少，无法对公司发展产生支撑作用，能力较差的人才又太多，拖累公司的发展。花生型和金字塔型的人才结构都是比较不健康的人才结构类型，如果公司出现这两种人才结构，要马上采取行动。

公司也可以用态度和绩效两个单维度分析，画出人才的态度结构图或绩效结构图，根据图形中展示的人才结构，分析公司当前人才的态度或绩效状况是否健康。

5.1.4 双维度人才盘点的量化分析方法

人才盘点可以两个维度一起分析。把人才的能力和态度两个维度划分成高和低两种层级进行比较，可以形成能力－态度的四宫格工具，如图5-4所示。

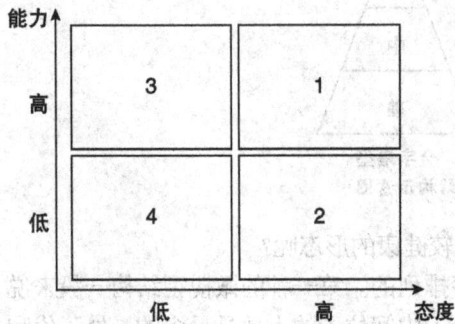

不论是绩效评价还是能力测评，人力资源管理者首先要划分出一个明确的标准，绩效和能力的高和低都严格遵守这个标准。比如70分以上的算高，70分以下的算低，或者绩效被评为A级和B级算高，绩效被评为C级和D级算低。

当按照能力－态度四宫格工具把人才全部放在四个区域中之后，人力资源管理者就可以针对不同区域的人才采取不同的策略了。

图 5-4 能力－态度四宫格

处在第一个区域的人才，工作态度的积极性比较高、能力比较强。这类人才是公司的宝贵财富，他们是公司发展的中流砥柱。可以说，在推动公司发展、为公司创造价值方面，绝大多数的贡献都是由这部分人才完成的。

对于这类比较杰出的人才，公司应该重点给予晋升和发展，或者给他们提供一些特别的福利或者特殊的照顾。如果公司持续对他们不闻不问的话，这种比较优秀的人才很有可能受到其他公司尤其是竞争对手的青睐。当外部的诱惑足够大时，这类人才很可能最终会选择跳槽离开。

处在第二区域的人才，拥有较高的工作积极性，但是在工作能力上有所欠缺。他们具备成为公司发展中坚力量的潜力。对于这类人才，人力资源管理者应该给他们提供一些必要的培训，想方设法提高他们的能力，让他们朝第一区域努力。

处在第三区域的人才，能力虽然比较强，但是他们的工作积极性比较差，俗话叫"有劲儿不愿使"。对于这类人才，人力资源管理者要对他们加强管理，通过完善的规章制度和科学的绩效管理来评估、规范和引导他们的行为，让他们也能够向第一区域靠拢。

处在第四区域的人才，工作态度比较差，工作能力也比较弱。这类人才对公司来说相对价值比较低。对待他们的策略通常是先具体了解和分析他们的情况，可以给予一定的培训，加强绩效管理或制度建设，也可以对他们实施必要的轮岗、降级或在本岗位中继续观察和锻炼。

这四类人才在公司中的比例，一般第一区域的人才占比为20%左右，第二区域的人才占比为30%左右，第三区域的人才占比为30%左右，第四区域的人才占比为20%左右。

有时候，人力资源管理者在使用能力－态度四宫格的时候，会发现能力或者绩效的划分如果只分成一高一低两个层级，会有点少，实际中有一些能力折中的人，不知道该放在哪个区域。这个时候可以引入一个折中的层级。这样的话，公司对人才的划分不是只有"高"和"低"两类，还有一类"中"。

比如，人力资源管理者可以按照人才的能力和绩效两个维度划分成高、中、低三种层级进行比较。这个工具叫作能力－绩效九宫格，如图5-5所示。

图5-5　能力－绩效九宫格

在这个九宫格中，处在第一区域代表着绩效水平很高、能力水平也很高的人才。对于处在这个区域的人才，公司可以根据具体的情况考虑给他们提拔和晋升，给予他们更多的奖励和激励，做好人才保留工作，留住他们。

那么，对于处在第9区域，能力比较低、绩效水平也较低的人才，是否代表对公司来说没有价值呢？不是的，人力资源管理者还要评估一下这些人才的工作态度。如果员工的工作态度没有问题，那么可能绩效水平低的直接原因是因为能力比较低，所以对这类人才公司可以加强培养和培训，或者采取轮岗的方式使其加强学习。

比如许多应届生，作为公司的新员工入职时，他们的能力通常来说比较低，绩效水平也比较低。他们基本都是处在这个区域的。但是应届生中不乏有大量吃苦耐劳、踏实勤奋等工作态度积极的人才，公司应当重点关注并培养他们。

在能力－绩效九宫格中，比较异常的人才类别是第7区域和第3区域。

第7区域代表着员工的能力水平比较高，但是绩效水平比较低。这种情况人力资源管理者可能要考虑员工的能力和绩效是否存在不匹配的情况，员工从事的岗位是否不能发挥出员工的能力优势，人力资源管理者可以考虑给员工一定的调岗机会。

这种情况也有可能是员工的工作方式和方法上有问题，需要做一些绩效指导，还有可能是员工的工作态度问题。人力资源管理者需要了解具体原因，可以尝试在绩效或制度上再做出一些努力。

第3区域代表着员工的绩效水平比较高，但是能力水平比较低。产生这种情况的可能性很多，可能是员工所在岗位的绩效和能力的相关性不大，也可能是绩效指标的设置出了问题，还可能是能力体系的评估出了问题。同样需要根据公司的实际情况，具体问题具体分析。

在这个九宫格中，健康的人才结构同样存在一定的比例特征。一般公司中处在第 1 区域也就是特别优秀的人不需要太多，通常在 10% ~ 20%。处在第 9 区域，也就是特别差的人也不应当太多，在 10% ~ 20%，大部分人应该处于中间的水平。

有的公司实施的绩效评价很难把人才区分出高、中、低三个维度，有的公司大部分员工的绩效评价得分都比较高，且分数比较集中。这时候，人力资源管理者可以采取强制排序的方法，强行分出类别。比如，人力资源管理者可以参照正态分布的比例来实施绩效排序，将高绩效人才的占比设置为 10% ~ 20%，低绩效人才的占比设置为 10%-20%，中等绩效人才的占比设置为 60% ~ 70%。

5.1.5 三维度人才盘点的量化分析方法

如果把态度、能力、绩效三个维度同时放到一起分析，同样划分出高、中、低三个层级，就会形成一个人才盘点魔方，如图 5-6 所示。

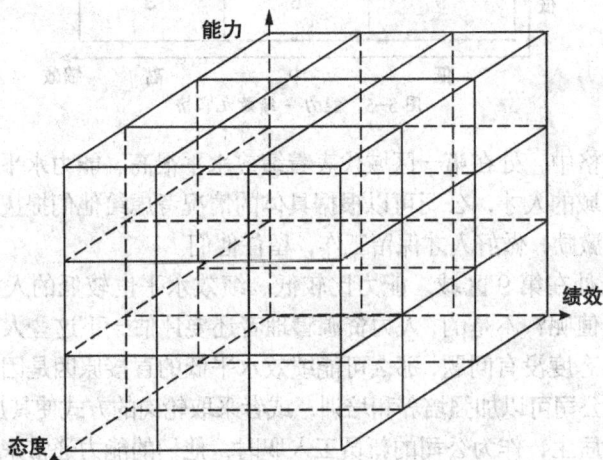

图 5-6 人才盘点魔方

人才盘点魔方工具虽然看起来比较复杂，但它可以形成一个最完整的人才分析体系。人力资源管理者可以通过人才盘点魔方看出人才在态度、能力和绩效三个维度全部在一起比较后的全貌。

处在人才盘点魔方最外延格子中的人才，代表工作态度的积极性高、工作能力比较强、绩效水平比较高的人才，是公司的核心人才，是公司最应该关注和保护的人才。处在魔方最内侧底部靠近坐标轴心格子中的人才代表工作态度的积极性低、工作能力比较低、绩效水平也比较低的人才，是对公司来说价值最低的人才。

对于员工人数比较多的公司（一般超过 10000 人）或者对管理要求较高的公司，可以用人才盘点魔方工具来操作人才盘点。如果公司规模不大、对人才管理的要求相对不高，但也想运用此工具分析，可以只划分高、低两个层级，这时候的人才盘点魔方将会相对简单，呈现 8 种情况。

图 4-6 的人才盘点魔方是三维立体图形，直接看图形可能并不直观。人力资源管理者可以把魔方里的方格通过表格的形式展示出来。在这个魔方中，所有人才其实可

以被分成27种情况，如表5-2所示。

表5-2 人才盘点魔方情况分类

情况	态度	能力	绩效
1	高	高	高
2	高	中	高
3	高	高	中
4	高	低	高
5	高	中	中
6	高	高	低
7	高	中	低
8	高	低	中
9	高	低	低
10	中	高	高
11	中	中	高
12	中	高	中
13	中	低	高
14	中	中	中
15	中	高	低
16	中	中	低
17	中	低	中
18	中	低	低
19	低	高	高
20	低	中	高
21	低	高	中
22	低	低	高
23	低	中	中
24	低	高	低
25	低	中	低
26	低	低	中
27	低	低	低

对于处在这27种情况中的人才，人力资源管理者要注意这些情况背后的产生原因，以及可能需要采取的不同的应对策略。对于人力资源管理比较成熟的公司来说，大部分人都是处在各项中等左右的水平。这27种情况中，有一些情况是人数较少或者没有人的，如果出现人数较多的情况，可能代表着管理上的异常，需要人力资源管理重点关注。

比如情况4代表了人才的工作态度很好，绩效很高，但是能力却很低。这属于比较反常的情况。如果把情况9和情况4放在一起比较，则更能够体现出情况4的反常程度。正常情况下，当员工能力比较低的时候，一般绩效水平也会相应比较低。

这时，人力资源管理者要考虑这种情况的原因。假如能力的评估没有问题，绩效指标的设置是否存在问题？假如绩效指标设置没有问题，能力水平的认定和评估是否存在问题？如果两者都没有问题，该岗位绩效指标是否与员工能力的相关度比较低？如果是，这个岗位绩效指标和什么的相关度比较高？

如果这类人才持续保持着高绩效、低能力，他们很难有动力主动提升自己的能力。如果未来情况变化，当这类人才所在岗位的绩效和能力相关性变得比较高，那么他们很可能会感到情绪受挫。所以，人力资源管理者要想办法提高公司内岗位能力需求和绩效水平之间的相关性。

比情况4还异常的是第22种情况。员工的态度较差、能力较差，但是绩效结果却很好。这种情况的问题就比较大，而且问题很可能是出在公司的绩效管理体系上。

第6种情况同样也是一种异常情况，员工的工作态度很好，能力很强，但绩效结果却比较低。如果由于外界环境的原因造成公司整体的绩效水平比较低则没问题；如果不是这样，那么人力资源管理者要评估原因，看员工努力的方向或方法是否出了问题。

第9种情况是人力资源管理者最应该给予培训和指导的。这种情况是员工的工作态度较好，但是能力和绩效都比较差。这时候往往是员工具备一定的主观能动性和积极性，绩效较差的原因是能力水平较低，所以需要公司重点关注。

第19种情况虽然看起来也属于一种异常，但相对而言反而可能是公司希望看到的。公司毕竟不是思想改造中心，不可能期望和要求每一位员工都能保持良好的工作态度。通过公司管理，让员工即使工作态度不积极，但是仍然能够做出公司期望看到的行为，得到有助于公司战略发展的结果，达到公司期望看到的绩效目标。对于公司来说，这样就可以了。

第24种情况人力资源管理者最应该给员工提供绩效管理方面的引导。这种情况是员工本身的能力没问题，绩效低的原因很可能来源于工作态度上的消极。这时候管理上的引导就显得非常重要。有的公司会把焦点放在员工的态度上，想尽一切办法改变员工的工作态度。这种想法和做法的结果通常很难成功，因为人的态度是最难改变的，公司其实不需要总想着改变员工的态度。

通过人才盘点魔方，公司不仅能对人才进行分类。通过对分类的进一步分析，人力资源管理者也能够检验出公司的态度测评体系、能力测评体系和绩效测评体系的运行情况，同时也能根据具体情况，制定出公司下一步对待不同类型人才的具体行动计划。

这里需要注意，人才盘点魔方工具实施起来较为复杂，不容易把握，管理成本较高。对于中小公司来说应当谨慎选用，中小公司可以借鉴人才盘点魔方工具的思维或方法，而不一定要照搬该工具来分析本公司的人才情况。

5.2 继任者计划的实施方法与技巧

人才获取的渠道不仅限于外部招聘，更有效的方式是内部的培养和提拔。虽然许多外部招聘的人才的能力素质也很高，但往往会由于对公司实际情况缺乏了解，很难在短时间内熟悉公司的所有情况并创造优秀的业绩。

内部人才往往比外部人才更了解公司，更容易创造价值，而且许多内部人才也希望得到岗位的调整，让自己的能力提升并更加多元化。通过继任者计划，能为公司输送源源不断的人才，能对战略实现和业务增长提供持续的人力资源支持。

5.2.1 员工职业发展方向的转换

人才盘点之后，公司能够发现许多优秀的人才。这时候，公司可以根据自己的需要把这些优秀人才作为关键岗位的储备重点培养，形成继任者计划。在实施继任者计划之前，人力资源管理者要注意，员工本人并不一定愿意接受公司的安排。所以公司需要了解员工的期望和诉求，使公司的安排和员工本人的意愿达成一致。

对于职业发展和转换，很多人会有一种朴素的误解，认为职业发展只有一个方向、一条路径，那就是俗话说的升职加薪。他们认为人只有升职加薪，才代表着职业上得到了发展。其实职业发展可以选择的方向非常广泛。

有的人期望追求职业上的高度，他们期望成为管理者，升职加薪；有的人期望追求职业上的深度，他们不愿意成为管理者，只期望在自己本领域内做精做深，成为专家；有的人期望追求职业上的宽度，他们想尝试不同的岗位，不断地尝试新的工作职能；还有的人期望追求职业上的温度，他们把职业看成只是用来谋生的工具，他们想把重心留给自己的生活和家庭。职业生涯发展的四个角度如图 5-7 所示。

在职业生涯发展的四个角度中，高度就是传统观点认为的升职加薪路线。这种职业发展路线适合能力素质模型中具备"成

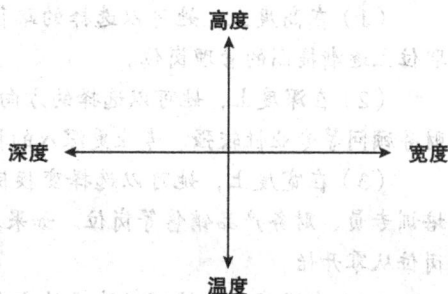

图 5-7 职业生涯的四个角度

就导向"或者具备管理潜质的人。这类人期望通过自己的能力来兑换价值，崇尚努力后从职位变化来衡量努力后的结果。

深度是追求专业领域、崇尚专业精深的角度。有的人天生不愿意领导或管理别人，职位上的提升不适合这类人。但是他们愿意通过持续提高自己专业领域内的能力，未来能够成为优秀的专家、顾问或咨询类人才。

宽度是追求尝试多种职业的角度。有的人既不喜欢比较高的职位，也不喜欢专业上的精深，他们喜欢新鲜的感觉，喜欢尝试不同的职业。很像有些人喜欢旅行，去不同的国家，见识不同的文化，欣赏不同的风景。

温度是追求安全感的角度。有的职场人不想把过多的时间和精力用在职业的发展上，他们把职业定位成一个养家糊口的工具，职业只需要给他们基本的安全感就好了。他们更期望把时间和精力用在非工作的事情上，比如家庭生活、兴趣爱好、社群活动等。

《西游记》取经团队中几位主人公不同的性格就比较好地体现出不同的人在这四个角度中的不同诉求。

孙悟空是偏向于追求高度的人，他自己把自己封为齐天大圣，觉得天底下没有比他更厉害的人了；唐僧是偏向于追求深度的人，淡泊名利；猪八戒是偏向于追求宽度的人，他总是喜欢接触新鲜的事物，喜欢追求新奇；沙和尚是偏向于追求温度的人，师徒的温情和团队的安全感最能够让他满足。

人力资源管理者在给员工设计职业发展或转换方向的时候要注意员工的诉求是偏向于哪个方向。对于不同的员工，有针对地为其设计职业发展或转换方向，并提供指导及建议。

案例

从事会计岗位的小刘已经工作5年了，平时工作很努力，获得了领导和同事的一致好评。但是，从事这个岗位时间久了，让她感到有些苦闷，她隐约感觉到自己不想再做会计工作，希望自己未来有更长远的职业发展。

可是，对于未来都有哪些方向可以走，她自己并不清楚，问了家人、朋友和周围的同事也都不能帮她理清头绪。为此，她很苦恼，于是找到了公司的人力资源管理者小王，小王利用职业生涯多角度的工具，帮她梳理了职业发展可选的方向，并让她对照着不同的方向，根据自身的情况做出选择。

（1）在高度上，她可以选择的路径为财务经理、财务总监、副总、总经理等在职位上逐渐提高的管理岗位。

（2）在深度上，她可以选择的方向有高级审计师、高级会计师、投资理财顾问、财务顾问等专业性较强、专业更深入的技能型岗位。

（3）在宽度上，她可以选择变换岗位，专业相关的比如出纳、理财专员、财务培训专员、财务产品销售等岗位。如果不想再从事与财务相关的岗位，可以考虑其他岗位从零开始。

（4）在温度上，她可以选择的方向有更重视家庭时间的投入、通过业余时间旅游散心、培养一些业余爱好、利用业余时间炒股理财等。

5.2.2　员工个人发展计划的应用

面对不同类型的员工，如果公司一味按照人才盘点的结果来做继任者计划的话，势必会引起部分员工的不满。这时候，需要管理者或者人力资源管理者与员工沟通，了解他们的职业意向，和他们一起做出个人发展计划。

个人发展计划（IDP，Individual Development Plan）是一个帮助员工进行职业生涯规划的工具，是一张描绘员工未来职业生涯发展的地图。IDP（个人发展计划）能够协助员工勾勒出自身的优势、兴趣、目标、待发展能力及相应的发展活动，帮助员工在合适的时间内获取合适的技能以实现职业目标。

随着知识生命周期的缩短，越来越多的员工关心自己的IDP。公司在面临优秀人才流失的压力下，IDP也成为提升公司整体人力资本的重要方式之一。

实施个人发展计划的好处包括如下内容。

> 有助于员工增强对工作的把握能力和控制能力；

> 有助于员工持续不断地实现和超越自身的价值；

> 有助于提高员工工作的积极性和自发的创造力；

> 有助于员工较好地处理职业和生活的平衡关系。

个人发展计划的应用步骤如图5-8所示。

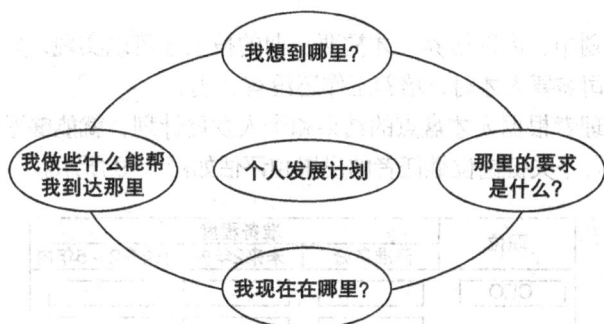

图5-8　个人发展计划的应用步骤

员工本人在应用个人发展计划时，可以遵循如下四个步骤。

（1）员工要考虑"我想到哪里"，也就是员工个人的职业发展目标是什么。

（2）员工要思考"那里的要求是什么"，也就是实现个人职业发展目标需要什么样的能力素质基础。

（3）员工要关注"我现在在哪里"，也就是评估自身当前能力和经验状况，思考要实现职业发展目标还需要提升哪些能力，弥补哪些经验。

（4）员工要思考"我做些什么能帮助我到达那里"，也就是制订详细的学习和发展的行动计划，提高自身的能力，以期实现未来的职业目标。

员工的直属上级、部门负责人或者人力资源部可以与员工一起制定员工个人发展计划，实施步骤可以分成三步。

1. 员工过往发展回顾

员工根据对个人发展计划的应用，实施对自己职业发展的回顾。回顾时要注意对自己的个人通用能力（包括沟通能力、时间管理能力等）、个人管理能力（项目管理能力、激励下属等）以及个人专业能力（包括岗位技术能力、专业应用等）进行整体回顾。

2. 员工未来发展建议

员工对自己职业发展的想法经常是不客观或存在偏差的，这时候公司应当根据员工对自己职业的初步想法，给员工意见或建议，和员工一起讨论并制定员工短期的业绩改进计划和长期的职业发展规划。

3. 员工未来发展需求

在与公司讨论并形成员工个人发展计划的过程中，员工可以提出为实现自己职业发展的必需需求，包括个人需要的通用能力、管理能力、专业能力的补充方式。在与公司沟通后，可以通过培训、轮岗或者自学等多种多样的形式完成和满足员工能力的提升。

5.2.3 继任者计划的制定方法

在继任者计划中，内部培养人才需要长期的投入才可以实现，如果人才规划不到位，很容易在公司需要人才时，培养工作还没有完成。

人力资源管理者根据人才盘点的结果和个人发展计划，就能够形成关键岗位的继任计划。对公司各个关键岗位继任者的设置和评估如图5-9所示。

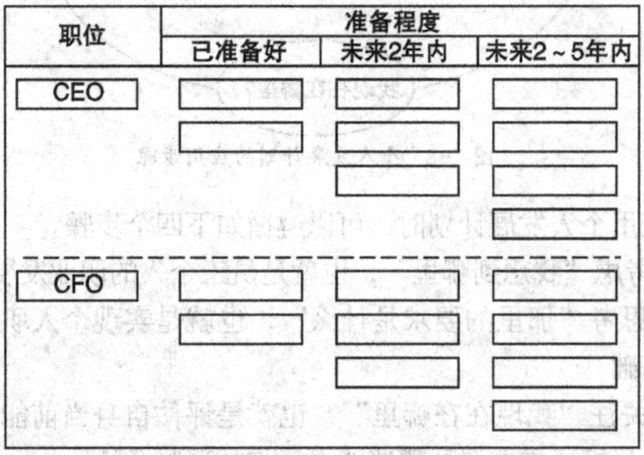

图5-9　继任计划示意图

继任计划图的最左端填写的是公司的关键岗位名称。这里需要注意，是填"岗位名"而不是填"人名"。岗位名的底下可以写上人名。然后，后面要配上至少三级人员名单，第一级是能够马上接替这个岗位的人选，第二级是需要2年左右才能接替的人选，第三级是需要2～5年才能接替的人选。

为什么要这么分呢？因为每个岗位都有马上离开的可能性。可能因为这个岗位人选晋升到了更高岗位，可能因为岗位轮换，也可能因为员工选择离职。总之，人力资源管理者要有心理预期，任何一个岗位都不是稳定不变的，动态的变化是永恒。

因此，为了避免人才离开、关键岗位无人接任对公司造成的损失，原则上每个关键岗位的背后都应该至少有一个人具备能够马上接替这个岗位现在人选的能力。

具备一定基础但缺少经验的人才，对于关键岗位的熟悉和了解一般需要2年时间，而且能够和第一梯队形成岗位轮换上的时间差，所以第二个梯队选择需要2年左右时间培养的人选。第三梯队人选选择需要培养2～5年的人才，也是考虑人才发展的培养周期和时间差的问题。

单纯把这张表做好是远远不够的。人力资源管理者还要建立后面这三个梯队里面所有继任者的个人培训与开发档案，充分运用现有的资源，通过个体的辅导、参与项目、岗位轮换、培训学习等各种方式帮助他们提升自身的知识、经验和能力，并且加强管理沟通和过程监控反馈，让这些继任者们可以按照既定的成长和发展路线稳步前行，成长为公司需要的人才。

对于大型公司或者岗位之间能力差异较大的公司，可以按照上面的方法实施继任者计划。对于一些规模较小、管理要求较低、公司中同类岗位同质性较强的岗位，人力资源管理者可以用关键岗位人才池的方法管理继任者，如图5-10所示。

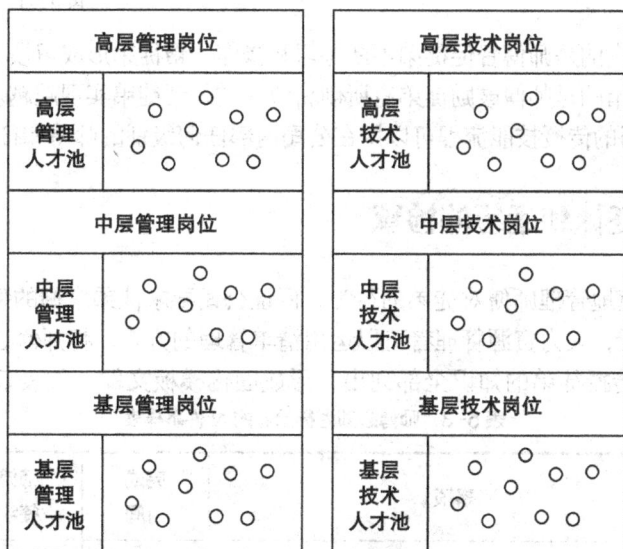

图 5-10　继任人才池

通过对公司管理类和技术类各阶层岗位形成蓄水池般的人才池，人力资源管理者可以保障公司内部源源不断的人才供应，不至于让公司出现人才断层的现象。

5.3 提升继任者技能的有效方法

以师带徒是工作知识、技能和经验最有效的传承手段。有调查表明，岗位需要的知识只有不到 20% 来自集中培训，超过 80% 的知识来自日常工作中的师徒关系，而知识转化为技能的过程，则几乎 100% 来自岗位工作中师徒相处的时间。员工技能水平的提高，师傅起着决定性作用。

5.3.1 继任者技能传授的流程

许多师傅不知道如何向徒弟传授技能，为此人力资源管理者要把对师傅帮带技能的培养工作加入公司年度的培训管理计划中，定期向师傅提供传授技能方面的培训。

师傅教徒弟的通用流程可以分成六步，如图 5-11 所示。

（1）告知指的是师傅要把待传授的技能变成可操作性的流程和步骤，介绍给徒弟听。

（2）示范指的是师傅把待传授的技能实际操作后，演示给徒弟看。

（3）模拟指的是师傅让徒弟自行模拟操作，展示给师傅看。

（4）改善指的是师傅指出徒弟操作环节中的问题，帮徒弟改进操作。

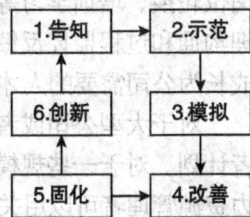

图 5-11 师傅教徒弟的流程

（5）固化指的是师傅督促徒弟不断练习和操作，帮徒弟形成习惯。

（6）创新指的是师傅鼓励徒弟有所创新或改进，帮徒弟实现超越。

这六步通用的传授技能流程可以用在公司内部任何级别的师傅和徒弟之间。

5.3.2 继任计划运行的检查

为了更规范地管理师傅对徒弟的行为，保证公司要求徒弟掌握的每项技能都能够得到师傅的传授，人力资源管理者可以运用清单管理的方式，将师傅必须对徒弟做出的行为或必须传授徒弟的知识全部列出，形成固化模板文件，如表 5-3 所示。

表 5-3 师傅必须为徒弟做的 N 件事样表

序号	事项	完成时间	师傅签字	徒弟签字
1	互相进行自我介绍			
2	最初的交流：与徒弟进行一次最初的交流，对徒弟的基本情况进行了解			
3	将徒弟介绍给部门的其他人，并向徒弟介绍其他人			

续表

序号	事项	完成时间	师傅签字	徒弟签字
4	带领徒弟熟悉办公环境和其他部门			
5	带徒弟去餐厅吃一顿午餐			
6	教徒弟如何使用办公系统			
7	与徒弟共同制作实习计划			
8	将徒弟送到实习车间，并为其介绍车间情况			
9	给徒弟示范讲解一项工作			
10	让徒弟动手做一件事情，并给予指导			
11	为徒弟布置一项稍有点难度的任务，并检查			
12	检查徒弟每周的总结，并给予点评			
13	每月对徒弟的表现进行书面总结			
14	每月就实习计划的完成情况与徒弟一起讨论			
15	每月与徒弟谈一次心			
16	帮徒弟解决一项工作中的困难			
17	帮徒弟解决一项工作以外的困难			
18	表扬并鼓励徒弟一次			
	······			

这个表单模板可以在师徒关系形成时，由人力资源管理者打印后发给师傅和徒弟各一份。表格中的每一项完成后，由师傅和徒弟分别在表格中签字。这里需注意签字必须在每项逐一签字，不能多项一起签。公司可以规定该表单模板是徒弟参加检核前的必备资格条件之一。

该表单模板不仅可以作为师徒之间传授行为的依据，也可以作为人力资源管理者对师徒制的运行实施检查的依据。培训管理一方面可以检查该表单的签字情况，另一方面可以对照表单上的项目与师傅或徒弟面谈，抽查单个项目的完成情况。

举例

某大型零售公司培养店长采取的是师徒制和集中培训相结合的方式。该公司在对店长岗位进行了充分调研后，明确规定了店长岗位的应知应会，并将其制作成了固定的表格，作为师傅教授徒弟时的参照依据。

店长岗位学习表如表5-4所示。

表5-4 店长岗位学习表

类型项目	学习内容	学习要点	参考学习天数	师傅签字	徒弟签字
店长的工作流程	工作流程	1.每天作息时间；2.工作流程；3.工作重点	7		
	店长每日巡店流程	检查内容以及关键管控点	7		
前台管理	商品陈列管理	生鲜、食品、非食类商品陈列原则	14		
	订货管理	生鲜、杂货订货流程，自动补货	14		
	商品质量管控	生鲜商品品质管控、杂货商品保质期管理	7		
	档期管理	档期前中后需考虑的问题	14		
	异常商品管理	缺货、负毛利、负库存等异常商品管控	14		
	竞争性市调	市调的流程、内容	1		
	价格管控	1.标示系统；2.商品变价流程；3.价格管理规范	5		
	销售管理	1.销售预算；2.毛利预算；3.预算分解；4.面销	5		
	公共关系沟通	1.对内（①物流 ②公司各部门、门店、柜组 ③食品厂等）；2.对外（①维护顾客关系 ②联系和接待团购、大客户等）	5		
后台管理（商品）	数据分析	数据报表各品类指标分析	30		
	收货管理流程	生鲜、杂货、直送、配送等收货流程和标准	3		
	仓库的管理	仓库/冷库安全、卫生、检查管理要求	5		
	退换货流程	1.配送、直送退换货；2.前台顾客退换货	5		
	盘点管理	生鲜商品、杂货商品的盘点流程和关键控制点	14		
	调拨管理	门店之间、门店内部的调拨流程和关键控制点	3		
后台管理（门店）	开闭店管理	开店、闭店的流程和关键控制点	5		
	卖场清洁管理	1.保洁管理；2.保洁管理标准；3.卖场整体清洁标准	3		
	耗材管理流程	门店内部各类耗材的管理	3		
	门店设备管理	设备的种类、使用方法和日常维护保养	3		
	办公室管理	办公室管理标准	1		
	办公电子系统使用	DRP、BI、供应宝、NC等系统使用	14		

续表

类型项目	学习内容	学习要点	参考学习天数	师傅签字	徒弟签字
客服管理	收银管理	1.资金管理；2.收银员上机流程、服务规范；3.款项制度；4.团购；5.结算方式	14		
	赠品的管理	1.赠品管理原则；2.如何管控	3		
	顾客投诉处理流程	1.站在顾客角度；2.安抚顾客情绪；3.协助顾客解决；4.总结投诉问题；5.思考改进方案；6.向总部反馈	14		
	会员管理	1.会员卡积分规则；2.会员卡办理流程；3.如何增加会员数量；4.如何提高会员满意度；5.会员分析；6.会员跟踪与维护	5		
	大宗购物	团购商品管理流程	5		
	招商区管理	1.外租区管理规定；2.联营柜台管理规定	7		
防损管理	超市安全管理	1.设备使用安全；2.用电安全；3.消防安全；4.人身安全；5.款项安全；6.商品安全	7		
	损耗管理	1.生鲜和杂货的损耗管控；2.贵重商品区安全管理制度	14		
	门店的财务管理	1.资产管理；2.发票、保险柜、储值卡等的管理	3		
	突发事件的处理	1.突发事件类型（火灾、抢劫、盗窃等）；2.各种突发情况处理流程	14		
人员管理	排班管理	1.根据时间段、客流量、工作量等合理排班；2.保障员工的休假；3.检查员工出勤状况	7		
	促销员管理	1.促销员上岗手续的办理；2.考勤管理；3.合理排班	7		
	团队管理	1.员工入职、培训；2.员工沟通；3.培养下属；4.增强自身领导力；5.晋升下属	30		

5.3.3 继任计划效果的评估

人力资源管理者要持续关注公司师徒帮带工作的进展情况，并定期通过对徒弟学习成果的检核评估师徒制的运行效果。对徒弟学习成果检核的流程如表5-5所示。

表5-5　师徒检核流程清单

序列	内容
检核前	确定检核官人选
	通知徒弟和师傅
	提前安排检核官到达的交通、食宿情况
	提前制作笔试题、面试题及待检核人员的信息
	打印桌签、检核流程、检核表、考评表、面试题
	准备瓶装水、盒饭和黑色中性笔等物资
检核中	实施笔试（根据岗位出题）
	面试（自我介绍及总结学习内容环节）
	面试（检核官提问环节）
	学员座谈（检核官点评学员的表现，并让学员提问）
检核后	回收所有资料
	批改试卷
	汇总成绩
	公布结果

在实施检核之前，人力资源管理者应当与师傅和徒弟分别进行深入的交谈，了解他们的真实想法，了解公司的师徒帮带体制是否真正发挥作用，是否存在走形式的情况。通过面谈，人力资源管理者及时地查找问题，评估和改进。

这里需要注意，为保证面谈的效果，人力资源管理者最好到师傅和徒弟的工作现场与他们面谈。如果有时间或空间上的障碍，人力资源管理者可以通过网络、电话等形式与他们取得联系。为促进员工关系的和谐，切忌让他们到办公室来找人力资源管理者。

检核官的人选根据待检核人员类别的不同而有所不同，一般来说，检核官比待检核人员的职务高1～2级为宜。

检核过程中用到的笔试问卷和面试题目，人力资源管理者可以根据岗位的应知应会准备，或者由检核官提前提供。另外，笔试和面试题目的制定一定要有从事相关岗位的专业人士的参与，具备测评需要的可信度和有效度，不能想当然。

5.4　员工职业发展中的量化分析

几乎每个员工都期望在职业上有所发展，但并不是每个员工都清楚该如何选择适合自己的职业。对此人力资源管理者可以帮助员工测评职业兴趣及选择适合员工的职业，帮助员工做匹配与分析，帮助员工寻找职业锚并选择适合他的职业。

5.4.1　员工职业兴趣的测评分析

职业兴趣测试是心理测试的一种，是通过测评技术，定位出一个人最感兴趣、最能够得到满足感的职业类型是什么。因为能够实现量化，同时又有一定的理论支撑和数据支持，职业兴趣测试在员工职业发展和生涯规划中起着至关重要的作用。

在职业兴趣测评领域，最常用的是"霍兰德人格与职业兴趣测试"。它最早是由美国约翰·霍普金斯大学的心理学教授、美国著名的职业指导专家约翰·霍兰德（John Holland）编制。霍兰德认为人的人格类型、兴趣与职业密切相关，兴趣是人们活动的巨大动力，凡是具有职业兴趣的职业，都可以提高人们的积极性，促使人们积极地、愉快地从事该职业，且职业兴趣与人格之间存在很高的相关性。

霍兰德理论的核心假设是人根据其人格可以分为六个类别，分别是现实型（Realistic）、研究型（Investigative）、艺术型（Artistic）、社会型（Social）、公司型（Enterprising）、传统型（Conventional）。霍兰德测评结果分类如图 5-12 所示。

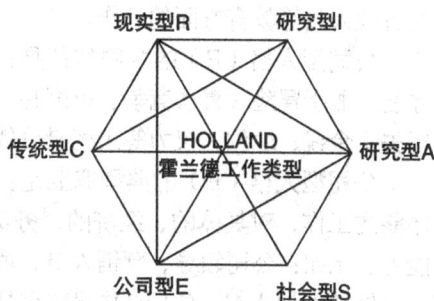

图 5-12　霍兰德测评结果分类

现实型人格（R）的共同特点是：愿意使用工具从事具备操作性特点的工作，动手能力较强，做事手脚灵活，动作协调；偏好于具体的任务，不善言辞，做事保守，较为谦虚；缺乏社交能力，通常喜欢独立做事。

现实型人格（R）的典型职业是：喜欢使用工具、机器，需要基本操作技能的工作，对要求具备机械方面才能、体力劳动的工作或从事与物件、机器、植物、动物、运动器材、工具相关的职业有兴趣，并具备相应能力。比如：计算机硬件人员、摄影师、制图员、机械装配工等的技术型职业；木匠、厨师、技工、修理工、农民、一般劳动等的技能型职业。

研究型人格（I）的共同特点是：抽象思维能力强，求知欲强，肯动脑，善思考，不愿动手，往往是思想家而不一定是实干家；喜欢独立的和富有创造性的工作；考虑问题理性，做事喜欢精确，喜欢逻辑分析和推理，喜欢不断探讨未知的领域；有学识才能，不善于领导他人。

　　研究型人格（I）的典型职业是：抽象的、智力的、独立的、分析的、定向的工作；对要求具备智力或分析才能，并将其用于观察、估测、衡量、形成理论、最终解决问题的职业有兴趣，并具备相应的能力。比如：电脑编程人员、科学研究人员、医生、教师、工程师、系统分析员等。

　　艺术型人格（A）的共同特点是：具有一定的艺术才能和个性，喜欢创造新颖的、与众不同的成果，具备创造力，希望通过表达个性实现自身的价值；做事较理想化，可能不切实际地追求完美；善于表达，不善于事务性工作，有些怀旧，心态往往较为复杂。

　　艺术型人格（A）的典型职业是：需要一定的创造力、艺术修养、直觉和表达能力，并将其用于声音、语言、行为、颜色、形式、审美、思索和感受的工作。比如：作曲家、乐队指挥、歌唱家等音乐方面的工作；诗人、剧作家、小说家等文学方面的工作；导演、演员、广告制作人、艺术设计师、建筑师、雕刻家、摄影家等艺术方面的工作。

　　社会型人格（S）的共同特点是：寻求广泛的人际关系、喜欢与人交往、不断结交新的朋友；善言谈、喜欢助人，愿意教导别人；比较看重社会道德和社会义务，关心社会问题，渴望发挥自己的社会作用。

　　社会型人格（S）的典型职业是：喜欢与人打交道的工作，对能够不断结交新的朋友的工作有兴趣，希望从事关于帮助、启迪、提供信息、治疗或培训与开发等事务的工作，并具备相应能力。比如，咨询人员、公关人员等社会方面的工作；教师、教育行政人员等教育方面的工作。

　　公司型人格（E）的共同特征是：追求权威、权力、物质财富，具备一定的领导才能；敢于冒险、喜欢竞争、有野心、有抱负；为人务实，目的性很强，习惯以利益、得失、金钱、地位、权力等来衡量价值。

　　公司型人格（E）的典型职业是：喜欢要求具备经营、管理、领导、监督和说服才能的工作，对具体的、经济的、务实的等目标性较强的工作感兴趣，并具备相应的能力。比如：公司领导、营销人员、项目经理、法官、律师等。

　　传统型型人格（C）的共同特点是：喜欢按计划办事，尊重权威和规章制度，有条理、细心，不主动谋求领导职务，习惯接受他人的指挥和领导；通常较为谨慎和保守，不喜欢冒险和竞争，缺乏创造性，喜欢关注实际和细节情况，有一定的自我牺牲精神。

　　传统型人格（C）的典型职业是：喜欢要求精确度、注意细节、有系统、有条理的工作，对按特定程序或要求组织文字和数据等各类信息的工作感兴趣，并具备相应能力。比如：记事员、秘书、行政助理、会计、图书馆管理员、出纳等。

　　经过多年的发展，霍兰德的理论不断地丰富和完善。员工工作的满意度、敬业度、流动倾向性与个体的人格特点和职业环境的相关程度比较高。当人格和职业相匹配时，会产生最高的满意度、敬业度和最低的流动率。

　　公司在员工招聘时，通过对应聘者职业兴趣的测试，可以帮助他判定自己属于哪种类型，由此和应聘者就录用职位更好地达成一致。在职业发展中，如果出现员工和职位不匹配的情况，可通过此测试测出员工的职业兴趣，再安排与其职业兴趣相匹配的岗位。

根据霍兰德人格和职业兴趣测试的结果，可以判断出候选人适合的职业方向。人格越靠近社会型（S），适合的职业类型和"人"越相关，人格越靠近现实型（R），适合的职业类型与"物"越相关；人格越靠近公司型（E）和传统型（C），适合的职业越贴近"实务"；人格越靠近研究型（I）和艺术型（A），适合的职业越贴近"理念"。

霍兰德人格分类适合的职业方向如图 5-13 所示。

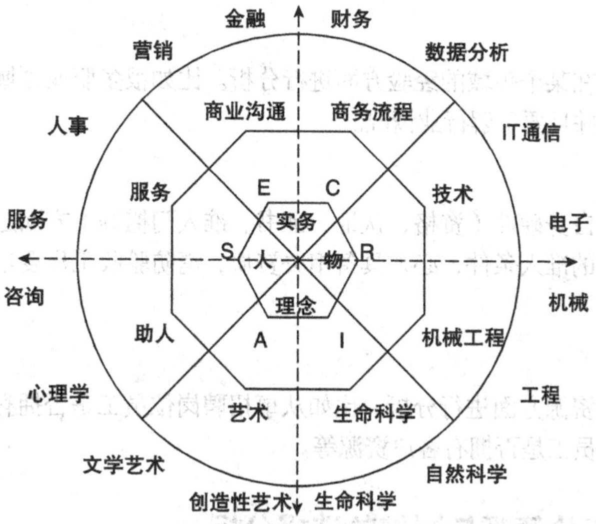

图 5-13 霍兰德人格分类适合的职业方向

5.4.2 员工职业选择的匹配分析

当员工通过霍兰德人格和职业兴趣测试，寻找到适合自己的某几类岗位时，公司应当和员工一起根据他选择的几个职业类型展开个人优势和劣势的分析。

员工要盘点自身的情况，不管身处哪个领域中，都可以从自己具备的特质和资源角度入手进行分析，拥有和高于其他人的，就是优势，没有或低于其他人的，就是劣势。员工可以从以下几个方面进行分析。

1. 知识

员工可以审视自己是否掌握比别人多的概念性或程序性知识。比如人力资源管理者不但要了解人力资源管理的基础知识，还要通过不断学习，掌握更多先进的人力资源管理理论和知识。

2. 技能

员工可以审视自己是否具备能够熟练实践、操作和使用的能力优势。比如行政办公室人员对办公软件的操作熟练程度或工人对某种机械操作的熟练程度。

3. 才干

员工可以审视自己的天赋方面是否具备一定的竞争优势。比如管理岗位往往要求员工具有领导能力和沟通能力，而有的员工天生在领导和沟通方面具备一定的优势。

4. 性格

员工可以从自身性格方面进行分析自身是否适应某个领域的发展。比如销售岗位往往要求员工的性格相对比较外向，而财务岗位要求员工性格比较细心严谨。

5. 经验

员工可以从在某个领域的经验方面进行分析。比如很多职业领域要求员工具备相关的工作经验，并且要了解行业情况。

6. 硬件

员工可以从自身硬件（资格、认证、证书、准入门槛等）方面进行分析。比如工程类岗位有严格的准入条件，必须具备相关资质，消防验收工作要求员工必须拥有消防相关证书。

7. 资源

员工可以从资源方面进行分析。比如从事招聘岗位员工是否拥有人际关系资源，从事销售岗位的员工是否拥有客户资源等。

5.4.3 员工价值观与岗位的选择分析

公司应当帮助员工确定自己的职业锚。职业锚是由美国麻省理工大学的埃德加·施恩（Edgar. H. Schein）教授提出的。它实际上就是个人通过实际工作经验形成的，与自己的能力、动机和价值观相匹配的一种职业定位。

职业锚也可以理解为当人们不得不做出选择的时候，他无论如何都不会放弃对职业的那种至关重要的信念或价值观。实际就是人们选择和发展自己的职业时所围绕的中心。公司要根据员工职业兴趣的测试结果，和员工一起找到他的职业锚。

个人兴趣对职业发展的选择很重要，价值观同样重要。价值观是个体关于什么是有价值、值得的一系列信念。它指导个体对行为进行选择与评估，是人们内心中的一把尺，是人们对人生中不同人、事、物重要程度的排列。职业价值观，是人们希望通过工作来实现的人生价值，是人们选择职业的重要因素。它是指不同人生发展阶段所表现出的阶段性的人生价值追求。

早在1970年，心理学家舒伯（Donald E. Super）研究开发了职业价值观量表（WVI，Work Values Inventory），将职业价值观分成了15项，分别是：利他助人、美的追求、创造性、智性激发、成就感、独立性、声望地位、管理权力、经济报酬、安全感、工作环境、上司关系、同事关系、生活方式、变异性。

利用舒伯的职业价值观，可以做出岗位选择的决策量表，如表5-6所示。

表5-6　职业价值观决策量表

价值标准（8项）	重要度（1~10）	岗位1	岗位2	岗位3
1				
2				
3				
4				
5				
6				
7				
8				
总分		×	×	×

在面临岗位选择时，可以用职业价值观决策量表做岗位的探索和验证，具体方法如下。

（1）罗列出8项自己觉得重要的价值观，填入表格。注意：可以参照但不限于舒伯的15项价值观模型。

（2）给价值观的重要度打分，分值为1~10分。

（3）罗列自己的岗位选项，一般选择2~3个最想发展的填入表格。

（4）为不同岗位选择的价值观满意度打分，分值为1~5分。

（5）计算各选项的加权总分。

（6）与自己或他人讨论并适当调整分数，得出结论。

案例

小李在一家上市公司工作多年，兢兢业业，认真踏实，得到了领导和同事的一致认可，目前已经在分公司部门负责人岗位上工作了5年时间。集团公司的领导有意提拔他，目前有两个职位空缺，一个是小李所在的分公司副总的岗位，另一个是集团公司某部门的负责人。集团公司领导找小李谈话，想征求小李本人的意见。小李回到部门后，考虑了很久也不知该如何抉择，找到了人力资源部的小王。

人力资源管理部的小王利用职业价值观决策量表帮助小李做了决策。小李最重要的8项价值观分别是：成就、智慧、上司、审美、金钱、创造力、自主、生活方式，不同价值观对应的重要度、不同岗位对应的价值观满意度如表5-7所示。

表5-7　小李职业价值观决策量表应用

价值观	重要度	分公司副总	集团公司部门 负责人
成就	8	5	4
智慧	9	5	4

续表

价值观	重要度	分公司副总	集团公司部门负责人
上司	6	5	3
审美	7	4	4
金钱	8	5	4
创造力	7	4	4
自主	6	4	5
生活方式	5	4	4
总分		255	224

　　根据量表的测算结果，小李对分公司副总岗位的总体价值观满意度是 255 分，对集团公司部门负责人的价值观满意度是 224 分。小李对分公司副总岗位的综合价值认可度高于集团公司部门负责人岗位。小李在反复检查各项分值与自身价值观的匹配度后，最终做出了选择分公司副总岗位的决定。

☑ 实战案例
阿里巴巴公司的人才盘点

阿里巴巴公司的人才盘点关注以下 3 个层面。

1. 企业层面

在企业层面，阿里巴巴公司关注如下内容。

（1）业务布局，企业年度的战略和目标。

（2）人才整体结构各维度的数据，包括员工层级分布、职能分布、工龄情况、年龄情况、性别情况、学历情况、地域情况、入职情况、离职情况等。

（3）关键人才分布情况，包括关键人才现状、重点人才的发展情况等。

2. 团队层面

在团队层面，阿里巴巴公司关注如下内容。

（1）人才梯队建设的盘点，通常从各级管理者往下至少看 2 层，看是否完整。

（2）人才价值观和绩效的盘点，根据价值观和绩效的 9 宫格，盘点人才的属性。

（3）团队管理行为的盘点，包括团队雇佣了什么人、解雇了什么人、调来了哪些人、调走了哪些人、表扬了哪些人、批评了哪些人等。

3. 个人层面

在个人层面，阿里巴巴公司关注如下内容。

（1）个人的价值观情况。

（2）个人的绩效情况。

（3）个人的能力情况。

（4）个人的特质情况。

（5）个人的潜质情况。

通过人才质量盘点，阿里巴巴公司根据员工的价值观和业绩的不同，把员工分成5种类别，并以动物的名称描述，分别是明星、牛、狗、野狗、兔子，如图5-14所示。

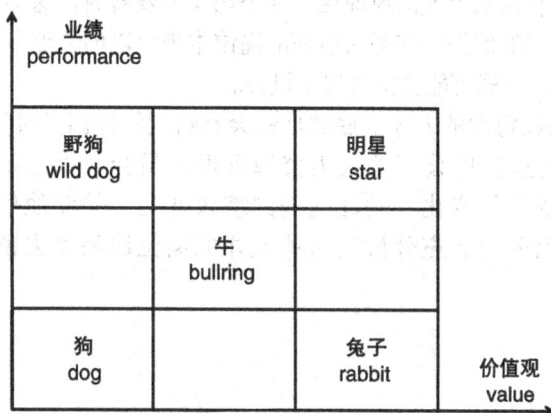

图5-14 阿里巴巴公司人才盘点对人才的5种定义种类

（1）明星（star），指的是价值观和阿里巴巴公司的价值观非常相符，业绩也非常优秀的人才。

（2）野狗（wild dog），指的是业绩非常优秀，但是价值观和阿里巴巴公司不符的人。

（3）牛（bullring），指的是价值观基本相符，业绩也基本相符的人。

（4）兔子（rabbit），指的是没有业绩的老好人。

（5）狗（dog），指的是业绩和价值观都不达标的人。

在这5类人才中，明星的比例在20% ~ 30%左右；牛、兔子和野狗的比例在60% ~ 70%左右，狗的比例在10%左右。阿里巴巴公司鼓励管理者给自己的下属打分，并且根据这个比例原则对员工进行强制排序。

这也是阿里巴巴公司强调各部门管理者参与和实施人才盘点的一种表现，通过强调管理者的责任，让管理者关注下属。据说通过这种方式，管理者对下属的关注度将会提高60%。针对人才盘点的结果，阿里巴巴公司采取的策略是，消灭"狗"和"野狗"，请走"老白兔"（指长期人才盘点结果被评为"兔子"的人）。

"狗"因为业绩和价值观都不达标，所以要坚决清除；"野狗"虽然业绩达标，但是价值观与公司不符，如果不能使其迅速提高价值观的认同度，成为"明星"，可能会呈现出强大的反作用力。

这种反作用力在业绩数据的掩盖下，可能会给团队带来强大的负能量，长期下去整个团队的价值观都会被削弱，甚至走向反面。阿里巴巴公司对"狗"和"野狗"采取的是零容忍的态度，采取的是从严、从重、从快、公开处理的方针。

阿里巴巴公司的人才盘点会重点关注"老白兔"。这里的"老白兔"是指那些在公司很多年，没有能力，没有业绩，也没有潜力，很多年都不被晋升的人。

阿里巴巴公司认为，当公司规模比较小，各项机制还不健全的时候，对公司伤害比较大的是"狗"和"野狗"。当公司发展到一定程度，各项机制完善之后，对公司伤害最大的，往往是"老白兔"。

老白兔看似兢兢业业，其实没有产出、没有作品、没有业绩，反而偶尔还会说一些不利于公司发展和团队士气的风凉话。当公司快速发展时，这类人会越来越多，会影响很多新人对公司的信任。这类人所在的岗位本来可以创造更多的价值，因为他们占据了岗位不离开，公司可能会错过很多机会。

阿里巴巴公司在每次的人才盘底之后都会有特别标注出"狗"、"野狗"和"老白兔"型的人。阿里巴巴公司的人力资源管理人员会重点跟踪和落实这些人的情况，关注他们的岗位变化、关注他们的绩效变化、关注他们的态度和工作状态变化。阿里巴巴公司会充分讨论这些人才的岗位调整和去留问题，确保组织的正常运转。

☑ 实战案例

华为公司的人才盘点

华为公司创立于 1987 年，是全球领先的 ICT（信息与通信）基础设施和智能终端提供商。华为致力于把数字世界带入每个人、每个家庭、每个组织，构建万物互联的智能世界。2022 年初时，华为约有 19.7 万名员工，业务遍及 170 多个国家和地区，服务 30 多亿人口。

在华为公司的人才盘点中，比较经典的工具有 4 个。

1. 绩效 – 素质 2 维人才质量分类表

华为公司在人才质量盘点方面，曾采取过比较经典的 2 维盘点工具，将人才按绩效和素质分成 2 个维度。其中，绩效维度主要指的是员工的绩效结果评价情况。素质维度主要指的是员工的态度和能力情况。

华为公司绩效 – 素质 2 维人才质量盘点示意如图 5-15 所示。

华为公司的绩效和素质评估分别分成 S、A、B、C 4 个层级，其中 S 级为最高级，C 级为最低级。人才质量可以分为 8 类。

（1）明星员工。

明星员工指的是绩效评估为 S 级，素质评估也是 S 级的员工，这类员工是公司升职加薪的主要人选。

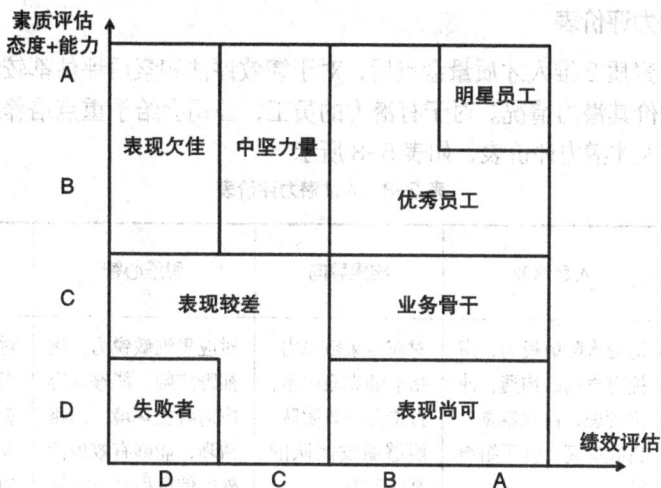

图 5-15　华为公司绩效－素质 2 维人才质量盘点示意图

（2）优秀员工。

优秀员工指的是绩效评估为 A 级及以上，同时素质评估也是 A 级及以上的非明星员工。这类员工公司会积极培养，会被给予更多机会。

（3）业务骨干。

业务骨干指的是绩效评估为 A 级及以上，但素质评估为 B 级的员工。这类员工公司会适当加强职业素养培训和能力锻炼，让其成为公司的内部骨干，通过素质和能力成长，让其向优秀员工的行列发展。

（4）中坚力量。

中坚力量指的是绩效评估为 B 级，素质评估为 A 级及以上的员工。这类员工公司会考虑其进一步发展，给予更大的业绩责任，并加强这类员工在绩效达成过程中的指导。

（5）表现尚可。

表现尚可指的是绩效评估为 A 级及以上，但素质评估为 C 级的员工。这类员工比较特殊，公司会对其保留原位，同时加强职业态度、能力与职业素养等的培养与训练。

（6）表现欠佳。

表现欠佳指的是绩效评估为 C 级，但素质评估为 A 级及以上的员工。这类员工公司会仔细分析其优势所在，被给予更多的工作指导或调换岗位。

（7）表现较差。

表现较差指的是绩效评估为 B 级，同时素质评估为 B 级或 C 级，或者素质评估为 B 级，绩效评估为 B 级或 C 级的员工。这类员工公司会给予温馨提示，会提供有针对性能力或绩效发展支持，必要时会适当调整其工作岗位。

（8）失败者。

失败者指的是绩效评估为 C 级，同时素质评估也是 C 级的员工。这类员工公司会在 3 个月内对其进行岗位调整。如果调岗后依然不长进，则有可能会被淘汰。

2. 人才潜力评价表

在绩效－素质2维人才质量盘点后，对于绩效评估和素质评估都较优的员工，华为公司还会评价其潜力情况。对于有潜力的员工，公司会给予重点培养或晋升。华为公司曾采用过人才潜力评价表，如表5-8所示。

表5-8 人才潜力评价表

潜力测评维度	人际情商	结果导向	思维心智	变革创新
定义	对应人际敏锐力，指拥有卓越的沟通，冲突管理，自我察觉、自我提高，善于组织等能力	对应结果敏锐力，指能够克服困难，打造高绩效团队，能够激发团队的高能动力	对应思维敏锐力，指视野广阔，能够从容应对各类环境，思路清晰，能够有效解读外部信息和内心思考	对应变革敏锐力，指永不满足，热衷创意，领导变革，能够引入新的观点
标准1	对人际关系有较高的敏感度	有较强的自我驱动力和能动性	在专业领域有较强的专业能力和视野	不满现状，持续改善
得分（1～5分）				
标准2	能够通过交流有力地影响他人	愿意付出足够的努力，吃苦耐劳	具有解决问题的有效方法	愿意迎接挑战，不轻易放弃难点
得分（1～5分）				
标准3	能够倾听和接纳不同的意见和负面情绪	具有较高的绩效标准，激发团队	从容面对复杂模糊的环境	善于引入新的观点和方法
得分（1～5分）				
标准4	能够自我察觉内在情绪和自我进化	鼓励自己和他人发挥绩效潜力	清晰地思考并向他人解读	热衷收集和尝试新的方案与创意
得分（1～5分）				
标准5	善于组织和协调各方	为达成结果，不拘泥某种方法	善于发现错误，并将其视为改进机会	能够推动变革
得分（1～5分）				

对一名员工，按照人才潜力评价表，对标准1～5分别打分，并将分数加总。分数加总后，不同得分对应人才潜力评价结果如表5-9所示。

表5-9 不同得分对应人才潜力评价结果

总得分	20分及以上	14~19分	8~13分	7分及以下
对应结果	高潜力	中潜力	弱潜力	低潜力

3. 工作定量分析及效能提升表

对在职员工的工作情况，华为公司会定期分析并努力提升员工的工作效率。华为公司曾使用工作定量分析及效能提升表，如表5-10所示。

表5-10 工作定量分析及效能提升表

频率	性质	主要工作内容	用时	日均小时数	占日均实际工作量的比例	结合公司和部门目标，实现效率提升的方法	工作调整后用时	工作调整后日均用时	工作调整后占日均实际工作量比例
每天	固定	面试	5	5	59.17%	1…… 2……	4	4	61.07%
每天	固定	发布招聘信息	1	1	11.83%	1…… 2……	0.5	0.5	7.63%
每天	非固定	指导实习生	0.5	0.5	5.92%	1…… 2……	1	1	15.27%
每周	固定	参加并准备人力资源周例会	8	1.6	18.93%	1…… 2……	4	0.8	12.21%
每月	固定	与劳务派遣公司结算	4	0.2	2.37%	1…… 2……	3	0.15	2.29%
每月	非固定	猎头、劳务派遣费审批、流转	3	0.15	1.78%	1…… 2……	2	0.1	1.53%
合计				8.45	100%			6.55	100%

4. 岗位评估组织机构图

为了整体把握团队内部各岗位工作情况，评估各岗位的工作成果，华为公司曾使用岗位评估组织机构图。岗位评估组织机构图是将团队的编制情况、团队内部各成员的绩效情况、司龄情况、职等职级情况等表示在一张组织机构图中，并快速判断、查找和发现团队问题的方法。岗位评估组织机构图如图5-16所示。

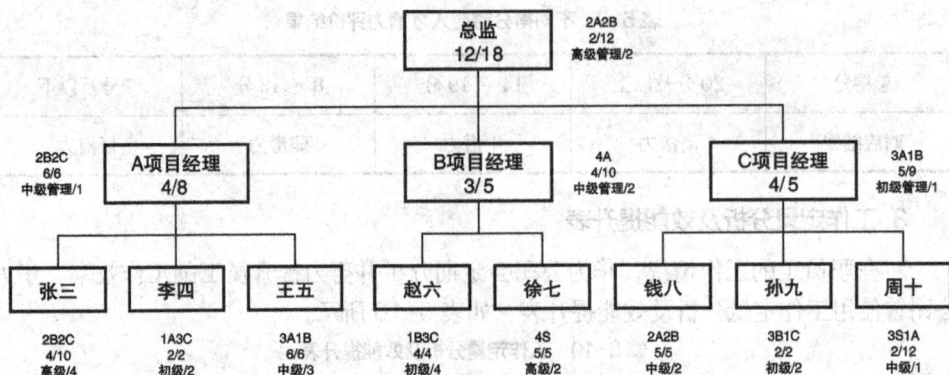

图 5-16　岗位评估组织机构样图

上图中，单元格内包含了岗位名称和该岗位从业人员。单元格内的数字信息，前一个数字表示所在部门现有人数；后一个数字表示部门编制总人数。通过现有人数和编制人数，能看出团队人员缺失情况。

单元格旁边的信息，第 1 行表示该岗位过往连续 4 次绩效周期绩效评估结果。通过连续 4 次绩效周期绩效评估结果，能够看出岗位从业人员的绩效水平和稳定性。

第 2 行第 1 个数字表示该岗位从业人员当前司龄年限，代表岗位从业人员在本公司的工作年限；第 2 个数字表示工龄年限，代表岗位从业人员曾有过的工作年限。通过司龄年限和工龄年限的信息，能看出岗位从业人员的经验情况。

第 3 行的第 1 个信息表示该岗位从业人员当前的职位等级，第 2 个信息表示从事当前职等职级的年限。通过职等职级和从事职等职级的年限信息，能够了解当前岗位从业人员的能力和经验情况。

公司把对人才的整体评价分成卓越、合格、基本合格与不合格。通过岗位评估组织机构样图中连续 4 次绩效评估结果的评价，能对当前人员得到如下结论。

绩效评价结果为卓越的人为：徐七、周十。

绩效评价结果为合格的人为：B 项目经理、C 项目经理、王五、钱八。

绩效评价结果为基本合格的人为：总监、李四、孙九。

绩效评价结果为不合格的人为：A 项目经理、张三、赵六。

运用岗位评估组织机构图实施团队人员的管理与评价能够做到结果一目了然，能够有效提升管理效率。

疑难问题
如何帮助员工做好职业发展规划

员工为公司服务的期限内，公司可以通过职业生涯规划为员工规划一系列连续的任期，在每个任期中，公司和员工共同制定任务目标，员工朝着目标努力，而公司负责为员工提供资源支持，员工创造价值的同时，公司也获得价值，双方都能得到长期收益。

员工的职业生涯设计表现在公司内部流程和文件上就形成了员工职业生涯规划表，如表5-11所示。

表5-11　员工职业生涯规划表

填表日期：_____年___月___日				填表人：	
姓名		出生日期	部门		岗位
		最高学历	毕业学校		毕业时间
具备技能／能力	类型				
	证书				
你拥有哪些专长					
请说明你对目前所从事工作的感兴趣程度		□感兴趣　　　□一般　　　□不感兴趣			
		原因：			
希望选择的晋升通道					
请简要说明你1～3年的职业生涯规划					

在填写员工职业生涯规划表时，需要员工的直属上级与员工谈话，并指导其填写。这样做的目的是让员工能够充分考虑职业兴趣、优势劣势、职业锚及价值观等客观信息。人力资源部负责跟踪、督促职业生涯规划谈话工作的执行情况，并做好相关资料的汇总及其他辅助协调工作。

员工职业生涯规划表中的基础信息是员工基本情况。这里需要注意员工填写的最高学历应当是拥有国家统招毕业证书的学历，这主要是为了考察员工的专业是否符合员工所选职业的专业要求。

当员工的职业兴趣和从事的职业相匹配时，会产生最高的满意度和最低的流动率。如果员工对现在的工作满意时，公司可以根据现在职业和员工继续下一步，但是当员工表达他对现在的工作不满意时，公司就需要加以重视，询问员工原因，并寻找解决问题的方法。如果不能解决，公司需要和员工一起探讨是否选择其他职业。

员工确定好职业方向后，公司可以按照职业定位让员工选择希望的职业发展通道和路径。这里的职业发展路径可以根据管理类、业务类、技术类和操作类四种基本路径并结合公司的实际情况设置。

根据员工选择的职业发展通道和路径，结合公司实际情况，直属上级可以和员工一起设计职业规划方案。职业生涯规划是对员工一系列连续任期的安排，在每个任期中，制定一个任务目标。每个任期内的任务目标来源于员工的职业目标。员工也可以对任期内的任务目标做进一步的分解，形成更加具体的阶段性目标。

比如某公司的招聘专员岗位员工的职业目标是 3 年后晋升到招聘主管岗位，那么对这位员工 3 年的职业生涯规划方案可以按照如下内容设计。

第一阶段，1 年之内，能够在招聘专员岗位上沉淀下来，锻炼最基本的工作能力，积累工作经验，把工作的基础打牢。

第二阶段，利用 1 ~ 2 年的时间，成为一个在招聘工作中能够独当一面的人，能够独自完成招聘工作，能够独立承担责任，能够发现问题，解决问题，不需要上级管理者操心。

第三阶段，利用 3 年时间，不但能够独自完成招聘工作，而且能够主动学习管理知识，进行管理角色的转换，能够进行招聘管理工作，管理下属招聘专员，同时在工作中能有创新和发展，能为公司创造更大的价值。

🔎 疑难问题

如何帮助员工开发职业能力需求

员工在完成职业生涯规划表后，根据目前员工所选择的职业通道种类、职业发展路径、岗位职责及任职资格要求，填写员工能力开发需求表，如表 5-12 所示。

表 5-12　员工能力开发需求表

填表日期：　　　年　　月　　日			填表人：	
姓名		部门		岗位
所承担工作	工作职责			
	自我评价	□完全胜任	□基本胜任	□不能胜任
	上级评价	□完全胜任	□基本胜任	□不能胜任
	上级评价依据			
对工作的期望和想法				
达到目标所需要的知识和技能				
达到目标所需要培训的课程				
需要公司提供的非培训支持				
备注				

员工能力开发需求表需要员工所在部门的直属上级和员工共同根据员工目前的情况进行工作胜任情况的评价。在确认员工目前所任职岗位的主要工作后，建立工作清单，再按照工作清单一一对照，评估员工是否能够胜任当前的工作。

评估时需要注意过程中的客观公正和实事求是。评估的目的不是证明员工不胜任之后淘汰员工或对其降职，评估的最终目的是提升和改进，通过评估寻找员工存在的不足之处，和他一起分析问题，并帮助其找到可行的解决方案。

评估过程中，员工要能够正确认识自己的现状，员工需要对自己是否胜任工作做出评价，是完全胜任？胜任？还是不能胜任？如果员工认为自己不能胜任，要说明是哪方面不能胜任。员工需要提供做出自我评价的依据，这里的依据最好是详细、具体的，杜绝凭感觉。

根据工作评价的结果，员工提出对工作的期望和想法，员工应当主要从职位期望、个人能力提升等方面填写。在这项内容上，员工的直属上级需要和员工不断沟通，发掘员工真正的需求，并且要鼓励员工说真话。有时候员工会担心自己的期望说出来会受到他人的否定而选择不说出真实的想法，这样公司在这方面的工作就很难达到预期的效果。

比如有一位刚入职的招聘专员想3年内做到经理职位，但是担心自己的想法说出来以后，别人会说他好高骛远，或是担心自己的上级听了会不高兴，他就可能会对外说：没什么职业发展想法，就想做好自己的本职工作。这样直属上级和员工之间的谈话就很难延续。所以公司一定要创造一种开放的沟通氛围，鼓励员工吐露心声。

当然，公司也不能完全按照员工的期望进行职业生涯设计。如果员工的期望过高，直属上级发现很难或不能完成，可以和员工沟通。沟通时注意不要直接打击员工的积极性，而应该首先肯定他的期望和想法，之后引导员工发现其中的难点或不切实际的点，引导员工将大目标分解成小目标和阶段性目标。

直属上级要和员工从岗位职责和胜任力的角度分析员工所需要提升的知识和技能。比如那位大学刚毕业就入职的招聘专员，想要晋升为招聘主管，他需要具备招聘相关的专业知识和技能，包括招聘管理基础知识、招聘流程管理知识、招聘渠道管理技能、识别人才的能力、良好的分析能力、良好的团队合作精神、解决问题的能力等。

根据他需要提升的知识和技能，结合公司的培训课程体系，直属上级可以为其制定专属的个性化培训方案。比如他选择的是管理通道的晋升，所以他不仅要学习专业技能提升课程，还要参加管理技能提升课程。通过专业技能和管理技能的共同发展，完成从员工到管理者角色能力上的转换。

为此他可以学习的专业技能方面的课程包括面试实战训练、高效沟通、面试与选拔技巧、人才测评技巧、招聘管理方法、招聘体系建立方法、结构化面试技巧等，管理技能方面的课程可以包括团队管理技巧、员工激励技巧、中层干部领导力等。

最后，直属上级应询问员工除了需要公司内部提供的培训之外，还需要哪些其他方面的支持。比如有的员工希望转换职业通道，从当前的销售岗位转换到人力资源管理岗位，期望直属上级的支持，或者员工想回家乡工作，期望直属上级能够提供外调的机会。

疑难问题
如何帮助员工适应职业发展要求

公司常常会听到一些员工对自己职业的抱怨：有的会抱怨自己的工作就像是个"打杂的"，看不到希望；有的频繁变换工作岗位后，还是达不到自己的期待；有的绩效总是不达标，充满怨念。面对这些问题，人力资源管理者需要分析员工和职业的匹配情况，明确问题核心，有针对性地进行调整。

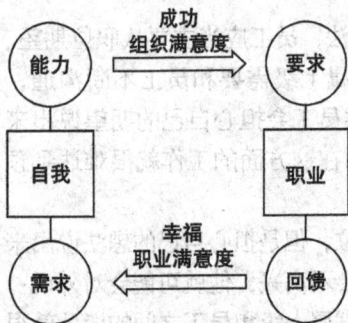

图5-17 职业问题查找思路

查找职业问题的思路如图5-17所示。

在没有问题的理想状况下，当个体的能力能够满足职业要求的时候，员工就能够获得组织的满足感，获得职业的成功，获得职业上的成就感；当职业的回馈能够满足个体的需求时，员工就能收获对自己职业的满意，获得职业上的幸福感。

相反地，如果个体能力不能满足职业的要求，组织对员工的行为表现必然不满意，员工无法获得职业上的成功，失去职业上的成就感；如果职业的回馈无法满足个体的需求，员工就无法获得对职业的满足感，失去职业上的幸福感。

要搞清楚员工的问题出在哪里，可以将职业问题查找的思路讲给员工听，然后，问员工如下问题。

（1）你认为自己的问题是在哪里？是觉得自己不够成功还是不够幸福？或者你希望自己是更加成功还是更加幸福？

（2）在你看来，先解决成功线和幸福线中的哪一条线的问题你会更满意？或者哪一个是你目前待解决的重心？

（3）如果是成功线的问题，可以问：你到底是能力没有满足要求，还是对职位的要求不清楚？如果是幸福线的问题，可以问：到底是职业回馈无法满足自我需求，还是自我需求不明？

通过问员工以上问题，能够将问题聚焦在四个方向。

（1）自身的职业能力不足，需要提升职业能力。

（2）对职位的要求不明确，需要提升自身对职业要求的理解和认识。

（3）个人的需求多，没有得到满足，需要寻找满足需求的方法。

（4）组织回馈少，无法满足正常需求，需要找到提高组织对个人回馈的方法。

这四类问题对应的解决方案如图5-18所示。

1. 提升职业能力

员工要提升自身的职业能力，可以选择的方案包括如下内容。

➤ 定目标，设定一个本阶段中自己可达成的恰当目标；

➤ 找差距，通过清晰的岗位要求，列出自己和岗位要求的能力之间的差距；

➤ 做计划，制定清晰的、阶段性的能力提升计划；

➤ 调结构，刻意学习，持续练习，提升缺项能力，调整自己的能力结构。

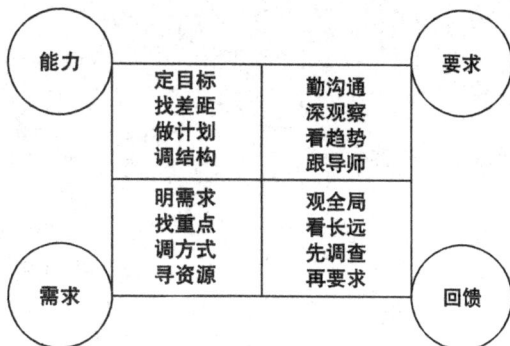

图 5-18　四类职业问题解决方案

2. 了解职业要求

员工要了解自身职业的要求，可以选择的方案包括如下内容。

➤ 勤沟通，通过与上级和同事的沟通，明确岗位的具体要求；

➤ 深观察，通过公司要求矩阵图，关注以前没有关注的隐形要求；

➤ 看趋势，时刻关注公司和职业的变化趋势，提前做准备；

➤ 跟导师，尽量寻找优秀者做职业导师，以便少走弯路。

3. 明确个人需求

员工要满足个人的需求，可以选择的方案包括如下内容。

➤ 明需求，系统探索自己的职业价值观，系统了解自己对职业的需求；

➤ 找重点，清晰本阶段自己最核心、最需要满足的 2 ~ 3 个核心需求；

➤ 调方式，主动调整工作状态，找到当下满足需求的方式；

➤ 寻资源，调动自身和公司资源，搜索更好自我满足的可能。

4. 提高个人回馈

员工要提高个人的回馈，可以选择的方案包括如下内容。

➤ 观全局，以职业回馈的全局来计算收益而不是只用金钱（比如，发展空间、情感）；

➤ 看长远，看到本岗位未来可能会有的职业回馈；

➤ 先调查，通过职业调查，做出恰当的自我评估；

➤ 再要求，向公司提出新的待遇要求。

第6章

培训管理中的量化管理
与数据分析方法

在培训管理环节实施量化管理与数据分析，能够更有针对性地提高公司人才培养与培训的效能。培训管理中的分析主要集中在岗位胜任能力模型量化分析、培训需求环节的量化分析、培训实施环节的量化分析方法以及培训评估环节的量化分析方法。

6.1　岗位胜任力模型的量化分析

　　胜任力模型（competence model）是某岗位人员为了完成岗位工作、达成岗位的绩效目标所应具备的一系列不同要素的组合。岗位胜任力一般都是可衡量、可观察、可指导、可提升的，并对员工的个人绩效与公司的成功具有关键的影响。

6.1.1　岗位胜任力模型的维度

　　狭义的岗位胜任力模型仅指达到岗位要求、完成岗位目标需要的"能力"，而广义的岗位胜任力模型可以包含岗位所需要的素质、知识、能力、经验等各项任职资格。岗位胜任力模型包含的内容如表 6-1 所示。

表 6-1　岗位胜任力模型包含的内容

类别	内容
经验	持续运用某项能力的时间
能力	核心能力、通用能力、专业能力等
知识	专业学历、社会培训、证书、认证、专利、岗位需要的知识等
素质	人格、素养、智商、价值观、自我定位、性别、年龄等

1. 素质

　　素质维度一般指由个人自身特质决定的、比较根深蒂固、不太容易改变的方面，包括性别、年龄、性格、人格，智商，自我定位，忠诚度，人生观、世界观、价值观等。

2. 知识

　　知识维度一般指的是通过学习、查阅资料等后天学习得到的信息，一般包含专业、学历、学位、社会培训、证书、认证、专利以及岗位需要的知识等。

3. 能力

　　能力一般是指在一定知识的基础上，能够完成某个目标或者任务的可能性，是一种知识的转化。知识和能力是不同的，光有知识没有能力就是纸上谈兵。

举例

掌握游泳的相关知识和掌握游泳的能力是两个完全不同的概念。如果只掌握游泳的知识（也就是知道应该怎么游），但是不具备游泳的技能（也就是从来没游过），如果把这个人直接扔到水里面，他可能会淹死。

开车也是一个道理。我们考驾照的时候，一般都有一门理论考试，考驾驶知识。但是光有驾驶知识就能开车吗？肯定不行，如果只掌握开车的知识，不掌握开车的能力，一定开不好车。

能力可以分成通用能力和专业能力。

通用能力指的是几乎每一个岗位都要用到的能力，比如沟通能力、组织能力、协调能力、理解能力、分析能力。几乎所有的岗位，或多或少地都要用到这些能力。

专业能力指的是专属于某一类岗位特有的、其他的岗位基本不需要的能力，比如开飞机的能力，开挖掘机的能力，或者是造型师、美容师等这类岗位具备的专业能力，都属于岗位特有的能力。

4. 经验

经验一般是指某人从事一项工作的时间长短。能力一般和经验有一定的相关性，但并非持续相关。一般来说，随着时间的增加，经验的增长，能力的提升会趋于平缓。

举例

一般人开3年左右的车，基本就练成了开车的能力。再开3年，在能力上一般不会有特别大的提升。这时候提升的主要是经验，而经验的体现主要是在一些事情的熟练程度和处理一些异常状况的能力。

总结：素质维度反映了"能不能"做；知识维度反映了"知不知道"怎么做；能力维度反映了"会不会"做；经验维度反映了"做了多久"或者"熟练程度"。

6.1.2　岗位胜任力模型的层级

按照胜任力的四个维度，能够制定出较全面的岗位胜任力模型。明确各维度的具体要求，不仅会让人才的选拔、培育、考核更具备方向性，而且会让人才与岗位更加匹配，稳定性更好，敬业度更高，达到人才和公司都满意。

举例

某公司办公室基层行政管理岗位的胜任力模型如表6-2所示。

表6-2 某公司办公室基层行政管理岗位的胜任力模型类目

类别	内容
经验	3年以上同类岗位工作经验
能力	速录能力、office软件应用、学习能力、沟通能力、协调能力、应变能力
知识	行政管理类专业本科学历，具备基础财务知识、了解公司发展及公司文化
素质	诚信、团队精神、主动性、创新意识

为方便管理，胜任力模型类目下的每项特质要区分成不同的等级，并配有详细的文字描述。比如，素质层面团队精神的特质，通常是指在团队目标下，对团队利益和协作的共同认知。将其分级后如表6-3所示。

表6-3 团队精神分级样表

级别	定义
1	能在团队中配合其他成员，有合作精神，态度端正，能考虑团队目标与利益
2	尊重团队中的每一位成员，能在团队中积极配合其他成员，有较好的合作精神，态度端正，当团队利益与个人利益冲突时，以团队为先
3	经常为团队提出有意义的、建设性的意见，当团队利益与个人利益冲突时，总是以团队为先
4	能主动加强与团队中其他成员的合作意识，当团队利益与个人利益冲突时，总是以团队为先，并愿意牺牲个人利益

教育背景，按学历可以分初中、高中（包括中专和中职）、大专、本科、硕士、博士、博士后。公司可以将教育背景划分成四级，如表6-4所示。

表6-4 教育背景分级样表

级别	定义
1	初中、高中
2	大专
3	本科
4	硕士及以上

公司知识可以包括行业知识、产品知识、公司文化（发展历史、理念、价值观等）、组织结构、基本规章制度和流程等，也可以分成四个等级，每级的描述如表6-5所示。

表6-5　公司知识分级样表

级别	定义
1	熟悉员工手册
2	了解公司发展历史、相关产品知识，熟悉本岗位相关管理制度、流程
3	全面了解公司的历史、现状、未来发展方向、全部产品知识以及相关管理制度、流程
4	熟悉公司整体运作流程、制度，了解公司整体战略规划以及战略步骤

对某一专项知识，也需要用此方式分类，比如财务知识可分成 A、B、C、D 四类。A：会计学原理、统计学原理、税收；B：工业公司财务管理、工业公司会计、会计电算化；C：管理会计、成本会计；D：审计学；F：金融证券、投融资管理。对财务知识的分级如表 6-6 所示。

表6-6　财务知识分级样表

级别	定义
1	了解每一类所包含的基本知识
2	掌握 A、B 类所包含的知识； 掌握 A 类知识，了解 C 类知识
3	精通 A、B、C 类知识，掌握 D、F 类知识
4	精通 A、B、C、D、F 类知识

能力维度中的"沟通能力"通常是指通过口头和书面方式表达、交流思想的能力。将其分级后如表 6-7 所示。

表6-7　沟通能力分级样表

级别	定义
1	能够为工作事项与他人进行联系或简单交流
2	能够与他人进行较清晰的思想交流，书面沟通文法规范、能够抓住重点，让别人易于理解
3	沟通技巧较高，具有较强的说服力和影响力，书面沟通时、有较强的感染力
4	沟通时有较强的个人魅力，影响力极强，书面沟通时有很强的感召力

经验维度同样也可以分级，将其分级后如表 6-8 所示。

表6-8　经验分级样表

级别	定义
1	2 年以下相关经验
2	2～7 年相关经验
3	7～15 年相关经验
4	15 年以上相关经验

6.1.3 岗位胜任力模型的量化

人力资源管理者在实施培训之前，需要将岗位胜任力模型量化，评判出岗位现有能力和岗位要求能力之间的差距，有针对性地实施培训的需求分析和培训评估。

举例

某公司客户经理岗位需要的胜任能力模型如表6-9所示。

表6-9 某公司客户经理岗位胜任能力模型

胜任能力	最高能力等级	岗位要求等级
产品知识	5	4
客户关系	5	4
市场策略	5	3
销售技巧	5	4
预算与控制	5	3
促销技巧	5	3
管理技巧	5	4
跨部门合作	5	3

经过岗位能力评估后，发现该岗位员工当前的能力等级和岗位要求等级之间的差异情况如表6-10所示。

表6-10 某公司客户经理岗位当前能力等级和岗位要求等级之间的差异

胜任能力	最高能力等级	岗位要求等级	当前能力等级	能力等级差异
产品知识	5	4	3	1
客户关系	5	4	3	1
市场策略	5	3	2	1
销售技巧	5	4	4	0
预算与控制	5	3	3	0
促销技巧	5	3	2	1
管理技巧	5	4	2	2
跨部门合作	5	3	1	2

如表6-10中的数据所示，人力资源管理者能够看出当前岗位员工在"销售技巧"和"预算与控制"两方面对应的能力水平能够达标，在"产品知识""客户关系""市

场策略"和"促销技巧"方面对应的能力等级差1级，在"管理技巧"和"跨部门合作"方面的能力等级差2级。

运用胜任力模型测评工具，不仅可以用在某单一岗位上个体员工的胜任能力水平分析，也可以用来分析某一类岗位所有员工的平均水平。使用该工具后，公司所有岗位的能力都能够量化地表示出来。但使用该工具的前提，是公司胜任力的管理、测评和评估机制要达到一定的管理水平。

6.1.4　岗位胜任要素差距的确认

公司的资源有限，对岗位胜任要素差距补充的先后顺序、重要性顺序应当予以确认。人力资源管理者根据确认后的岗位胜任要素差距情况，有重点、有优先级地分配资源给予补充，而不是只要存在岗位胜任要素的差距就需要补充。

对岗位胜任要素补充的重点和优先级选择，需要考虑该胜任要素对公司的重要程度和紧急程度，如图 6-1 所示。

对公司来说重要程度高的、紧急程度高的胜任要素应当优先满足、尽快满足；其次是对公司来说重要程度较高，但紧急程度较低的胜任要素；再次是对公司来说紧急程度较高，但重要程度较低的胜任要素；最后是对公司来说既不重要也不紧急的胜任要素。

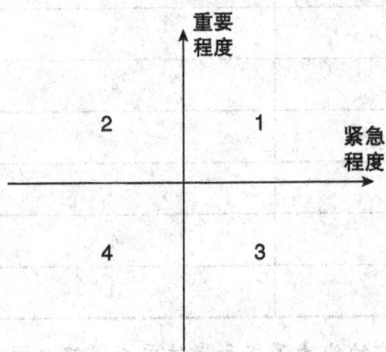

图 6-1　岗位胜任要素补充重点及优先级选择示意图

延续上一节中对某公司客户经理岗位当前的胜任能力和岗位需要的胜任能力之间差距的分析，人力资源管理者得出当前能力等级和岗位要求等级间的差异后，并不能简单地因为该岗位在"管理技巧"和"跨部门合作"两方面胜任要素的差距较大，所以公司就需要马上在这两方面实施培训。

人力资源管理者首先要评估不同的胜任要素差距对公司的紧急和重要程度，某岗位差别大的能力类目不代表是对公司来说最紧急或最重要的。

可能"产品知识"和"客户关系"这两项胜任要素与这类岗位的绩效关联特别大，对公司绩效的影响也比较大，而"管理技巧"和"跨部门合作"虽然会对该岗位的工作造成一定的影响，但和该岗位绩效的关联度以及公司绩效的关联度并不大。

在数据管理能力较强的公司，也可以用数据来说明问题。根据这家公司以往的数据显示，如果把该岗位的"产品知识"和"客户关系"两项胜任要素提升到岗位要求的4级水平，那么该岗位的绩效有望会提升20%，而提高"管理技巧"和"跨部门合"两项胜任要素后，岗位绩效并无明显的提升。

那么这时候，人力资源管理者对培训需求确认后得出的结论应当是：对岗位优先在"产品知识"和"客户关系"两项胜任要素方面做培训。

6.1.5 岗位胜任力模型的构建

一般常见构建胜任力模型的方法有三种。

1. 总结归纳法

这种方法适用于成熟、稳定、具备一定规模、管理水平相对较高的公司，是通过研究同类岗位上，高绩效员工与低绩效员工的差异来建立胜任力模型。它以行为访谈评估为依据，开发出的胜任模型最符合公司的现实，效果最好；缺点是开发的过程耗费的时间和精力很大，需要行为事件访谈能力，操作难度很高。

2. 战略推导法

这种方法适用于变化较快、管理水平相对较低的公司，是通过公司的核心价值观以及战略规划对公司能力的要求进行推导并建立胜任力模型。战略推导法的本质是逻辑推理的过程，它的步骤为：首先，澄清组织的战略、愿景、使命和核心价值观；其次，了解组织内各岗位的角色和职责；最后，推导胜任模型。这种方法的优点是胜任模型与组织的战略、价值观密切相关，逻辑清晰。这种方法的缺点是缺乏具体的行为做依据，胜任力描述可能会空泛、抽象，脱离现实。

3. 引用修订法

这种方法适用于需要快速建立胜任力模型的公司，是通过直接引用专业咨询公司、同行业内优秀公司或者对标公司的岗位胜任力模型，根据本公司实际情况稍做修改后，作为本公司的胜任力模型直接使用。

如果有专业的顾问，可以让其列出通用的胜任项目，由相关人员选择、筛选出胜任力模型。这种方法的优点是省时省力，对于初步引进胜任力模型概念又没有能力在胜任力模型开发上做大量投资的组织不失为一种有效的方法；缺点是通用的成分较多，与具体的公司文化、战略的关联性不一定紧密。

6.2 培训需求环节的量化分析

许多公司在开展培训前，不知道该给员工培训什么。有的公司是市面上流行什么就培训什么；有的公司是在市场上遇到什么问题就培训什么；还有的公司是人力资源部有能力组织什么课程就培训什么。这些公司都没有在需求分析的基础上实施培训，结果是既造成资源浪费，又达不到公司预期的结果。

6.2.1 培训需求分析的维度

培训需求分析是公司在设计与规划每项培训活动前，对员工要达到的目标、需要的知识和技能等各方面进行系统分析与鉴别，用来确定是否需要进行培训或需要什么样培训内容的一种活动。公司只有挖掘出真正的培训需求，才能对症下药，达到最佳的培训效果。

公司中的培训需求分析可以分成三个层面——战略层面、任务层面和个人层面，分别对应着高层管理者、中层管理者和员工的培训需求。

战略层面更关注公司战略、发展目标和公司文化等公司顶层的需求，任务层面更关注业绩结果、具体问题和具体工作等承上启下的需求，个人层面更关注员工的个人发展、遇到的困难、员工兴趣等员工个体的需求。如图6-2所示。

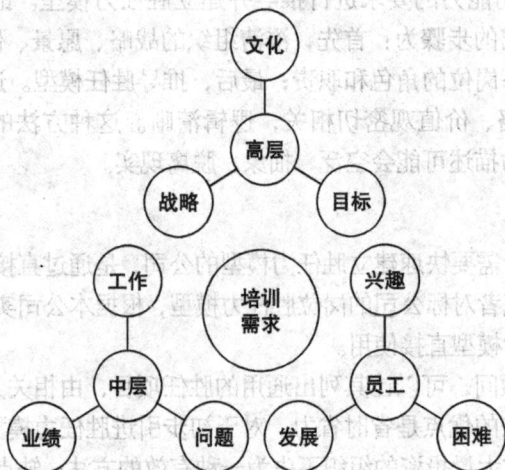

图6-2　培训需求分析的三个层面

6.2.2 培训需求的分析方法

很多人一谈起培训需求调研，第一时间想到的方法就是培训调查问卷：先设计一个培训需求调查问卷，然后把这个调研问卷发给全公司的人，再根据回收的调查问卷的信息做整理得到培训调研结果。这种培训需求调查问卷得出来的结果因为有着大量的数据信息，往往能形成一份非常漂亮的培训需求调查报告。

如果人力资源管理者只用这一种方法在公司做培训需求调查，往往有效性较差，而且往往解决不了公司最根本、最迫切的问题。

因为在培训需求分析的三层中，战略层的培训需求分析是最重要的。可是实际操作时，调查问卷通常很少能够发到公司的中高层管理者手中。即使发到了，他们通常也不答卷，即使答了，人力资源管理者在统计的时候也很少会对中层管理者和高层管理者的意见进行单独分析。所以，最终问卷调查法中的问卷往往大部分都是基层员工填的，而且很难保证员工填写问卷的质量。

人力资源管理者只有把公司三层的培训需求全部调研完整，才能说培训需求分析工作做到位。根据培训需求分析三个层面关注的侧重点不同，寻找培训需求的方式也有所不同。

战略层面的需求信息往往来源于公司的高层。想获取到这类信息，人力资源管理者可以通过参加公司的高层会议或者直接与公司高层管理者面谈。如果这种机会比较少的话，可以通过研究公司战略相关的重要文件、公司重要会议资料、公司重要的咨询文件、公司的纲领性文件等档案资料获得。

任务层面的需求信息一般来源于公司的中层管理者。想获取到这类信息，人力资源管理者可以通过小组访谈法、绩效分析法、工作观察法、关键事件法、经验判断法等方法，或者参考对各部门的胜任力测评结果。

个人层面的需求信息一般来源于基层员工。想获取到这类信息，人力资源管理者除了运用常见的问卷调查之外，还有可以运用小组讨论法、工作观察法、绩效分析法、专项测评法、关键事件法等方法。

常见的培训需求分析方法可以归类为 8 种，这 8 种不同培训需求分析方法的功能与适用性比较如表 6-11 所示。

表 6-11 培训需求分析方法的功能与适用性比较

需求调研方法	员工参与度	管理层参与度	所需时间成本	量化程度
绩效分析法	中	高	中	高
小组访谈法	高	低	高	中
小组讨论法	中	中	中	中
问卷调查法	高	低	低	高
工作观察法	中	低	高	中
关键事件法	高	低	高	高
档案资料法	低	低	低	中
专项测评法	高	低	高	高

6.2.3 培训需求的汇总分析

当人力资源管理者按照战略、任务和个人三层对培训需求进行完整的调研后，可以初步整理出培训需求汇总表，如表 6-12 所示。

表 6-12　培训需求汇总表

层次		序号	问题	培训内容	针对对象
当前发展	战略层需求	1			
		2			
		3			
	任务层需求	1			
		2			
		3			
	个人层需求	1			
		2			
		3			
未来发展	战略层需求	1			
		2			
		3			
	任务层需求	1			
		2			
		3			
	个人层需求	1			
		2			
		3			

　　培训需求汇总表分为公司当前发展需要和未来发展需要两部分，这两部分分别按照战略、任务、个人三层级的需求分类，又分别分为表现出的问题、需要的培训内容和拟针对的对象三个环节。

　　在培训需求汇总表中，最关键的是"问题"，不论是培训需求分析表中的培训内容和针对对象，还是后续的培训需求确认环节，都需要厘清和明确问题。所以，这张表中的问题一定要客观、具体。

　　注意在做表之前，人力资源管理者应列清楚通过调研发现的全部问题，并剥离出能够通过培训解决的问题和不能通过培训解决的问题。能够通过培训解决的问题在培训需求汇总表中体现；不能通过培训解决的问题可以不在培训需求汇总表中体现，但需要在后续的培训需求分析报告中体现。

6.2.4　培训需求确认的注意事项

　　公司培训需求的最终确认需要公司相关管理者和最高管理层审核后确定。人力资源管理者要形成培训需求分析报告。培训需求分析报告中要详细介绍培训需求分析的全过程，包括培训需求分析采用的方法、用到的工具、参加培训需求调研分析的对象、参与调研的人员数量等。

培训需求分析报告中要写清楚培训的预计计划或规划，包括公司各部门管理者为了满足培训需求、达到培训需求的效果需要做出哪些努力和需要做哪些具体工作。为了明确这部分，可以让人力资源管理者在提交培训需求分析报告时与相关管理者沟通确认。这一环节有三点注意事项。

1. 充分沟通

人力资源管理者在初步完成培训需求分析报告后，不要马上走公司正式的审批流程，最好先与各部门的管理者或曾经进行培训需求调研的相关人员确认报告中的信息是否准确，理解是否到位。这个过程不仅可以起到查漏补缺的作用，同时能够加深人力资源管理者和各部门管理者之间的沟通和相互理解。

2. 提出建议

培训需求分析报告中可以体现人力资源管理者对培训无法解决问题的建议解决方案。如果人力资源管理者对此项没有把握的话，则不需要勉强提建议，只需要列出培训需求调查过程中发现的问题即可。

3. 组成小组

培训需求确认的环节一般需要公司一把手挂帅，分管人力的副总、人力资源总监、相关部门的负责人以及培训部门全体成员等组成培训需求分析小组，共同分析及讨论相关培训需求的信息，最终确定适合公司战略需要、符合公司实际情况的"培训内容"和"针对对象"。

6.2.5 培训计划的制定方法

确认培训需求之后，人力资源管理者应当根据确认后的培训需求，同样从战略、任务和个人三个层面考虑后，形成公司层面总体的培训计划和行动方案，如表 6-13 所示。

表 6-13 培训计划总表

层次	序号	培训内容	针对对象	培训目标	培训形式	培训资源	培训场所	培训时间	培训费用
战略层需求	1								
	2								
	3								
任务层需求	1								
	2								
	3								

续表

层次	序号	培训内容	针对对象	培训目标	培训形式	培训资源	培训场所	培训时间	培训费用
个人层需求	1								
	2								
	3								

培训计划总表中三个层次需求的"培训内容"和"针对对象"与表 6-12 培训需求汇总表中形成对应，不同的是培训计划总表中的这两部分已经经过确认、考虑并平衡了当前发展需要和未来发展需要的重要性和优先级。

公司年度的培训计划样表如表 6-14 所示。

表 6-14 公司年度培训计划样表

序号	培训类别	培训名称	培训形式	举办部门	参训人员类别	培训人数	培训时间	培训内容	培训讲师	需要资源	评估方式	培训教材	培训地点	培训费用	备注

6.3 培训实施环节的量化分析

在公司明确了培训需求、制定了培训计划、具备足够的培训资源后，在正式开展培训工作之前，需要先制定具体的培训方案。培训目标选择的质量、培训课程设计的质量、培训形式选择的质量都决定着培训效果的优劣。

6.3.1 培训目标的量化方法

人力资源管理者在制定培训目标时，要按照 SMART 的原则：具体的（specific）、可衡量的（measurable）、上下达成一致的（agreed）、符合实际的（realistic）、有时间限制的（time-bound）。

SMART 原则在与目标相关的方法论中经常被提及。许多人就算知道 SMART 原则的含义，依然很容易忘记运用他。比如小明给自己制定的年度目标内容如下。

> 每一天做一件实事；
> 每个月做一件好事；
> 每一年做一件大事。

小明的目标虽然也算是一种目标，但并不是一个有效的目标，因为它没有完全遵循 SMART 的原则。小明的目标里有时间的概念、有数量的概念、算是切实际的、能够和自己达成一致的，但是这些目标不能够被衡量。

什么叫实事？什么叫好事？什么叫大事？没有明确的定义。如果没有定义，那么应该怎么衡量呢？难道要凭感觉来衡量吗？对于没有办法衡量的目标，在分析成果时，既可以说目标完成了，又可以说目标没完成。

比如有的公司将三场培训的目标分别设置成如下内容。

> 在 3 小时之后，转变员工的工作态度；
> 在 2 小时之后，学会生产管理知识；
> 在 1 小时之后，掌握 A 产品的工艺。

这三场培训的目标分别对应着改变态度类的培训、传授知识类的培训和提升技能类的培训。这三类目标同样不符合 SMART 原则，是无效的目标。它更像是一种培训的目的，而非有效的目标。

（1）"转变员工工作态度"，这里需要转变的工作态度具体是什么，怎么算是转变了，要怎么衡量？当出现什么情况时，人力资源管理者可以说员工的工作态度转变了？

（2）"学会生产管理知识"，这里指的是要学会什么样的生产管理知识，怎么样算是学会了，如何来衡量参训人员已经学会了？

（3）"掌握 A 产品的工艺"，这里说的掌握的具体表现是什么，什么情况算掌握，该如何衡量这种掌握？

要改进这些培训目标，需要落实到具体的背景中。

（1）假如公司计划这场培训的原因是因为管理层发现员工之间的情感比较冷漠，同事之间除了工作之外，生活中不愿意有任何交流。管理层为了使同事之间多一些工作以外的情感交流，组织了同事聚会，但实际到场率不到 40%。有个别员工甚至一次同事聚会都不愿意参加，每次聚会总是以各种理由推辞。

这种现象和公司倡导的公司文化和理念相悖。为了改变这种情况，管理层希望组织一些增加团队凝聚力和向心力的培训，希望通过培训增进同事之间的友谊。这时候，人力资源管理者可以把培训目标设置成：培训之后，公司统一组织同事聚会时，员工自愿参与率达到 80%。当以此为目标后，培训结束后就可以实现量化的衡量。

（2）假如公司计划这场培训的原因是增强公司车间主任的生产管理知识，培训的内容是生产管理的基本常识。这时候人力资源管理者可以把培训目标设置成：培训结束后，参训人员能够画出生产管理的基本理论框架的思维导图。如果觉得一个目标较少，人力资源管理者可以设置多个培训目标。可以利用笔试问卷衡量这场培训目标是否完成。

（3）假如公司计划这场培训的原因是公司的某工艺部门新改进了一套工艺，需要相关人员学会这套新工艺。这时候，人力资源管理者可以把培训目标设置成：培训结束后，参训人员能够独立地重新演示整个工艺流程。衡量这场培训的目标是否达成的方式可以由培训讲师和人力资源管理者一起逐一检核参训人员独立操作的能力。

如何准确地表述培训目标？针对不同的培训目的，培训可以分为改变态度、增长知识和提升技能三类。这三类培训能够用来表述培训目标的词汇是不同的，人力资源管理者可以参考如下词汇库。

1. 改变态度类

改变态度类培训可以用来表述培训目标的词汇如表 6-15 所示。

表 6-15　改变态度类培训词汇库

接受	联系	实现
表现	决定	赞成
增加	评价	交流
组成	影响	列出
得到	记录	选择
听取	参加	承认
陈述	回答	参与
意识到	发展	决心
完成	识别	发现
组织	写出	比较

2. 增长知识类

增长知识类培训可以用来表述培训目标的词汇如表 6-16 所示。

表 6-16　增长知识类培训词汇库

论述	命名	区分	对……分类
推断出	预测	识别	组成
讨论	承认	指出	定义
选择	联系	证明	对比
计算	选择	列出	解释
论证	陈述	执行	写出
找出	支持	回忆	表明
举例说明	使用	重述	总结
判断	评估	解决	画出

3. 提升技能类

提升技能类培训可以用来表述培训目标的词汇如表 6-17 所示。

表 6-17　提升技能类培训词汇库

演示	调整	列出
创造	识别	决定
建立	提供	进行

6.3.2　培训课程的量化设计

根据培训目标的不同，也根据人才的三大测评维度，培训内容一般可以分成三类，即知识类培训、技能类培训和素质类培训。

知识类培训是培训内容中的最低层次，是最容易让员工获取的培训内容。员工看一本书或者听一次课，就可能获得相应的知识。

技能类培训是培训内容的第二层次。当公司招进新员工、采用新设备、引进新技术的时候，将要求员工具备相应的技能而不仅是知识，因为知识转化为具体的操作技能需要一段时间刻意的积累和练习。

素质类培训是培训内容的第三层次，是比较高层次的培训。素质是人发展的基础。素质高的人即使在短期内缺乏知识和技能，也会有内升动力，主动自发地为实现目标开展学习和练习；素质不足的人即使公司为他提供了培训的机会，他也可能不接受。

对于不同的培训主题，选择哪个层次的培训内容，可视具体情况决定。一般而言，越高层次的管理者，可以越偏向于素质培训，而一般员工，可以更偏向于知识和技能培训。培训内容与岗位层级之间的关系如图 6-3 所示。

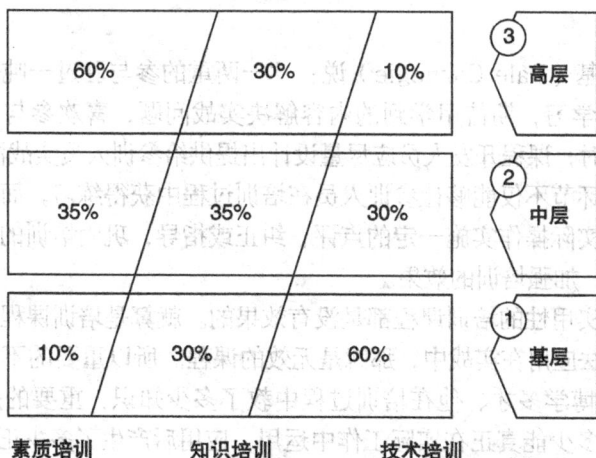

图 6-3　培训内容与岗位层级之间的关系

员工强调学以致用，因此在设计培训课程的环节，需要注意首先要引起员工的注意，让其主动发现问题，然后给予其理论指导并让其在实战中有效地演练和运用，并

发现问题 → 理论指导
↓ ↑
总结反思 ← 实战演练

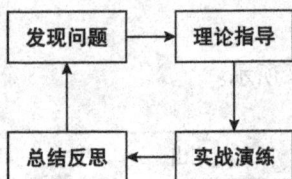

图6-4 培训课程设计的逻辑

通过对问题的解决进行总结反思，形成持续改进、不断提升的良性循环，如图6-4所示。

1. 发现问题

培训的目的是解决问题，但是参训人员很可能在培训开始之前没有意识到问题，或者已经意识到问题，但是对问题的认识不深刻、不全面、不到位。因此，在培训课程开始的阶段，要通过游戏、提问、测试、案例研讨等各种方式吸引参训人员的注意力，启发参训人员的思维，帮助其发现问题，激发其学习欲望，提升其认知水平。

在发现问题的开始环节，可以由参训人员充分参与，由他们自己发现问题，最后可以由培训讲师在学员思考的基础上进行汇总、分析、总结和升华，让学员对问题形成统一的认识，提升参训人员对后续课程内容的接受程度。

2. 理论指导

发现问题后，培训讲师可以开始正式的课程，也就是对参训人员进行科学方法和理论的指导。在设计这部分培训课程的内容时，应当注意始终遵循KISS原则（keep it simple and stupid，保持培训课程的简单易懂），让所有的内容尽量简单易懂，尽量不要有过多复杂的原理。

在这个部分，同样需要多引用故事、案例、互动游戏、名言警句、权威观点、音乐、图片、视频等素材来表现课程的内容，以及统计数据、事实等支持性的信息增加培训内容的可信度，让原本抽象的内容变得生动形象，便于参训人员快速学习和理解。

课程开发人员在设计这部分内容的时候要时刻注意站在参训人员的角度上思考问题，要不断把自己当成参训人员，然后问自己："这对我有什么用？"来保证培训课程的内容是针对参训人员需求的、解决实际问题的方法而不是空洞的理论。

3. 实战演练

戴尔·卡耐基（Dale Carnegie）说："一两重的参与胜过一吨重的说教。"员工喜欢在实战中学习，期待用学到的内容解决实战问题，喜欢参与、讨论与互动。所以在设计课程时，课程开发人员应尽量设计出提供给参训人员实战演练的环节。

实战演练的环节不仅能够让参训人员在培训过程中获得练习，而且能够让培训讲师对参训人员的实际操作实施一定的点评、纠正或指导，巩固培训的内容，加深参训人员学习的印象，加强培训的效果。

一切不具备实用性的培训课程都是没有效果的。就算是培训课程的理论体系非常完善，但如果无法应用在实战中，那就是无效的课程。所以重要的不是培训课程中的培训讲师多么的博学多才、他在培训过程中教了多少知识，重要的是参训人员真正能学到多少，有多少能真正在实际工作中运用，应用后产生了多少正面的效果。

4. 总结反思

在课程的最后，除了总结课程的全部内容之外，还可以增加反思的环节。通过参训人员之间对培训课题进一步的研究、交流、探讨，将学习所得升华，让学员深入反思自身距离学习目标还存在哪些差距，应继续做出哪些方面的努力，对参训人员形成不断提升的闭环。

同时，在培训课程结束之前，应增加对培训课程的反思，反思的内容主要是参训人员对培训课程本身的评价，让培训课程也能够形成不断提升的闭环。

6.3.3 培训形式选择的量化分析

有时候公司的培训达不到预期效果是因为公司选择的培训形式太单一。最常见的问题是很多公司不论要满足什么样的培训需求，培训形式就只有一种，就是把参训学员聚集在一起上大课，而且上课的形式很像开会做报告，有的培训讲师甚至是坐在讲台前全程对着电脑屏幕讲。不重视培训的形式，培训效果就无法得到保障。

根据每期培训预计要达到的不同的培训效果，应该采取的不同的培训形式。培训不应仅仅局限在集中的课堂教授方式上，还有多种多样的培训形式和手段，使培训不仅能够丰富多彩、富有趣味性，而且更加有效。

针对不同的培训目标，选择不同的培训形式的优先顺序，可参考表 6-18。

表 6-18 不同培训目标下选择不同培训形式的优先顺序

形式 ＼ 目标	接受知识	改变态度	解决问题技巧	人际关系技巧
讲授法	3	8	6	7
讲座法	8	7	7	8
角色扮演	2	2	3	1
拓展训练	5	4	2	3
模拟演示	4	5	1	5
团队合作	7	1	5	2
头脑风暴	1	3	4	4
视频教材	6	9	9	6
远程教育	9	6	8	9

注：表中数字代表排名顺序，数字越小排名越靠前，代表优先度越高。

比如某个培训课程是让员工接受某类固定的知识，那么运用头脑风暴的教学形式效果最好，运用远程教育的效果最差；如果某个培训课程是为了让员工改变工作态度，那么运用团队合作的教学形式效果最好，运用视频教材的形式效果最差；如果某个培训课程是为了帮助员工提升解决问题的技巧，运用模拟演示的教学形式效果最好，运用视频教材的形式效果最差；如果某个培训课程是为了帮助员工解决人际关系问题，运用角色扮演的教学形式效果最好，运用远程教育的效果最差。

在表 6-18 中，培训目标、培训形式和培训效果之间的对应关系来自通用的经验，并不一定适合所有的公司。有条件的公司可根据公司实际情况和以往的数据积累制作适合公司的培训目标和培训形式优先顺序表，同时可以根据需要增加更多目标或项目的形式。

6.4 培训评估环节的量化分析

人力资源管理者通过对培训实施情况、培训实施效果、培训行为改变、培训成果转化和培训投资回报的分析，能够为未来培训的组织和运行提供可参考的、有价值的信息。

6.4.1 培训实施情况的量化分析

培训实施情况分析主要是对培训计划和培训实际开展情况之间的对比分析。比如某公司有甲、乙、丙、丁四家子公司，对该公司整体培训实施情况的统计分析样表如表 6-19 所示。

表 6-19 培训实施情况统计分析样表　　　　金额单位：元

公司	在职人数	计划培训场次	实际培训场次	培训计划完成率	计划培训人次	实际培训人次	培训人次完成率	参与过培训的人数	培训覆盖率	计划培训费用	实际培训费用	培训费用达成率	人均培训费用
甲													
乙													
丙													
丁													
合计													

在表 6-19 中，每举办一场培训，培训场次计 1；一场培训中每有一名员工参训，培训人次计 1；同一名员工参加过多场培训，参与过培训的人数计 1。其中一些项目的计算公式如下。

培训计划完成率 = 实际培训场次 ÷ 计划培训场次 ×100%。

培训人次完成率 = 实际培训人次 ÷ 计划培训人次 ×100%。

培训覆盖率 = 参与过培训的人数 ÷ 在职人数 ×100%。

培训费用达成率 = 实际培训费用 ÷ 计划培训费用 ×100%。

人均培训费用 = 实际培训费用 ÷ 在职人数 ×100%。

对某个具体公司、某个子公司或某个部门开展的单次培训情况的统计分析样表如表 6-20 所示。

表 6-20 单次培训情况的统计分析样表

培训类别	参训人员类别	培训名称	培训内容	培训时间	应到人数	实到人数	培训到场率	未到人数	培训未到率	未报到人员明细及原因	培训满意度	备注

其中一些项目的计算公式如下。

培训到场率 = 实到人数 ÷ 应到人数 ×100%。

培训未到率 = 未到人数 ÷ 应到人数 ×100%。

6.4.2 培训实施效果的量化分析

培训实施效果分析指的是参训人员对培训项目实施的整体意见分析，其中包含对培训的场地环境、设施设备、培训讲师、资料、内容和方法等的意见。进行培训实施效果分析最常用的方法包括问卷调查法、访谈法、小组讨论法、观察法等。

培训实施效果分析的调查问卷样表如表 6-21 所示。

表 6-21 培训实施效果分析的调查问卷样表

问题	非常好	很好	好	一般	差
1.您对课程内容的理解程度	5	4	3	2	1
2.您认为本次培训内容对您工作的帮助程度	5	4	3	2	1
3.您对本次培训时间安排的满意程度	5	4	3	2	1
4.您认为本课程内容前后衔接的合理程度	5	4	3	2	1
5.您认为课件清晰明了的程度	5	4	3	2	1
6.您对本次培训主题选择的满意程度	5	4	3	2	1
7.您认为本次培训内容与您期望的符合程度	5	4	3	2	1
8.您认为讲师的语言表达清晰程度	5	4	3	2	1
9.您对本次培训中案例的满意程度	5	4	3	2	1
10.您认为培训讲师的专业程度	5	4	3	2	1
11.您认为讲师充分调动学员参与的程度	5	4	3	2	1

问题	非常好	很好	好	一般	差
12.您认为培训讲师的仪容仪表和精神面貌	5	4	3	2	1
您对本次培训的哪部分更感兴趣？ 您对本次培训有何建议？					

人力资源管理者可以根据公司实际情况设计适合公司需要的培训实施效果分析调查问卷，设计时需要注意如下内容。

1. 设计的所有问题要有目的

有的人力资源管理者抱着应付了事的心态，从网络上搜集了一些培训评估调查问卷模板，简单修改之后就开始直接应用。这样做虽然也会得到相关的数据，但很可能起不到培训评估的效果。

人力资源管理者为调查问卷设计出的每一个问题都是为了评估之后的改进，而不是为了得出一个没有用的数据或者做出漂亮的评估报告。不能帮助改进的问题，都是无效的问题。这类问题越多，代表无效的管理越多，培训管理的成本浪费也越大。

比如调查问卷中问"您对课程内容的理解程度"，目的是想了解本次培训的意图和内容是否有效传达给了参训人员。如果此项评分较低，人力资源管理者可以在培训课程设计、讲师授课等方面寻找原因。调查问卷中问"您认为本次培训内容对您工作的帮助程度"，目的是想了解培训目的和培训需求的契合程度。如果此项评分较低，人力资源管理者需要在这方面寻求改进。

2. 分值段设置不宜过多

一般来说，人力资源管理者可以把每个问题的分值段设置在5项以内。有的公司将评分项仅设置为两项——"满意"和"不满意"也是可以的。

许多人力资源管理者为了增加培训调查问卷的丰富程度，喜欢设置较多的分值。较多的分值一方面不利于参训人员打分，另一方面分值段设置得越多，分值的离散度越小，分值段设置得越少，分值的离散度越大。人力资源管理者设计问卷是为了发现问题，所以结果离散度大的分值反而便于人力资源管理者快速发现问题。

3. 打分项操作越简单越好

人力资源管理者设计的所有打分项最好便于参训人员快速做出选择，不要让参训人员参与调查的时候感受到较大的工作量。打分的方法一般可以是勾选或选项。有的人力资源管理者把培训调查问卷设计得过于复杂，每个问题的空格都让受训者写分数，结果一场培训评估可能需要耗费参训人员大量时间，引起参训人员的不满，而且评估汇总的环节也较困难。

对参训人员学习效果的分析还可以测试参训人员对培训项目传授的知识、理念和技能的掌握或领悟情况。每项工作有对应的技能和知识，人力资源管理者可以通过笔试、技能实际操作、案例分析、情景模拟、课堂回顾等方法，考察参训者培训前后知识、理念、技能的掌握情况。

6.4.3 培训行为改变的量化分析

培训行为改变的量化分析，指的是衡量学员培训前后的工作变化情况，是了解参训学员有没有把掌握的知识和技能落实到行动或运用到工作中去的过程。这种评估分析方式一般是由平级、上级观察参训人行为在培训前后行为上的差别，评价分析方法可采用绩效评估、访谈法、小组讨论法、观察法等。

通用的行为层面评估样表如表6-22所示。

表6-22 通用的行为层面评估样表

姓名	培训前行为	培训后行为	评估时间	评估人	人力资源管理者

某公司组织中层干部培训后，对所有参训人员培训的收获、培训过程中承诺做出的改变及改变结果、培训后待改变的行为以及对此的评估形成的培训行为改变分析如表6-23所示。

表6-23 某公司中层干部培训行为改变分析

序号	姓名	培训收获	预期结果	执行措施	检查人	评估时间	评估结果
1	王××	1.××× 2.××× 3.×××	×月底，A产品销售增加30%，B产品销售增加25%，C产品毛利率不低于10%	1.××× 2.××× 3.×××	李××	×××	全部执行到位
2	张××	1.××× 2.××× 3.×××	×月底，自动补货率达到80%，生鲜毛利率达到18.86%	1.××× 2.××× 3.×××	常××	×××	全部执行到位
3	于××	1.××× 2.××× 3.×××	×月底，生鲜产品盘点损耗率降低0.5%，销售预算增长25%	1.××× 2.××× 3.×××	刘××	×××	生鲜损耗目标达成，销售增长待×月份评估

6.4.4 培训成果转化的量化分析

培训成果转化分析是分析培训后参训人员是否将行为落实到工作成果上的过程。培训结束后，人力资源管理者通过了解参训人员的工作情况、思想状况，不仅能够让参训人员感受到公司对其的关心和重视，同时能够帮助他们解决工作中实际遇到的问题或困难，增强他们对公司的归属感的同时，以解决问题为导向进一步提升他们的技能和绩效。

人力资源管理者对参训人员实施培训追踪的常用方法有以下六种。

1. 撰写培训心得

人力资源管理者可以要求参训人员撰写关于培训的心得体会，内容必须包含培训课程中讲到的关键词、关键理念、关键内容等信息。人力资源管理者收集培训心得后，将其发送至培训讲师及参训人员的相关管理者处，并要求相关人员对参训人员的培训心得做出反馈。

2. 制定行动改进计划

培训结束后，人力资源管理者可以要求学员做行动改进计划，形成行动改进计划表，如表 6-24 所示。

表 6-24 行动改进计划表

姓名	培训收获	当前问题	设立目标	行动计划	截止日期	检查情况	检查人

行动计划改进表中要详细写明员工重返工作岗位后运用培训理念或技巧的情况，参训人员与直属领导进行讨论后，共同确定该行动计划的操作方式和截止日期。人力资源管理者留存行动计划改进表复本以备追踪，同时也可以给培训讲师一份存档。

3. 跟踪与辅导

培训结束一段时间后，人力资源管理者可以利用培训跟踪与辅导表，对参训人员实施追踪，如表 6-25 所示。

表 6-25 培训跟踪与辅导表

姓名	培训前			培训后			评估人	评估时间	检查人	检查时间
	工作态度	工作行为	工作绩效	工作态度	工作行为	工作绩效				

人力资源管理者可以请参训人员的直属上级或者部门负责人对其工作态度、工作行为、工作绩效等整体改善状况进行评价，对于参训人员理念、知识或技能上存在的问题实施指导，并将结果反馈至人力资源部。通过这种形式的追踪，人力资源管理者可以了解参训人员对行动改进计划的执行情况。

4. 实地访谈

实地访谈法是人力资源管理者或培训讲师到参训人员所在部门，与参训人员及其帮带师傅、直属上级或者部门负责人面对面沟通，了解参训人员培训前后变化、培训效果转化等方面事项的方法。

如果参训人员的人数较少，那么采用面对面交流的方式是获取培训效果最直接、有效的渠道。通过和员工深入的交流，能够让人力资源管理者最高效、最直接地感知到他们对培训的想法。

人力资源管理者在与参训人员沟通时，要注意沟通的方式，不要以管理者的姿态进行盘问，而应以朋友关心的方式相互交流。沟通是为了产生积极的效果，所以注意沟通过程中不要让员工产生压迫感和排斥感。

人力资源管理者与参训人员的沟通内容可以包含：培训转化情况如何，工作进展情况如何，还存在哪些岗位难解决的问题，还有哪些想提升的能力，对下一步工作有何想法，对公司有何建议，对培训有何建议等。

人力资源管理者与参训人员的帮带老师、直属上级、部门负责人沟通的内容包括：参训人员培训后的工作改变如何，近期的工作表现如何，在能力上还存在哪些问题，在培训方面还有哪些事项需要人力资源部协助等。同时可以向他们强调最有效的培训其实是发生在日常工作中的，鼓励他们用心培养参训人员。

人力资源管理者在实地访谈后，应形成培训访谈记录表，如表 6-26 所示。

表 6-26 培训访谈记录表

姓名	访谈时间	员工本人意见	管理者意见	访谈问题总结	培训工作改进建议	访谈人	备注

对参训人员、帮带师傅或部门负责人所反映的问题和提出的合理化建议，若人力资源管理者能够现场解决，则应现场解决，若不能现场解决，人力资源管理者需汇总整理后及时与相关领导沟通，形成解决方案，定期追踪方案的完成情况，并及时向问题或建议提出者反馈。

5. 召开培训后座谈会

人力资源管理者可以在培训课程结束后一段时间内（一般为 1～2 周内）开展培训心得及培训成果转化的座谈会，了解参训人员的思想和行为动向。召开座谈会前，需要拟出会议议程，由专人做记录，形成会议纪要。若有必要，也可以形成行动改进计划表。

6. 成果认定与表彰

人力资源管理者综合所有参训人员的行动改进计划表，在培训结束后的季度、半年或年度定期追踪其完成情况，形成成果的认定，记入员工培训档案，并组织开展培训成果表彰会议，表彰成果转化优异员工，编写其事迹，报导其成功的故事；对于培训成果转化不理想的员工，人力资源管理者可以统计他们的名单，与他们的直属上级或部门负责人沟通后，安排他们回炉学习；对拒不配合的员工，参考培训管理相关规定，给予相应处罚。

6.4.5 培训投资回报的量化分析

　　培训投资回报分析指的是衡量培训的投入与回报之间的关系，并判断培训是否最终改善了公司业绩的过程。培训投资回报分析能够用到的方法包括绩效评估、访谈法等。

　　由于绩效数据结果多种多样，培训投资回报分析没有相对固定的形式。比如某公司的某品类产品销售有下滑趋势，该公司对销售人员进行培训后，对产品的销售业绩情况进行对比分析后的结果如表 6-27 所示。

表 6-27　某公司培训前后业绩情况对比分析　　　　　　金额单位：元

分类	开始日期	结束日期	销售额同比	销售率同比	毛利额同比	毛利率同比
培训前	20×2-06-12	20×2-06-18	5032487	1135487	5132574	1237425
	20×2-06-19	20×2-06-25	6095294	1513792	5901714	1420305
培训后	20×2-06-26	20×2-07-02	5793909	1467626	5444911	1297784
	20×2-07-03	20×2-07-09	5630053	1444738	5255109	1283352
	20×2-07-10	20×2-07-16	6035636	1640722	5428318	1314703
	20×2-07-17	20×2-07-23	11062800	1738222	9521474	1469179
	20×2-07-24	20×2-07-30	6888144	1535316	6024382	1232302
培训前	20×2-06-12	20×2-06-18	−100087	−2.0%	−101938	−8.2%
	20×2-06-19	20×2-06-25	193579	3.3%	93488	6.6%
培训后	20×2-06-26	20×2-07-02	348997	6.6%	169843	13.1%
	20×2-07-03	20×2-07-09	374944	6.9%	161386	12.6%
	20×2-07-10	20×2-07-16	607318	11.2%	326019	24.8%
	20×2-07-17	20×2-07-23	1541326	16.2%	269043	18.3%
	20×2-07-24	20×2-07-30	863762	14.3%	303014	24.6%

　　通过对培训前后产品销售业绩的对比，人力资源管理者能够清晰地看出培训前后的销售业绩与同期业绩对比的情况。培训前的销售业绩与上年同期相比有所下降，培训后销售业绩有明显增长。需要注意的是，销售业绩的变化与多种因素有关，人力资源管理者不能简单地认为这全是培训的功劳。

　　常见培训的投资回报率计算公式如下。

　　培训投资回报率 =［（培训项目总收益−培训项目总成本）÷ 培训项目的总成本］×100%。

　　在培训投资回报率的计算公式中，"培训项目总收益−培训项目总成本"也叫培训项目的净收益，培训项目的总成本应当把培训费用的全部类别都算在内。

培训项目总收益根据培训的目的和类别不同有所不同，常见的四种培训项目总收益的计算公式参考如下内容。

如果培训的最终目的是有利于销售增长的，人力资源管理者可以通过如下公式计算培训项目总收益。

培训项目总收益 = 人均销售额增长 × 销售利润率 × 参训人数。

如果培训的最终目的是有利于劳动生产率提高的，人力资源管理者可以通过如下公式计算培训项目总收益。

培训项目总收益 = 劳动生产率提高的比例 × 人均工资福利 × 参训人数。

如果培训的最终目的是要减少某些差错，人力资源管理者可以通过如下公式计算培训项目总收益。

培训项目总收益 = 平均每一个差错的成本 × 平均每人避免差错的次数 × 参训人数。

如果培训的最终目的是要留住客户，人力资源管理者可以通过如下公式计算培训项目总收益。

培训项目总收益 = 留住的客户数 × 从每位客户获得的平均收益。

🔗 前沿认知
培训评估的信度思维与效度思维

信度，指的是结果的可靠性、稳定性和一致性，信度越高，代表结果的一致性水平越高；效度，指的是测评结果的有效性，效度越高，代表着测评结果和实际情况之间越吻合。单看信度和效度的概念，难于被人们理解和掌握，可以参考如下例子。

举例

这里有十斤大米，这是事实。假设这个事实人们并不清楚，现在要通过很多测量的工具，来测出这个事实。

在测试的过程中，十斤就是信度的范畴，如果测试出来是一斤或者五十斤，那就证明着测量的信度有问题；大米就是效度的范畴，如果测试出来的结果是小米或者绿豆，那就证明着测量的效度有问题。

如果测量的结果是九斤半黄豆，那说明测量结果的信度较高，但是效度较低；如果测量出来的结果是一斤大米，那说明测量结果的效度较高，但是信度较低；如果测量出来的结果是三十斤白糖，那说明测量结果的信度也低，效度也低。

评估的信度，指的是评估结果的可靠性、稳定性和一致性。信度越高，代表测试结果的一致性水平越高；相反地，代表测试的结果不一致。有时候，评估的误差将会导致评估的不一致性，从而降低评估的信度。

评估的效度，指的是评估结果的有效性。效度越高，代表评估结果和实际情况之间越吻合；效度越低，代表评估结果和实际情况之间越不吻合。

以高考科目中的数学对高中生的笔试测试为例。假如有一位同学，他只掌握了数学教材上 50% 的知识，另外的 50% 知识没有掌握。这时候这位同学去参加高考的数学考试，他其实是有一定的概率能得满分，也就是当考察的全部知识恰好都是他所掌握的时候。他也有一定的概率得零分，也就是当考察的全部知识恰好都是他没掌握的。这就是信度思维。

从考评人的角度思考问题，为了考察出学生的真实水平，一定不希望一个事实上只掌握 50% 知识的学生在考试中拿满分，所以他出题的时候会怎么做呢？他一定会把必要的、分散的知识点放到卷子上，保证卷子上知识点的代表性、重要性和尽可能的全面性。考评人这样做，从考察知识的选择方面最大限度地实现科学性和严谨性。

人力资源管理者在设置培训结束后的评估时也应遵循同样道理。人力资源管理者不希望看到一个事实上掌握培训内容较少的员工通过评估，所以在评估测试内容的选择上要把培训过程中最具有代表性、最重要的内容尽可能全面地加入评估内容中。

在进行培训评估的时候要注意，人力资源管理者要评估的是本次培训传递的知识或技能被参训人员接受的程度，那么就应当围绕本次培训设置测评内容，而不应该加入一些与本次培训无关或本次培训并没有涉及的内容。

第7章
薪酬管理中的量化管理与数据分析方法

在薪酬管理的过程中运用量化管理与数据分析，能够提高公司人工成本的应用效率。常用薪酬管理中的分析方法和技巧包括对公司岗位价值的量化分析、薪酬预算量化的分析、薪酬调查量化分析以及对公司薪酬整体的分析。

7.1 岗位价值的量化分析

岗位价值量化分析是在岗位分析的基础上，对岗位责任大小、工作强度、所需要的资格条件等特性进行量化分析，确定岗位相对价值的过程。它是确定职位级别的手段，是薪酬分配的基础，也是员工确定职业发展和晋升路径的参照。

实施岗位价值量化分析的意义在于通过科学的方法、统一的标准和合理的程序，建立并保证公司内部的公平性。对岗位机制评估的正确与错误认识对比如表7-1所示。

表7-1　对岗位机制评估的正确与错误认识对比

对岗位机制的正确认识	对岗位机制的错误认识
相对的	绝对的
定性 + 定量判断	绝对的定量判断
层次分明的	无层次的
以岗位为中心	以人为中心
使用统一的尺度	使用不同的尺度

常用的岗位价值量化分析方法有四种，分别是岗位排序法、岗位分类法、因素比较法、要素记点法。

7.1.1 岗位排序法

岗位排序法是根据一些特定的标准，比如工作的复杂程度、对组织的贡献大小等对各个岗位的相对价值进行整体的比较，进而将岗位按照相对价值的高低排列出一个有次序的岗位评价方法。排序时可以采用两种做法，直接排序法或交替排序法。

岗位排序法的方式较为简单，通常适用于规模较小、生产结构单一、岗位数量较少、岗位设置较稳定的组织。

岗位排序法的实施步骤如下。

（1）成立岗位排序评定小组。了解情况，收集有关岗位方面的资料、数据。

（2）评定人员事先确定评判标准，对本公司所有岗位的重要性做出评判，最重要的排列到第一位，最次要的排列到最后一位。将其他岗位与已经排序的岗位进行对比，确定其岗位的所在位置。

（3）将经过所有评定人员评定的每个岗位的结果加以汇总，得到序号和，然后将序号和除以评定人数，得到每一岗位的平均序数。最后，按照平均序数值的大小，由小到大评定出各岗位的相对价值的次序。

举例

某中小公司设有常务副总经理、销售经理、财务经理、人力资源经理、技术经理、产品设计经理、生产经理、采购经理等岗位。现采用岗位排序法对岗位价值进行量化分析，人力资源部具体的实施步骤如下。

（1）由公司总经理、部分股东、外部专家等组成5人的评定小组，分别是张三、李四、王五、赵六、徐七。收集各岗位的岗位说明书、述职报告、周报等岗位信息。

（2）评定小组根据岗位信息中责任要求、技能要求、知识要求等维度，对岗位进行排序，如表7-2所示。

表7-2　岗位排序结果

评定人	岗位							
	常务副总经理	销售经理	财务经理	人力资源经理	技术经理	产品设计经理	生产经理	采购经理
张三	1	2	8	7	4	3	5	6
李四	1	4	7	6	3	2	5	8
王五	1	2	8	6	3	4	5	7
赵六	1	4	8	7	3	2	6	5
徐七	1	2	8	6	4	3	5	7

注：表中数字代表排序，数字越小代表排序越靠前。

（3）将所有评定小组成员评定的每个岗位的结果加以汇总得到平均序数，如表7-3所示。

表7-3　岗位排序平均序数

	常务副总经理	销售经理	财务经理	人力资源经理	技术经理	产品设计经理	生产经理	采购经理
平均序数	1	2.8	7.8	6.4	3.2	3	5.2	6.6

注：表中数字代表排序的平均数，数字越小代表排序越靠前。

根据岗位排序平均序数表，得出该公司岗位价值由高到低的排序分别为常务副总经理、销售经理、产品设计经理、技术经理、生产经理、人力资源经理、采购经理、财务经理。

岗位排序法的局限性如下。

（1）主观性强。特别是当某一类岗位受特殊因素的影响（例如在高空、高温、高寒或在有害有毒环境下工作时），评定人员常会将岗位的相对价值估计过高。

（2）岗位平均序数的差值并不能反映出岗位相对价值的差值大小，不能将其作为岗位价值的量化依据。

7.1.2 岗位分类法

岗位分类法是通过制定一套岗位级别标准，将公司的所有岗位根据工作内容、工作职责、任职资格等方面的不同要求，划分出不同的类别，与标准进行比较，并归纳到各个级别中去。

岗位的分类法一般可以分为行政管理类、技术类、营销类等，然后给每一类确定一个岗位价值的范围，并且对同一类的岗位进行排列，从而确定每个岗位不同的岗位价值。

岗位分类法仅适合于小型的、结构简单的公司。

岗位分类法的实施步骤如下。

（1）收集并分析岗位的相关信息，建立岗位等级体系，确定岗位等级数量，对各岗位等级进行定义和描述。

（2）建立评估小组，将待评岗位工作与确定的标准进行对比，从而将其定位在合适工作类别中的合适级别上。

（3）对数据进行统计计算，求等级的平均值，得出结果。

举例

某中小公司设有销售经理、销售专员、人力资源经理、人力资源专员、产品设计经理、产品设计专员、采购经理、采购专员等岗位。现采用岗位分类法对岗位价值进行量化分析，人力资源部具体的实施步骤如下。

（1）收集各岗位的岗位说明书等相关信息并分析，设立四级岗位体系，具体的等级和描述如表7-4所示。

表7-4 岗位等级和描述

等级	定义描述
4	较复杂的职位； 需要独立决策； 需要监督他人工作； 需要接受高级专业技术训练和较丰富经验
3	中等复杂程度的职位； 根据既定政策、程序、技术能独立思考； 需要较强的专业知识及一定经验； 既要受到他人监督，又要监督他人

续表

等级	定义描述
2	需要一定判断能力的职位； 具有初级技术水平； 具有一定经验； 受主管人员监督
1	从事例行工作事务； 按照既定程序工作； 处在直接主管的监督下； 不含技术色彩

（2）由公司总经理、部分股东、外部专家等组成5人评定小组，分别是张三、李四、王五、赵六、徐七。根据岗位等级和描述标准对不同岗位进行评级，如表7-5所示。

表7-5 岗位排序结果

评定人	岗位							
	销售经理	销售专员	人力资源经理	人力资源专员	产品设计经理	产品设计专员	采购经理	采购专员
张三	4	2	3	1	4	2	3	2
李四	4	1	4	1	3	2	3	1
王五	4	1	3	1	3	1	4	1
赵六	4	2	3	2	4	2	3	1
徐七	4	2	4	2	4	2	3	1

注：表中数字代表排序的平均数，数字越小代表排序越靠前。

（3）人力资源部统计岗位排序结果后，计算等级的平均值，如表7-6所示。

表7-6 岗位等级平均序数

	销售经理	销售专员	人力资源经理	人力资源专员	产品设计经理	产品设计专员	采购经理	采购专员
等级均值	4	1.6	3.4	1.4	3.6	1.8	3.2	1.2

注：表中数字代表排序的平均数，数字越小代表排序越靠前。

根据岗位等级平均序数表，得出该公司岗位价值由高到低的排序分别为销售经理、产品设计经理、人力资源经理、采购经理、产品设计专员、销售专员、人力资源专员、采购专员。

岗位分类法的局限性如下。

（1）只能用作整体评价，难于进行精确的评比。

（2）虽然已经设置标准，但评价的主观成分仍然较多。

（3）岗位分类法的平均序数同样只能用来判断岗位相对价值大小，不能用来指出各级间差距的具体大小。

7.1.3 因素比较法

因素比较法是一种相对更加量化的岗位价值分析方法，它实际上是对岗位分类法的一种改进和升级。它不关心具体的岗位职责和任职资格，而是将所有岗位的内容抽象为若干要素，一般将其抽象为智力、技能、责任等因素，并将各因素区分成多个不同的等级，然后再根据岗位的内容将不同因素和不同的等级对应起来，最后把每个岗位在各个因素上的得分通过加权得出总分，得到一个总体岗位价值分。

因素比较法与岗位分类法的主要区别是：岗位分类法是从整体的角度对岗位进行比较和排序，而因素比较法则是选择多种薪酬因素，按照各种因素分别进行排序。这种方法的一个突出优点是可以根据在各个薪酬因素上得到评价结果计算出一个具体的薪酬金额，这样可以更加精确地反映出岗位之间的相对价值关系。在应用因素比较法时，应该注意以下两个问题。

（1）薪酬因素的确定要比较慎重，一定要选择最能代表岗位间差异的因素。

（2）由于市场上的工资水平经常发生变化，因此要及时调整基准岗位的工资水平。

因素比较法通常适用于特殊岗位较多的公司。

因素比较法的实施步骤如下。

（1）选择适当的薪酬因素，包括智力条件、技能、责任、身体条件、工作环境和劳动条件等几项因素。一般选择5项作为基准因素。

（2）从全部岗位中选出若干个关键岗位，其所得到的劳动报酬应是被大多数人公认公平合理的。将每一个关键岗位的每个影响因素分别加以比较，按程度的高低进行排序。

（3）组成评定小组，对每一个岗位的工资总额进行分析，按上述五种影响因素分解，找出对应的工资份额。将尚未进行评定的其他各岗位与现有的已评定完毕的重要岗位对比，得出该岗位的薪酬标准。

举例

某公司新增某特殊岗位——客户服务员，负责联络客户的需求、一旦产品出现质量问题负责客户关系维护、发现技术工艺或生产过程中的问题、改进产品的客户体验、提高客户满意度等工作职责。现采用因素比较法确定该岗位的薪酬水平，人力资源部的实施步骤如下。

（1）选择精神需要、技能需要、责任需要、体能需要和工作环境5项作为基准因素。

（2）选择公认薪酬水平较为合理的技术研发员、产品设计员、工艺改进员、质量监控员和生产操作员五个关键岗位，薪酬标准如表7-7所示。

表7-7 五个关键岗位薪酬

岗位名称	技术研发员	产品设计员	工艺改进员	质量监控员	生产操作员
薪酬标准/（元／天）	310	300	290	280	260

（3）组成评定小组，将五个关键岗位的薪酬价值按基准因素拆分后如表7-8所示。

表7-8 五个关键岗位薪酬价值按基准因素拆分表

基准因素	技术研发员	产品设计员	工艺改进员	质量监控员	生产操作员
精神需要/（元／天）	100	100	80	70	60
技能需要/（元／天）	100	90	70	50	30
责任需要/（元／天）	70	70	80	90	80
体能需要/（元／天）	30	30	40	50	60
工作环境/（元／天）	10	10	20	20	30

将基准因素的价值分别以10元／天为单位，设置0～100元／天的差值。将基准因素与关键岗位薪酬分解后的对应关系体现在分层关系中，如表7-9所示。

表7-9 关键岗位与基准因素分层关系

价值/（元/天）	精神需要	技能需要	责任需要	体能需要	工作环境
100	技术研发员 产品设计员	技术研发员			
90		产品设计员	质量监控员		
80	工艺改进员		生产操作员 工艺改进员		
70	质量监控员	工艺改进员	技术研发员 产品设计员		
60	生产操作员			生产操作员	
50		质量监控员		质量监控员	
40				工艺改进员	

价值/ （元/天）	精神需要	技能需要	责任需要	体能需要	工作环境
30		生产操作员		技术研发员 产品设计员	生产操作员
20					质量监控员 工艺改进员
10					技术研发员 产品设计员
0					

将新增的特殊岗位——客户服务员按照五项基本因素分类后放入表5-9中比较，得出该岗位的薪酬标准如表7-10所示。

表7-10　客户服务员薪酬标准

价值	精神需要	技能需要	责任需要	体能需要	工作环境	合计
元/天	70	90	80	40	20	300

因素比较法的局限性如下。

（1）开发初期情况非常复杂，难度较大。

（2）操作和管理成本较高。

（3）存在许多主观因素，因素比较法不易让员工理解，员工容易怀疑其准确性和公平性。

7.1.4　要素记点法

要素记点法是选取若干关键性的薪酬要素，并对每个要素的不同水平进行界定，同时给各个水平赋予一定的分值，这个分值也称作"点数"，然后按照这些关键的薪酬要素对岗位进行评价，得到每个岗位的总点数，以此决定岗位的薪酬水平。

它是目前薪酬设计中运用最广泛的一种岗位评价方法，也是一种量化的岗位评价方法。它的优点是比较精确、系统、量化，有助于评价人员做出正确的判断，而且也比较容易被员工理解；缺点是整个评价的过程工作量大、比较复杂。

要素记点法适用于岗位数量和类别均较多的公司。

要素记点法的实施步骤如下。

（1）选取通用薪酬要素并加以定义。

（2）对每一种薪酬要素进行等级界定和权重的划分。

（3）运用这些薪酬要素来分析和评价每一个职位。

（4）根据点数高低对所有被评价职位进行排序。

需要注意：在确定要素时，只需从那些广泛被别的公司使用的要素中选择出适合于本公司的要素；要素一般选在 5 ~ 8 种，过多和过少都不适宜；对本公司内的所有岗位必须应用同一套评价要素。

【举例】

某公司设置有销售经理、销售专员、人力资源经理、人力资源专员、产品设计经理、产品设计专员、车间主任、操作工人等岗位。现采用要素记点法对岗位价值进行量化分析，人力资源部具体的实施步骤如下。

1. 选取并评价岗位要素

（1）知识：完成工作所需要的学历。

（2）责任：组织对员工按照预期要求完成工作的依赖程度，强调职位上的人所承担的职责的重要性。

（3）技能：完成某种职位的工作所必备的技术、培训经历、能力、经验以及职称等。

（4）努力：为完成某种职位上的工作所需发挥的体力或脑力。

（5）工作条件：职位上的人所从事工作的伤害性以及工作的物理环境。

2. 成立岗位评价小组

由小组将公司各岗位的岗位评价要素定义为 5 个等级，并按照权重划分，如表7-11所示。

表7-11 要素划分表

薪酬要素	等级				
	5	4	3	2	1
知识 25%	博士	硕士	本科	专科	专科以下
责任 30%	战略决策权，决策风险大，控制全公司	战术决策权，风险性较强，控制子公司	行动和计划决策权，决策风险一般	建议性决策权，决策风险较弱	无决策权
技能 30%	专业知识技术能力运用很好，工作资历18年以上	可运用专业知识技术能力，工作资历13 ~ 17年	掌握专业知识技术，工作资历8 ~ 12年	学过专业知识技术，工作资历3 ~ 7年	了解专业知识技术，工作资历2年以下
努力 10%	任务很复杂，创造性很强，需要独立分析解决问题	任务较复杂，创造性较强，需要协作分析解决问题	任务复杂性一般，创造性一般，需协助解决问题	任务复杂性较弱，创造性较弱，不需分析解决问题	任务很容易，创造性弱，不需分析解决问题
工作条件 5%	工作环境很差，具有极大的危险性	工作环境比较差，具有较大的危险性	工作环境一般，具有潜在的危险性	工作环境比较好，一般无危险	工作环境很好

确定每一种薪酬要素的不同等级所对应的点值。按照总点值为1000，运用算术法分配,点值如表7-12所示。

表7-12 每种薪酬要素点数分配表

报酬要素	等级				
	5	4	3	2	1
知识 250	250	200	150	100	50
责任 300	300	240	180	120	60
技能 300	300	240	180	120	60
努力 100	100	80	60	40	20
工作条件 50	50	40	30	20	10

3.运用这些评价要素来分析、评价每个岗位

被评价岗位的评价结果如表7-13所示。

表7-13 各岗位要素记点法计算结果

职位名称		知识	责任	技能	努力	工作条件	点值总计
销售经理	等级	4	5	5	5	1	910
	点值	200	300	300	100	10	
销售专员	等级	3	3	3	4	2	610
	点值	150	180	180	80	20	
人力资源经理	等级	4	3	2	3	2	580
	点值	200	180	120	60	20	
人力资源专员	等级	3	2	2	2	2	450
	点值	150	120	120	40	20	
产品设计经理	等级	3	3	2	3	3	540
	点值	150	180	120	60	30	
产品设计专员	等级	2	3	2	2	2	460
	点值	100	180	120	40	20	

续表

职位名称		知识	责任	技能	努力	工作条件	点值总计
车间主任	等级	2	2	3	3	2	480
	点值	100	120	180	60	20	
操作工人	等级	1	1	1	1	1	200
	点值	50	60	60	20	10	

根据要素记点法的计算结果，得出该公司岗位价值由高到低的排序分别为销售经理、销售专员、人力资源经理、产品设计经理、车间主任、产品设计专员、人力资源专员、操作工人。

7.1.5　四种方法的比较

四种岗位价值评估方法各有特点，没有哪一种绝对更优。将四种方法的适用公司、量化程度、评估对象、比较方法及优缺点进行比较如表7-14所示。

表7-14　四种岗位价值评估方法适用性和优缺点比较

方法	适用公司	是否量化	评估对象	比较方法	优点	缺点
岗位排序法	岗位数量不多的公司	否	评估岗位整体	在岗位与岗位之间比较	简单、操作容易	主观性大，无法准确确定相对价值
岗位分类法	小型的、结构简单的公司	否	评估岗位整体	将岗位与特定的级别标准进行比较	灵活性高，可以用于大型组织	对岗位等级的划分和界定存在一定难度，无法确定相对价值
因素比较法	适合特殊岗位多的公司	是	评估岗位要素	在岗位与岗位之间比较	可以较准确地确定相对价值	因素的选择较困难，市场工资随时在变化
要素记点法	岗位数量和类别较多的公司	是	评估岗位要素	将岗位与特定的级别标准进行比较	可以较准确地确定相对价值，适用于多类型的岗位	工作量大费时费力

如果5代表程度最高，1代表程度最低，由5到1的整数代表程度由高到低，则采用这四种岗位价值评估方法的管理成本、复杂程度、客观性、灵活性的比较如表7-15所示。

表 7-15　四种岗位价值评估方法难易和灵活程度比较

方法	管理成本	复杂程度	客观性	灵活性
岗位排序法	2	1	1	1
岗位分类法	1	1	1	3
因素比较法	5	5	3	4
要素记点法	4	5	5	2

7.2　薪酬预算的量化分析

　　薪酬预算，是薪酬管理过程中进行的对薪酬成本开支方面的一系列权衡和取舍，是薪酬控制的重要环节，准确的薪酬预算能够保证公司在未来一段时间内薪酬支付能够在一定程度上实现协调和控制。常见的薪酬预算测算方法有四种，分别是薪酬比例推算法、盈亏平衡推算法、劳动分配推算法和自下而上推算法。

7.2.1　薪酬比例的量化分析

　　薪酬比例推算法是对于销售业绩相对稳定、没有业绩上的大起大落的公司，以销售额为基数，按照一定的薪酬预算比率，推算本公司薪酬预算总额的一种方法。

　　薪酬比例推算法计算薪酬预算额的公式如下。

　　薪酬预算额 = 本年度销售预算总额 × 上年度薪酬费用比率。

　　其中，上年度薪酬费用比率 = 上年度薪酬总额 ÷ 上年度销售总额。

　　在薪酬比例推算中，薪酬总额通常包括广义的所有经济性薪酬的总金额。其推算出的薪酬预算额，也对应包含相应的薪酬类目。有的公司为了计算方便，也可以将薪酬总额转化为财务上的人工成本。对应计算出的薪酬预算额，也应改为财务上的人工成本预算额。

　　对于上年度薪酬费用比率，我们可以进一步推算。

　　上年度薪酬费用比率 =（上年度薪酬发生总额 ÷ 员工总人数）÷（上年度销售总额 ÷ 员工总人数）= 人均薪酬额 ÷ 人均销售额。

　　能够看出，薪酬费用比率，其实也是公司给员工人均发放的薪酬额与公司人均产生的销售额之间的比率。也就是说，薪酬比例推算法的原理，其实是保持公司在产生一定数量销售额的情况下，对员工支付的薪酬额的比率维持稳定。

举例

某公司上年度的销售额为 3 亿元，上年度发放的薪酬总额为 4500 万元。本年度预算销售额为 3.6 亿元，则本年度的薪酬预算额应是多少？

按照薪酬比例推算法，本年薪酬预算额的计算过程如下。

本年度薪酬预算额 =3.6 亿元 ×（4500 万元 ÷3 亿元）=5400 万元。

薪酬费用比率随着行业特点和公司规模的不同而不同。比如规模较大的公司和规模较小的公司相比，由于规模效应，薪酬比率通常会比较低；资本密集型行业相比于劳动密集型行业，由于资本金额和劳动力数量的差异较大，薪酬比率通常也会比较低。

7.2.2　盈亏平衡的量化分析

盈亏平衡推算法也称为量本利推算法，是公司根据产品的产量、运营的成本和产生的利润三者之间的相互作用关系，来控制成本、预测利润的综合分析方法。

利用盈亏平衡法推算薪酬预算总额首先要利用盈亏平衡分析计算出公司销售额的盈亏平衡点。当公司的实际销售额高于盈亏平衡点销售额时，公司就盈利；当公司的实际销售额低于盈亏平衡点销售额时，公司就亏损。

另外，还需要确定公司的安全盈利点销售额。安全盈利点销售额指的是当公司在达到这个销售额的情况下，不仅能够确保股东的权益，还能够应对公司可能遭受的风险和危机的销售额。

盈亏平衡推算法计算薪酬预算额的公式如下。

薪酬预算额 = 本年度销售预算总额 × 合理的薪酬费用比率。

其中，最低薪酬费用比率 ≤ 合理的薪酬费用比率 ≤ 最高薪酬费用比率。

最高薪酬费用比率 = 上年度薪酬总额 ÷ 盈亏平衡点销售额。

最低薪酬费用比率 = 上年度薪酬总额 ÷ 安全盈利点销售额。

举例

某公司上年度的销售额为 4 亿元，上年度发放的薪酬总额为 6000 万元。该公司的盈亏平衡点为 3.5 亿元，安全盈利点为 5 亿元，本年度的销售预算额为 4.5 亿元。则该公司本年的薪酬预算额应是多少？

该公司可采取最高的薪酬费用比率 =6000 万元 ÷3.5 亿元 =17.14%（四舍五入）。

该公司可采取最低的薪酬费用比率 =6000 万元 ÷5 亿元 =12%。

上年度实际发生的薪酬费用比率 =6000 万元 ÷4 亿元 =15%。

将三个薪酬费用比率数值比较后，该公司相关管理层考虑到生产的稳定性以及技术更新带来生产效率的提高，认为完成 4.5 亿元的销售预算应当不需要再增加劳动力。随着业绩的增长和 CPI（居民消费价格指数）的提高，决定让薪酬总额提升 5%。

得到本年度的薪酬预算额 =6000 万元 ×（1+5%）=6300（万元）。

我们可以利用盈亏平衡推算法，反过来验证这个薪酬预算额的合理性。

本年度薪酬费用比率 = 本年度薪酬预算额 ÷ 本年度销售预算总额 = 6300 万元 ÷ 4.5 亿元 = 14%。

本年度薪酬费用比率介于最高薪酬费用比率和最低薪酬费用比率之间。

从本案例对薪酬预算计算过程的推演能够看出，如果仍然采取去年 15% 的薪酬费用比率，则在管理上显得有些简单粗放，并不合理。

7.2.3 劳动分配的量化分析

劳动分配推算法的原理是测算公司在一定时期内新创造的价值中，有多少是用来支付人工成本。劳动分配推算法反映了分配关系和人工成本要素之间的投入产出关系。

劳动分配推断法计算薪酬预算额的公式如下。

薪酬预算额 = 本年度预算人工成本 × 薪酬费用占比。

其中，本年度预算人工成本 = 本年度预算劳动分配率 × 本年度预算附加价值。

本年度预算劳动分配率可以通过上年度劳动分配率推算。

上年度劳动分配率 = 上年度人工成本总额 ÷ 上年度附加价值 ×100%。

劳动分配率是反映公司人工成本投入与附加价值产出之间关系的重要指标，也是衡量公司人工成本相对水平高低的重要指标。

附加价值是公司本身创造的价值，它是扣除从外部购买材料或委托加工的费用之后，真正附加在公司上的价值。附加价值是资本与劳动间分配的基础。附加价值的计算方法可以有两种。

一种是扣减法，含义是从销售额中减去原材料等从外部购入的由其他组织创造的价值，其计算公式如下。

附加价值 = 销售额 − 当期进货成本 −（直接原材料费 + 购入零配件费 + 外包加工费 + 间接材料费 + 其他外部组织创造的价值）。

第二种是相加法，含义是将形成附加价值的各项因素相加后得出，其计算公式如下。

附加价值 = 利润 + 人力成本 + 财务费用 + 租金 + 折旧 + 税收 + 其他形成附加价值的各项费用。

举例

某公司本年度预算的劳动分配率为 45%，本年度预算的附加价值为 8000 万元，薪酬费用占比为人工成本的比例为 60%，则该公司本年的薪酬预算额应是多少？

本年度预算人工成本 = 45%×8000=3600（万元）。

本年度薪酬预算额 =3600×60%=2160（万元）。

小提示：劳动分配推算法中的人工成本、劳动分配率、附加价值等数据的来源可以从财务部获取，应以经审计后的财务报表中的数据为依据。

7.2.4　自下而上的量化分析

薪酬比例推算法、盈亏平衡推算法和劳动分配推算法都是自上而下的顶层设计薪酬预算的方法。自上而下设计的薪酬预算的优点是能够与战略联系得更加紧密，薪酬预算的测算结果更加符合公司发展的需要，同时能够控制薪酬的总体水平。

但是自上而下测算薪酬的方法也存在一定的缺点，比如：薪酬预算的制定过程缺乏一定的灵活性；在确定薪酬总额的过程中，可能产生的主观干扰因素较多，会降低薪酬预算的准确性；中基层管理者和员工没有参与感，不利于调动中基层管理者的责任感和员工的积极性。

这时候，我们可以引入一种自下而上的薪酬预算推算法。

自下而上的薪酬预算推算方法是先由各部门的管理者对本部门现有的每位员工以及需要补充的员工在下年度的薪酬情况做出预算，然后据此加总后计算出整个部门的薪酬预算，再汇总每个部门的薪酬预算数据，最后得出整个公司的薪酬预算结果。

这种薪酬预算方法在实施全面预算管理、对各部门费用管控要求较高或者采取承包制的公司中最为常见。自下而上推断法的计算过程如图 7-1 所示。

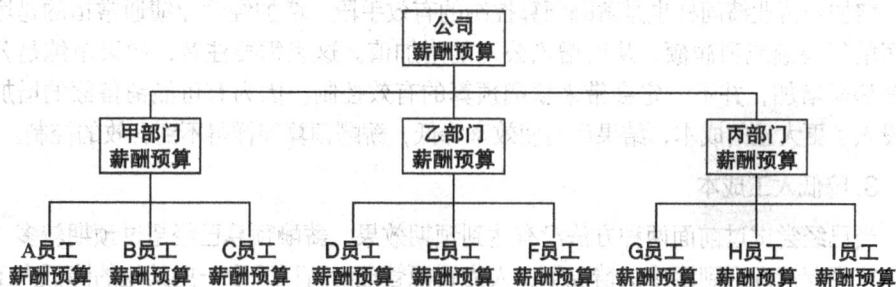

图 7-1　自下而上薪酬预算推算方法示意图

自下而上的薪酬预算计算方法的优点是应用更加灵活，可行性较强。利用自下而上法计算出的薪酬预算数据更贴近现实情况，能够让中基层管理者思考本部门的编制和人员聘用情况，更加关注员工的态度、能力和绩效。

自下而上的薪酬预算计算方法的缺点是整体的工作量较大，过程较复杂，过程耗费的周期较长，最终薪酬预算汇总后的结果可能并不准确，有时候甚至会大大超过决策层的预期。

因为各部门管理者的管理决策通常都是短期的，很难把组织的长远发展和部门的短期利益相结合，所以各部门管理者通常并不偏向于控制人工成本，造成最终的薪酬预算与公司整体战略不一致。

实务中，人力资源管理者在测算薪酬预算时，可以根据公司的具体情况把三种自上而下的推算法与自下而上的推断法结合在一起运用。在一定程度上做到相互验证，优势互补。

7.2.5　薪酬预算控制的途径

薪酬预算控制是保证薪酬管理体系能够发挥其预定价值的重要环节，是公司在通过各种方法确定薪酬预算额之后，为了保障薪酬预算标准的有效实现而采取的一系列的管理和监控手段。

薪酬预算控制不是简单地通过各种方式压缩人力成本，而是要在不违背薪酬战略和策略、薪酬方案设计和制度定位以及能够保证薪酬的外部竞争性和内部公平性的基础上，采取有效的控制措施，减少一些不科学、不合理的人力成本支出。

薪酬预算的测算和薪酬预算控制过程贯穿薪酬管理的全过程。薪酬预算控制过程中可能会涉及对薪酬预算的修改，这也意味着新的薪酬预算的测算和制定过程的产生。

常见薪酬预算控制的途径包括以下几点。

1. 提高劳动效率

提高劳动效率是薪酬预算控制中最有效的途径，也是公司运营最希望看到的结果之一。通过劳动效率的提高，能够有效减少单位产品需要付出的劳动时间，提高劳动者单位时间内创造的价值，从而增加公司的附加值。

2. 增加经营业绩

增加经营业绩同样也是薪酬预算控制的有效手段。增加经营业绩通常指的是增加公司的销售额或利润额，从而增加公司的附加值。这里需要注意，如果单纯是公司的销售额增加，并不一定会带来薪酬预算的有效控制。因为有可能销售额的增加，是投入了更大量的成本，结果反而使效率降低，薪酬预算同样得不到有效的控制。

3. 降低人工成本

当已经尝试过前面两种方法没有达到预期效果，薪酬预算已经超过预期较多，或者生产经营情况遇到困难的情况下，人力资源管理者可以采取一些其他的降低人工成本的方法，比如评估并裁减公司中的冗余人员、延迟薪酬调整的时间、压缩福利费用等。

7.3　薪酬调查的量化分析

薪酬调查量化分析是公司通过一系列专业的方法，收集外部市场的薪酬水平和内部员工的薪酬满意度，经过汇总、统计、分析后，形成反映外部市场状况和内部员工情况的薪酬调研报告，从而为公司自身薪酬定位决策提供依据的系统过程。

常用的对薪酬调查结果的量化分析有六种，根据复杂程度由低到高排列分别是集中趋势量化分析、离散情况量化分析、数据排列量化分析、频率量化分析、图表量化分析、回归量化分析。

7.3.1　集中趋势的量化分析

集中趋势法是将薪酬调查后的所有样本薪酬数据集中化成一个具体数值的方法。它是薪酬调查量化分析中最简单、最常用、最直观的方法，这种方法可以适用于几乎所有类型的薪酬调研结果分析。具体可以分为以下几种方法。

1. 平均值法

平均值法是根据某岗位不同对标公司的薪酬调研结果，直接算出平均值作为该岗位市场薪酬的方法。具体公式如下。

某岗位市场薪酬 = ∑（对标公司薪酬数据）÷ 对标公司数。

【举例】

某公司对10家同地区、同行业对标公司的行政助理岗位的薪酬调查结果如表7-16所示。

表7-16　行政助理岗位薪酬调查结果

公司	A	B	C	D	E	F	G	H	I	J
薪酬 /（元/月）	7500	6200	4100	3800	4500	4100	3100	5400	3900	4000

则该公司得出行政助理岗位的市场薪酬 =（7500+6200+4100+3800+4500+4100+3100+5400+3900+4000）÷10=4660（元/月）。

平均值法的优点是计算比较简单，容易被非薪酬管理的专业人士理解和接受。缺点是采用平均值法时，有时候最大值和最小值会影响结果的准确性。所以有时候采用这种平均值法时，应先剔除最大值和最小值，再计算出结果。

例如，上述案例中剔除薪酬最大值和最小值的影响后，行政助理岗位的市场薪酬 =（6200+4100+3800+4500+4100+5400+3900+4000）÷8=4500（元/月）。

2. 加权平均值法

加权平均法是对调查的不同对标公司的薪酬数据赋予不同的权重值后，再计算平均值的方法。权重的大小通常取决于该公司从事该岗位工作的人数。具体计算公式如下。

某岗位市场薪酬 = ∑（对标公司薪酬数 × 对标公司员工数）÷ ∑对标公司员工数。

采用这种方法，从事该岗位人数越多的公司的薪酬数据，对薪酬平均值的最终结果影响越大。一般来说，从事某岗位人数越多的公司，同时也代表该公司的规模也越大，所以也可以理解为规模越大的公司，对薪酬平均值的最终计算结果影响越大。

举例

某公司对10家同地区、同行业对标公司的行政助理岗位的薪酬调查结果如表7-17所示。

表7-17 某公司行政助理岗位薪酬调查结果

公司	A	B	C	D	E	F	G	H	I	J
从事岗位人数	3	5	12	5	3	2	3	2	3	4
薪酬/（元/月）	7500	6200	4100	3800	4500	4100	3100	5400	3900	4000

则该公司得出行政助理岗位的市场薪酬＝（7500×3+6200×5+4100×12+3800×5+4500×3+4100×2+3100×3+5400×2+3900×3+4000×4）÷（3+5+12+5+3+2+3+2+3+4）=4552.38（元／月）。

加权平均值法的优点是相对于简单的平均值法更具备科学性和准确性。在调查结果能够基本反映行业和产业总体状况的情况下，经过加权平均后的数据更加接近劳动力市场的真实状况。

当然，为了让计算更聚焦，加权平均值法同样可以剔除薪酬最大值和最小值的影响。

例如，上述案例中剔除薪酬最大值和最小值的影响后，行政助理岗位的市场薪酬＝（6200×5+4100×12+3800×5+4500×3+4100×2+5400×2+3900×3+4000×4）÷（5+12+5+3+2+2+3+4）=4427.78（元／月）。

3. 中位值法

中位值法是将调查薪酬数据的结果按照大小顺序排列之后，找出中间位置的数值，作为该岗位市场薪酬的方法。如果数据个数是奇数的话，则取中间的数字；如果数据个数是偶数的话，则取中间两个数的平均数。

按照中位值法，上述案例中行政助理岗位的市场薪酬＝（4100+4100）÷2=4100（元／月）。

中位值法的优点是能够自然剔除掉最大值和最小值的影响；缺点是只能反映一种中值状况，准确度没有加权平均值法高。

7.3.2 离散情况的量化分析

离散分析法是分析和衡量薪酬调查数据离散程度的方法，比较常用的有百分位法和四分位法。

1. 百分位法

百分位法是想象把薪酬调查的所有样本数据由高到低排列后，把样本数量分成

100份。用N分位值表示有$N \times 1\%$的样本数值小于此数值。N为从0到100的整数。

当N为100时，表示有100%的数据小于此数值，也就是这组数据中的最大值。

当N为95时，表示有95%的数据小于此数值。

当N为80时，表示有80%的数据小于此数值。

依此类推。

当N为0时，表示有0%的数据小于此数值，也就是这组数据中的最小值。

在百分位法中，最常用的是90分位值、75分位值、50分位值、25分位值和10分位值。其中，90分位值反映了市场中的高端水平，75分位值反映了市场的较高端水平，50分位值反映了市场的中等水平，25分位值反映了市场的较低端水平，10分位值反映了市场的低端水平。

【举例】

某公司对20家同地区、同行业对标公司的行政助理岗位的薪酬调查结果按照百分位法计算分位值后如表7-18所示。

表7-18 某公司行政助理岗位薪酬调查结果

分位值	90分位值	75分位值	50分位值	25分位值	10分位值
薪酬/(元/月)	6500	5800	4500	4000	3200

该公司行政助理岗位的薪酬水平为5900元/月，则表示市场中有超过75%的同类公司行政助理岗位的薪酬水平比该公司低，意味着该公司行政助理岗位的薪酬上在市场中处于较高的水平。

百分位分析法主要应用于确定公司薪酬水平的战略定位上，因为它能够直观地揭示出本公司工资水平在劳动力市场上所处的地位。

2. 四分位法

四分位法与百分法的原理相似，不同之处在于四分位法是把薪酬调查的所有样本数据由高到低排列后，划分成四组数据。每组数据中包含数据样本总数的四分之一（25%）。

百分位法的N分位值可以是0~100的任意整数，所以百分位法分出的值理论上可以有101个。

四分位法也有分位值，我们用Q值代替，Q值可以是从0~4的任意整数，所以四分位法分出的值理论上可以有5个。

当$Q=4$时，代表样本数据的最大值。

当$Q=3$时，代表样本数据的75分位值。

当$Q=2$时，代表样本数据的50分位值。

当$Q=1$时，代表样本数据的25分位值。

当$Q=0$时，代表样本数据的最小值。

7.3.3 数据排列的量化分析

数据排列法是把调查样本数据按照从高到低的顺序排列后，进一步计算薪酬离散度的方法。通过数据排列法，能够让薪酬调查的结果更直观。

举例

某公司对12家同地区、同行业对标公司的行政助理岗位的薪酬调查结果按照数值从大到小的顺序排列后，结果如表7-19所示。

表7-19 某公司行政助理岗位薪酬调研排列表

排序	公司名称	平均薪酬/(元/月)
1	A	5500
2	B	5200
3	C	5000
4	D	4800
5	E	4700
6	F	4600
7	G	4500
8	H	4400
9	I	4300
10	J	4200
11	K	4100
12	L	4000

根据表7-19中的薪酬排列情况，计算行政助理岗位分位值结果，如表7-20所示。

表7-20 某公司薪酬助理岗位调研分位值计算表

分位值	薪酬/(元/月)
90分位值	5180
75分位值	4850
50分位值	4550
25分位值	4275
10分位值	4110

7.3.4 频率分析法

频率分析法是列出调查样本在某薪酬区间范围出现的次数，得出薪酬在不同区间出现的频率。有时候公司选择市场的折中水平不一定要根据平均值或中位值，可以根据频率分析法选择出现频率最高的区间。

相比于集中趋势法中的加权平均值法，频率分析法的优点是更直观，缺点是数据结果不够集中。

举例

某公司对20家同地区、同行业对标公司的行政助理岗位的薪酬调查结果按照薪酬范围和出现频率排列后如表7-21所示。

表7-21 某地区某行业行政助理岗位薪酬频率分析

薪酬范围/元	出现次数	出现频率
5800 ~ 6000	1	5%
5600 ~ 5799	2	10%
5400 ~ 5599	0	0%
5200 ~ 5399	2	10%
5000 ~ 5199	3	15%
4800 ~ 4999	5	25%
4600 ~ 4799	2	10%
4400 ~ 4599	1	5%
4200 ~ 4399	0	0%
4000 ~ 4199	1	5%
3800 ~ 3999	1	5%
3600 ~ 3799	0	0%
3400 ~ 3599	1	5%
3200 ~ 3399	1	5%
合计	20	100%

或者利用柱形图，能够更直观地看出频率最高的属于哪个区间，如图7-2所示。

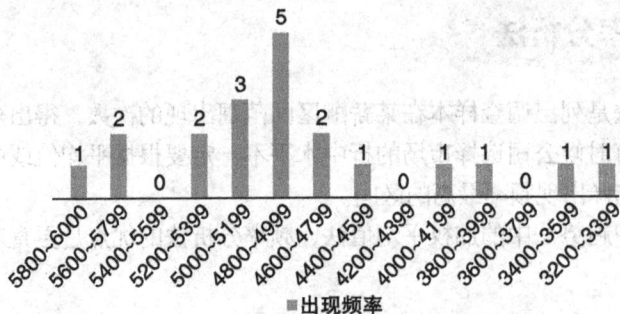

图 7-2 行政助理薪酬出现频率分析

7.3.5 图表分析法

图表分析法是将薪酬调查的样本数据汇总整理后，形成一定格式的统计报表，并根据报表数据绘制成各类图形，比如柱形图、饼图、折线图等。图表分析法能够让薪酬分析更直观、更形象，能够快速找到数据之间的不同之处。

举例

某公司就对标公司的销售总监岗位薪酬组成类目和占比调查结果与本公司比较后，结果如表 7-22 所示。

表 7-22 某公司销售总监岗位与对标公司同岗位薪酬类目对比表

薪酬类目	本公司	对标公司
基本薪酬	50%	40%
岗位津贴	10%	5%
福利待遇	10%	15%
短期激励	15%	20%
长期激励	15%	20%

根据表 7-22 的数据，可以绘制柱形图如图 7-3 所示。

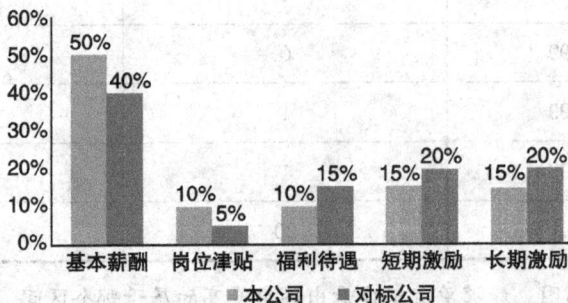

图 7-3 某公司销售总监岗位与对标公司同岗位薪酬类目对比图

根据表7-22的数据，可以绘制饼图如图7-4和图7-5所示。

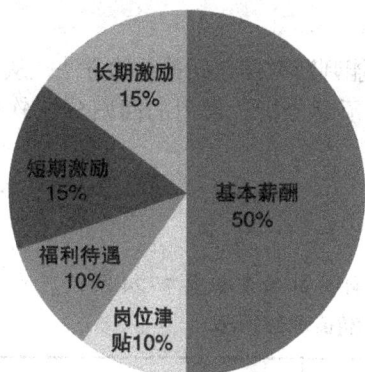

图7-4 某公司销售总监岗位薪酬类目饼图

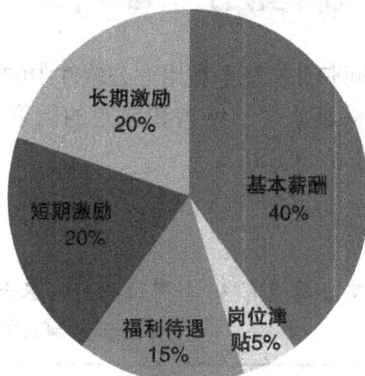

图7-5 对标公司销售总监岗位薪酬类目饼图

举例

某公司对同行业公司做薪酬调查后，得到5个不同岗位的20分位值、50分位值、75分位值和90分位值数据，如表7-23所示。

表7-23 某公司各岗位薪酬与市场薪酬比较表 金额单位：元

公司岗位	公司薪酬	市场薪酬 20分位值	市场薪酬 50分位值	市场薪酬 75分位值	市场薪酬 90分位值
岗位1	4000	3500	3800	4200	5200
岗位2	4500	4000	4600	5000	6000
岗位3	5000	4500	4800	5200	5800
岗位4	5500	5400	5800	6000	7200
岗位5	6000	5800	6500	7000	8500

根据表7-23的数据，绘制出折线图如图7-6所示。

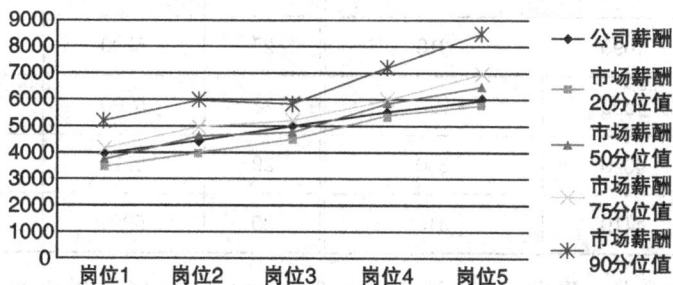

图7-6 某公司薪酬与市场薪酬比较图

根据图7-6，人力资源管理者能够直观地看出该公司5个不同岗位所处的分位值位置，能够清晰地进行横向和纵向对比。

7.3.6 回归分析法

回归分析法是利用办公软件中的回归分析功能判断数据之间关系的方法，从而对影响薪酬水平、结构和差距的因素或趋势进行预测分析。常用的回归分析软件有 Excel 和 SPSS。

举例

某公司现有 30 个岗位的薪酬水平与岗位价值评分的结果如表 7-24 所示。

表 7-24 某公司岗位月薪与岗位价值评分对照表

岗位	月薪/元	岗位价值评分	岗位	月薪/元	岗位价值评分
1	3000	200	16	4520	350
2	3090	210	17	4610	360
3	3190	220	18	4680	370
4	3310	230	19	4810	380
5	3410	240	20	4890	390
6	3490	250	21	4990	400
7	3610	260	22	5110	410
8	3710	270	23	5200	420
9	3820	280	24	5290	430
10	3910	290	25	5400	440
11	4010	300	26	5510	450
12	4090	310	27	5590	460
13	4200	320	28	5700	470
14	4320	330	29	5810	480
15	4410	340	30	5920	490

通过回归分析，得出一元线性回归方程：$y=0.1x-100.16$。$R^2=0.9998$ 趋于 1，说明岗位的月工资标准与岗位价值评分的线性相关性很强，代表着该公司岗位的月薪能够被岗位价值评估所解释，如图 7-7 所示。

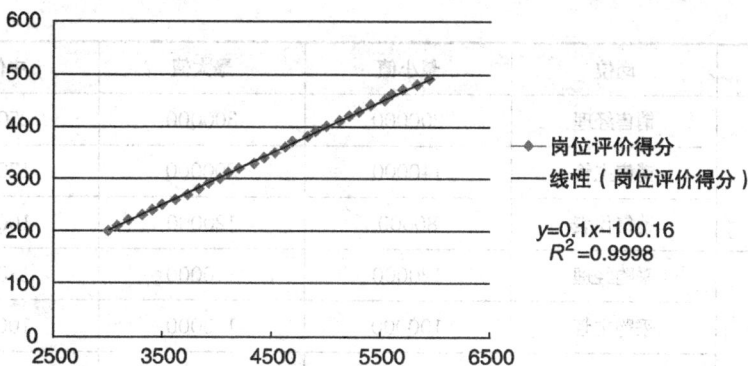

$y=0.1x-100.16$
$R^2=0.9998$

图7-7　某公司岗位月薪与岗位价值评分回归分析图

7.4　薪酬整体的量化分析

对薪酬数据的量化分析是薪酬管理的重要组成部分，同时也是人力资源管理的重要依据。通过对薪酬数据进行对比和分析，能够快速了解或评价公司目前的薪酬管理状况，以便查找问题、追根溯源、迅速反应，及时纠偏。常见的薪酬整体量化分析包括薪酬水平量化分析、薪酬结构量化分析、薪酬偏离度量化分析、薪酬调整量化分析和薪酬效率量化分析。

7.4.1　薪酬水平的量化分析

薪酬水平分析是比较当前公司中不同岗位、不同层级的薪酬数据与市场薪酬数据所处的分位值之间的差异。

【举例】

某公司财务、销售、采购三类岗位当前的薪酬水平如表7-25所示。

表7-25　某公司三类岗位薪酬情况　　　　　　　　　　　　　　单位：元/年

部门	岗位	最小值	最大值	中位值
财务中心	财务经理	70000	80000	75000
	财务主管	60000	70000	65000
	财务科员	20000	30000	25000

部门	岗位	最小值	最大值	中位值
销售中心	销售经理	200000	300000	250000
	销售主管	140000	200000	170000
	销售代表	80000	120000	100000
采购中心	采购经理	120000	140000	130000
	采购主管	100000	120000	100000
	采购专员	60000	80000	70000

该公司对市场中这三类岗位进行了薪酬调研，结果如表7-26所示。

表7-26　某地区三类岗位薪酬调研结果　　　　单位：元／年

部门	岗位	10分位	25分位	50分位	75分位	90分位
财务中心	财务经理	88233	108306	153646	268656	536872
	财务主管	68788	73710	96645	151854	178503
	财务科员	27337	32325	36222	48921	57624
销售中心	销售经理	113440	144790	197181	381328	509756
	销售主管	74537	81975	121176	157188	198397
	销售代表	35452	44428	61076	92248	122389
采购中心	采购经理	79815	99155	124600	215365	249569
	采购主管	69646	77410	98460	133000	174893
	采购专员	31839	37993	49718	75256	102,55

将表7-25和表7-26进行比较后，能够得出该公司三类岗位与市场情况相比薪酬水平的相关结论。

（1）财务中心的财务经理、财务主管和财务科员岗位的薪酬水平普遍较低。三个岗位的薪酬水平普遍处在市场水平的25分位值以下。财务经理岗位的薪酬水平甚至处于市场水平的10分位以下。

（2）销售中心的销售经理、销售主管和销售代表岗位的薪酬水平基本都趋近于市场75分位值左右的水平。

（3）采购中心的采购经理岗位处在市场的50分位值水平左右，采购主管和采购专员岗位处在市场的75分位值的左右水平。

7.4.2　薪酬结构的量化分析

薪酬结构分析是公司分析薪酬各组成部分之间的占比关系的过程。其目的是平衡薪酬的保障和激励功能。通常可以比较内部薪酬结构与外部薪酬结构之间的关系，不同岗位、序列、角色之间的薪酬结构关系，不同职等职级之间的薪酬结构关系。

举例

某公司对不同岗位层级薪酬结构的分析如表7-27所示。

表7-27　某公司不同层级薪酬结构样表

岗位层级	基本工资	固定津贴	变动年薪	可量化福利
操作工	62.40%	8.41%	8.23%	20.96%
科员级	65.14%	8.43%	7.19%	19.24%
主管级	61.57%	8.12%	11.45%	18.86%
经理级	57.46%	7.94%	16.47%	18.13%
总监级	51.80%	7.78%	25.19%	15.23%

从表7-27能够看出，该公司的岗位层级越高，基本工资的占比越低，变动年薪的占比越高，这符合一般的薪酬管理理念。

根据不同的公司战略、薪酬战略和不同类型的岗位，固定薪酬和浮动薪酬在总工资中所占的比例应区别对待。根据两者之间的比例不同，可以将薪酬结构策略分为三种类型，弹性模式、稳定模式和折中模式，如图7-8所示。

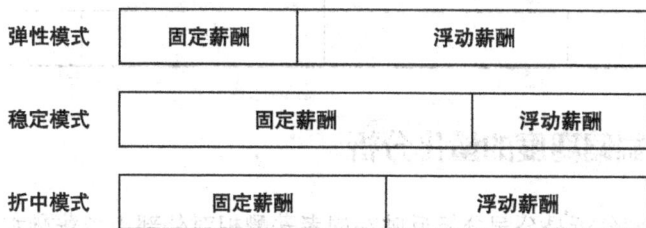

弹性模式	固定薪酬	浮动薪酬
稳定模式	固定薪酬	浮动薪酬
折中模式	固定薪酬	浮动薪酬

图7-8　三种类型薪酬结构策略示意图

弹性模式指的是固定薪酬比例较低（通常小于40%）、浮动薪酬的比例较高（通常高于60%）的岗位薪酬设置类型。这种模式通常应用于与公司业绩关联度较大的岗位，比如销售业务人员、总经理、某些岗位的高管等。常见的计件工资制、提成工资制、绩效工资制属于这种薪酬策略。

稳定模式指的是固定薪酬比例较高（通常高于60%）、浮动薪酬比例较低（通常低于40%）的岗位薪酬设置类型。这种模式通常应用于与公司业绩关联度较低的岗位，比如行政助理岗位、财务岗位、人力资源管理岗位等。

折中模式指的是固定薪酬比例和浮动薪酬比例持平，通常是各占50%或者差别不大的岗位薪酬设置类型。这种模式通常应用在经营状况较稳定的公司，以及公司业绩的关联度和岗位人员的能力素质要求并重的岗位，比如技术研发岗位、生产工艺岗位等。

这三种薪酬结构策略各有优缺点，具体如表 7-28 所示。

表 7-28 三种薪酬结构策略优缺点分析

薪酬结构策略	优缺点
弹性模式	优点：激励性较强，可以有效改变员工行为。 缺点：员工压力较大，缺乏安全感，可能造成员工离职率较高、忠诚度较低
稳定模式	优点：员工有较强的安全感，忠诚度较高。 缺点：激励性较差，往往造成公司的人力成本较高，员工的积极主动性不高，员工感受到的工作压力较小
折中模式	兼顾弹性模式和稳定模式的优点和缺点，具有一定的缓冲度和适应性

总结这三种薪酬结构策略，在员工激励和保留方面的效果如表 7-29 所示。

表 7-29 三种薪酬结构策略的效果比较

类别	弹性模式	稳定模式	折中模式
激励效应	强	弱	中
员工主动性	强	弱	中
员工忠诚度	弱	强	中
员工压力	大	小	中
员工流动率	大	小	中

7.4.3 薪酬偏离度的量化分析

薪酬偏离度分析是公司分析反映在岗者薪酬相对外部市场薪酬水平和公司内部薪酬水平偏离程度的过程。如果是与外部市场薪酬水平相比，可以叫外部偏离度，简称"外偏"，是检验该岗位人员薪酬的外部竞争性；如果与内部薪酬水平相比，可以叫内部偏离度，简称"内偏"，是检验该岗位人员薪酬的内部公平性。

举例

公司某部门共 4 名员工薪酬的外部偏离度结果如表 7-30 所示。

表 7-30 某部门各岗位薪酬外部偏离度比较示意表   单位：元

某部门	年薪	市场年薪水平	外部偏离度
甲 岗位	56487	58000	56487 ÷ 58000 = 97%

续表

某部门	年薪	市场年薪水平	外部偏离度
乙 岗位	87459	84000	87459 ÷ 84000 = 104%
丙 岗位	132564	150000	132564 ÷ 150000 = 88%
丁 岗位	185640	150000	185640 ÷ 150000 = 124%
合计	462150	442000	462150 ÷ 442000 = 105%

从结果能够看出，甲的薪酬与市场薪酬水平相比较低，说明外部竞争性较差，但是偏离度不大；乙的薪酬与市场薪酬水平相比相对较高，说明具备一定的外部竞争性，但偏离度也不大；丙比市场薪酬水平低，且偏离度较高，说明外部竞争性较差；丁比市场薪酬水平高，且偏离度也较高，说明外部竞争性较好。

接下来，分析该部门 4 名员工薪酬的内部偏离度如表 7-31 所示。

表 7-31　某部门各岗位薪酬内部偏离度比较示意表　　　　单位：元

某部门	年薪	公司该等级工资水平中位值	内部偏离度
甲 岗位	56487	55000	56487 ÷ 55000 = 103%
乙 岗位	87459	86000	87459 ÷ 86000 = 102%
丙 岗位	132564	140000	132564 ÷ 140000 = 95%
丁 岗位	185640	140000	185640 ÷ 140000 = 133%
合计	462150	421000	462150 ÷ 421000 = 110%

与外部竞争性不同，内部公平性并不是看与内部薪酬水平相比的高或低，而是看偏离度大小。甲和乙的薪酬与内部薪酬水平相比较高，且偏离度不大，说明具备一定的内部公平性；丙的薪酬与内部薪酬水平相比较低，但偏离度不大，同样说明具备一定的内部公平性；而丁薪酬水平比内部薪酬水平高出很多，且偏离度较大，说明已经失去内部公平性。

最后，把内外部偏离度放在一起对比分析，则更容易看出问题，如表 7-32 所示。

表 7-32　某部门各岗位薪酬内外部偏离度比较示意表

某部门	外部偏离度	外部竞争性	内部偏离度	内部公平性
甲 岗位	97%	差	103%	良
乙 岗位	104%	良	102%	优
丙 岗位	88%	差	95%	良
丁 岗位	124%	优	133%	差

对外部竞争性的判断，只要比市场水平低，就可以判断为"差"。如果超过市场水平，一般可以把外部偏离度在 5% 以内的算"良"，把内部偏离度超过 5% 的算"优"。

对内部公平性的判断，一般可以把内部偏离度在 ±2% 以内的算"优"，内部偏离度在 ±5% 以内的算作"良"，内部偏离度在 ±5% 以上的算"差"。

7.4.4 薪酬调整的量化分析

薪酬调整分析是人力资源管理者对公司薪酬调整情况的分析。薪酬调整常见的方法包括如下几种。

1. 按绩效调整

按绩效调整薪酬的方法是根据员工的绩效水平调整员工的薪酬水平。相同岗位、相同层级的员工，绩效水平越高，薪酬调整的额度或幅度就越大。

2. 按能力调整

按能力调整薪酬的方法是根据员工的能力测评结果调整员工的薪酬水平。相同岗位、相同层级的员工，能力测评水平越高，薪酬调整的幅度或额度就越大；反之，薪酬调整的幅度或额度就越小。

3. 按态度调整

按态度调整薪酬的方法是通过 360 度评估或者上级对下级工作积极性和主动性的评价，判断工作态度的优劣程度。相同岗位、相同层级的员工，态度测评的评分越高，薪酬调整的幅度或额度就越大。

4. 等比例调整

等比例调整是公司的全体员工在原薪酬基础上增长或降低同一百分比。比如全体员工月薪增长 10%。这种薪酬调整方法将使原本就薪酬高的员工调整额度大于薪酬低的员工。

5. 等额度调整

等额度调整是不论员工原有薪酬水平是高或低，一律按照相同的额度给予调整。比如全体员工月薪增长 500 元。如果不想增加基本薪酬，也可以把增加的薪酬以岗位津贴或各类补贴的形式发放。

按绩效调整、按能力调整、按态度调整、等比例调整和等额度调整五种单一性的薪酬调整方法的适用范围和优劣势分析如表 7-33 所示。

表 7-33 薪酬调整方法比较

薪酬调整类型	适用	优点	缺点
按绩效调整	看重绩效、强调竞争的公司或岗位。 比如对于销售业务类岗位、某些管理岗位	员工的绩效水平通常会得到有效的激励	薪酬差距可能越来越大。 绩效高者薪酬增长到一定程度可能反而变得懒惰

薪酬调整类型	适用	优点	缺点
按能力调整	看重能力、强调能力水平和发展的公司或岗位。比如对于某些技术类岗位、教育培训类岗位	员工的能力水平通常会得到有效的激励	公司一味为员工的能力付费可能并不能直接体现在公司整体的绩效结果上
按态度调整	看重态度、强调工作积极和主动性的公司或岗位。比如对于新入职的员工	员工的工作态度通常会得到有效的激励	过于主观，准确性较差。可能滋生"面子工程"
等比例调整	强调内部薪酬差距的公司或者薪酬管理水平相对较弱的公司	操作简单，对员工产生的激励效果相同	原本有差距的基本薪酬因比例的调整差距额越拉越大
等额度调整	解决物价上涨带来的购买力下降问题	操作简单，能够保留原有的薪酬差距	对公司员工产生的激励效果不同，高薪者感觉较弱，低薪者感觉较强

除以上五种单一式的薪酬调整方法外，还有两种复合式的薪酬调整方法。

1. 综合性调整

综合性薪酬调整的方法是综合考虑绩效、能力和态度因素之后，让绩效、能力或态度综合运用、共同作用的薪酬调整方法。

2. 多元化调整

多元化薪酬调整的方法是在同一个组织中，对于特定的部分人才，综合运用前五种单一式的薪酬调整方法和综合性薪酬调整方法而形成的多元薪酬模式。

当分析公司各子公司薪酬调整情况，在各子公司之间及各年份之间的比较时，可以用表 7-34 作为分析工具。

表7-34 各子公司薪酬历年变化分析样表

子公司	20×0年薪酬总额	20×0年调薪幅度	20×0年调薪额度	20×1年薪酬总额	20×1年调薪幅度	20×1年调薪额度
甲						
乙						
丙						

如果要分析各部门或者某一类岗位的薪酬调整情况，也可以把表 7-34 中的公司换成部门或该岗位类型。

当需要比较某公司或者某部门内部薪酬在各员工及各年份之间的变化情况时，可以用表7-35作为分析工具。

表7-35　各员工薪酬历年变化分析样表

部门	姓名	20×0年薪酬水平	20×0年调薪幅度	20×0年调薪额度	20×0年调薪原因	20×1年薪酬水平	20×1年调薪幅度	20×1年调薪额度	20×1年调薪原因
	张三								
	李四								

通过对表7-35的分析，人力资源管理者能够快速看出相同公司或部门内，岗位类别或层级类似的不同人员薪酬调整的额度与幅度之间的差异。对于薪酬调整额度或幅度有异常的人员，人力资源管理者可以进一步找到相关人员分析具体的原因。

7.4.5　薪酬效率的量化分析

薪酬效率分析是公司评估薪酬给公司带来的生产效率或资金利用效率情况的过程。

同一时间区间内各子公司或者各部门要比较薪酬的效率时，可以用表7-36作为分析工具。

表7-36　各子公司薪酬效率分析样表

子公司	人数	销售额	人工成本额	人事费用率	人均劳效
甲					
乙					
丙					

其中，人事费用率=（人工成本额÷销售额）×100%。

人均劳效=销售额÷人数。

人事费用率代表了产生相同销售的情况下，需要花费的人工成本的多少，是薪酬效率最直接的体现。通过对表7-36的分析，人力资源管理者能够看出不同公司之间人事费用率和人均劳效的比较关系。

由于公司所在的行业或产业不同，不能简单地认为某公司的人事费用率比另一家公司的人事费用率低就代表这家公司管理到位，也不能简单地认为某公司的人均劳效比另一家公司的人均劳效低就代表管理不到位。应当具体问题具体分析。

某一特定的公司或部门要比较各年度的薪酬效率时，人力资源管理者可以用表7-37作为分析工具。

表 7-37 各年份薪酬效率分析样表

年份	人数	销售额	人工成本额	人事费用率	人均劳效
20×0年					
20×1年					
20×2年					

与各公司或者各部门之间薪酬效率分析的比较不同，当某一特定的公司或部门比较不同年度的薪酬效率时，如果部门的业务类别情况没有发生较大的变化，但是人均劳效逐年提高，或者人事费用率逐年降低，基本可以代表该公司或部门薪酬效率在逐年提高。

需要注意，这里人事费用率也不是越低越好。可能是管理者采取了违背公司的薪酬策略、给员工设置较低的薪酬水平所致。从短期数据上看比较"漂亮"，但是长远看，不利于人才的稳定性，有损于公司的长远发展。

◦ 疑难问题

如何用 Excel 做离散分析

使用 Excel 做薪酬离散分析有两种常用方法。

1. 函数 QUARTILE

Excel 中的函数 QUARTILE（Array，Quart）是求四分位值的方法。如果离散分析的需求只是计算某组数据的最大值、75 分位值、50 分位值、25 分位值和最小值的话，可以运用这种方法。

Array 是求四分位值的数据所在的区域。

Quart 是想要返回哪一个四分位值，Quart 值填 0~4 的整数。

当 Quart 等于 4 时，函数 QUARTILE 将计算出数据的最大值。

当 Quart 等于 3 时，函数 QUARTILE 将计算出数据的 75 分位值。

当 Quart 等于 2 时，函数 QUARTILE 将计算出数据的 50 分位值。

当 Quart 等于 1 时，函数 QUARTILE 将计算出数据的 25 分位值。

当 Quart 等于 0 时，函数 QUARTILE 将计算出数据的最小值。

用 Excel 的函数 QUARTILE 得出某组数据的最大值、75 分位值、50 分位值、25 分位值和最小值，操作方法如下。

（1）在"最大值"后的方框内输入"="，在公式栏中选择"其他函数"，如图 7-9 所示。

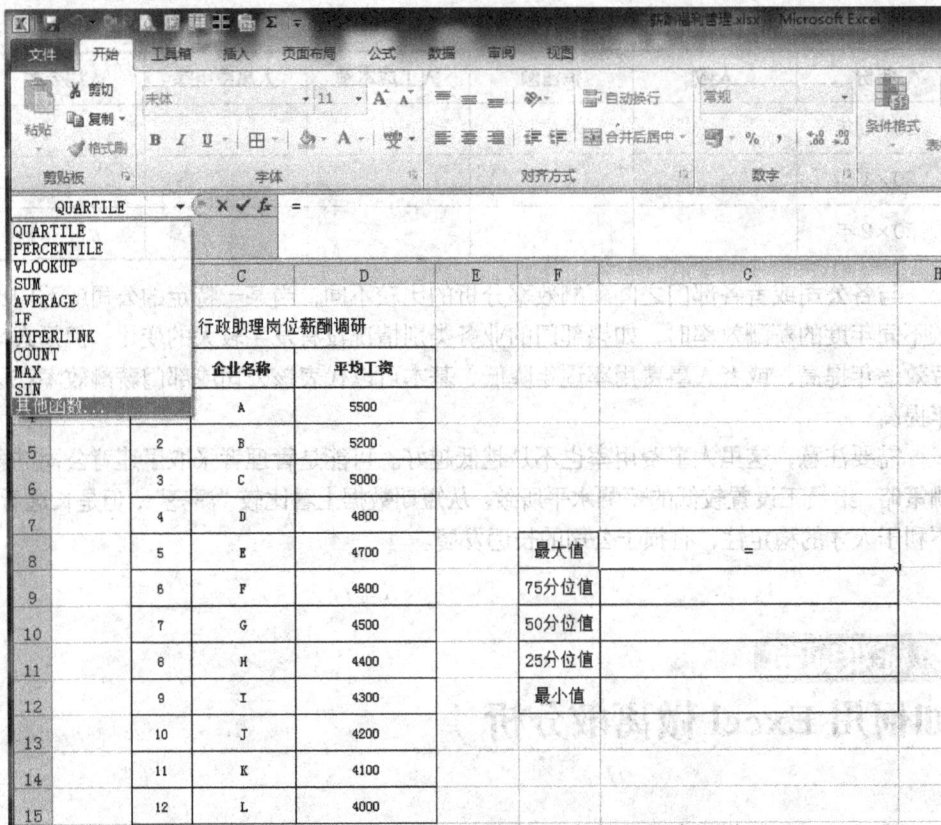

图 7-9　Excel 操作演示图（1）

（2）找到函数"QUARTILE"，点击"确定"，如图 7-10 所示。

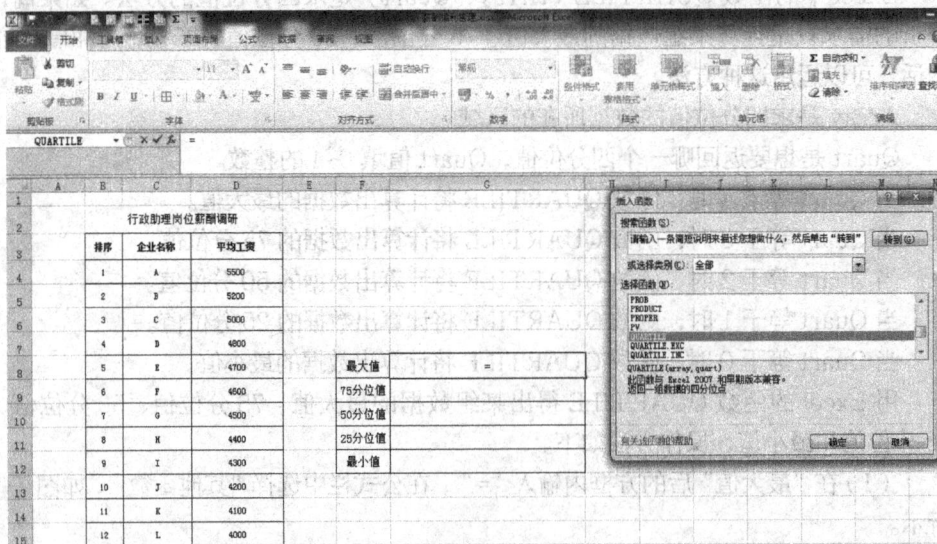

图 7-10　Excel 操作演示图（2）

（3）在"Array"后的方框内选择数据所在方框位置，在"Quart"后的方框内输入"4"，点击"确定"，如图 7-11 所示。

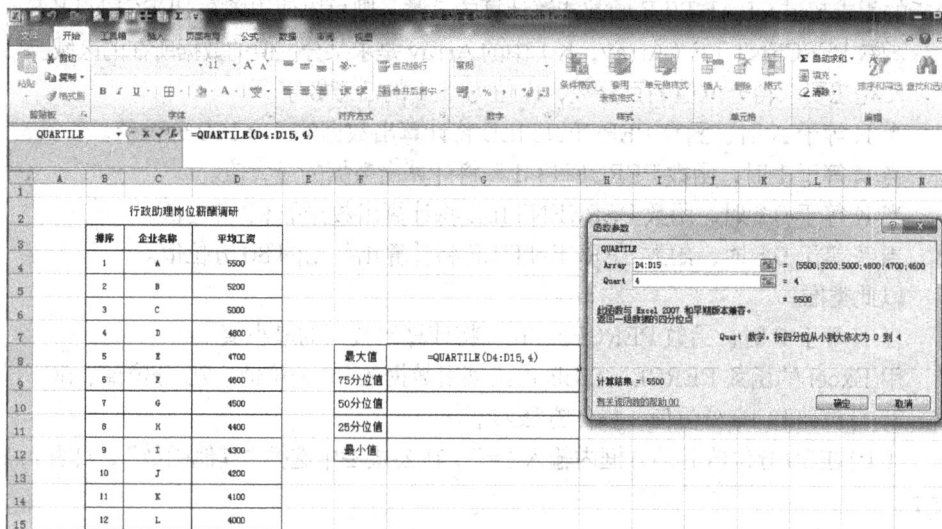

图 7-11　Excel 操作演示图（3）

（4）在 75 分位值后的方框内重复上述操作，在"Array"后的方框内选择数据所在方框位置，在"Quart"后的方框内输入"3"，点击"确定"，如图 7-12 所示。

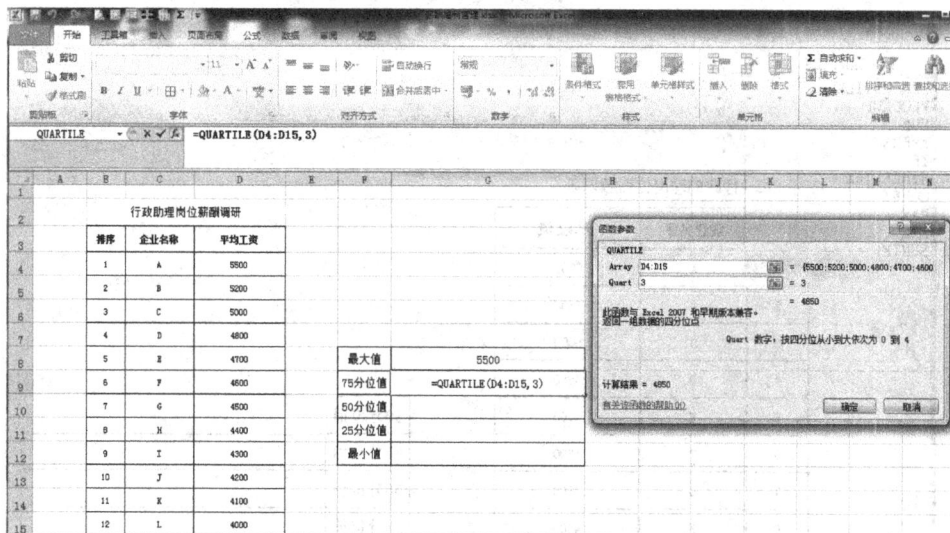

图 7-12　Excel 操作演示图（4）

（5）按照同样的方法，计算 50 分位值（在"Quart"后的方框内输入"2"）、25 分位值（在"Quart"后的方框内输入"1"）和最小值（在"Quart"后的方框内输入"0"）。

2. 函数 PERCENTILE

函数 PERCENTILE 比函数 QUARTILE 更灵活，可以计算任意分位值。如果离散分析的需求超过 QUARTILE 函数能够计算的 5 类，则可以使用函数 PERCENTILE。

函数 PERCENTILE（Array，K）中的 Array 是求某分位值的数据所在的区域。

K 是想要求得分位值的百分数，K 值为 0~1 的任意数字。

当 K 等于 A 时，函数 PERCENTILE 将计算出数据的 A×100 分位值。

当 K 等于 1 时，函数 PERCENTILE 将计算出数据的最大值。

当 K 等于 0.9 时，函数 PERCENTILE 将计算出数据的 90 分位值。

当 K 等于 0.8 时，函数 PERCENTILE 将计算出数据的 80 分位值。

以此类推。

当 K 等于 0 时，函数 PERCENTILE 将计算出数据的最小值。

用 Excel 的函数 PERCENTILE 得出某组数据的 90 分位值、75 分位值、50 分位值、25 分位值和 10 分位值，操作方法如下。

（1）在 90 分位值后的方框内输入"="，在公式栏中选择"其他函数"，如图 7-13 所示。

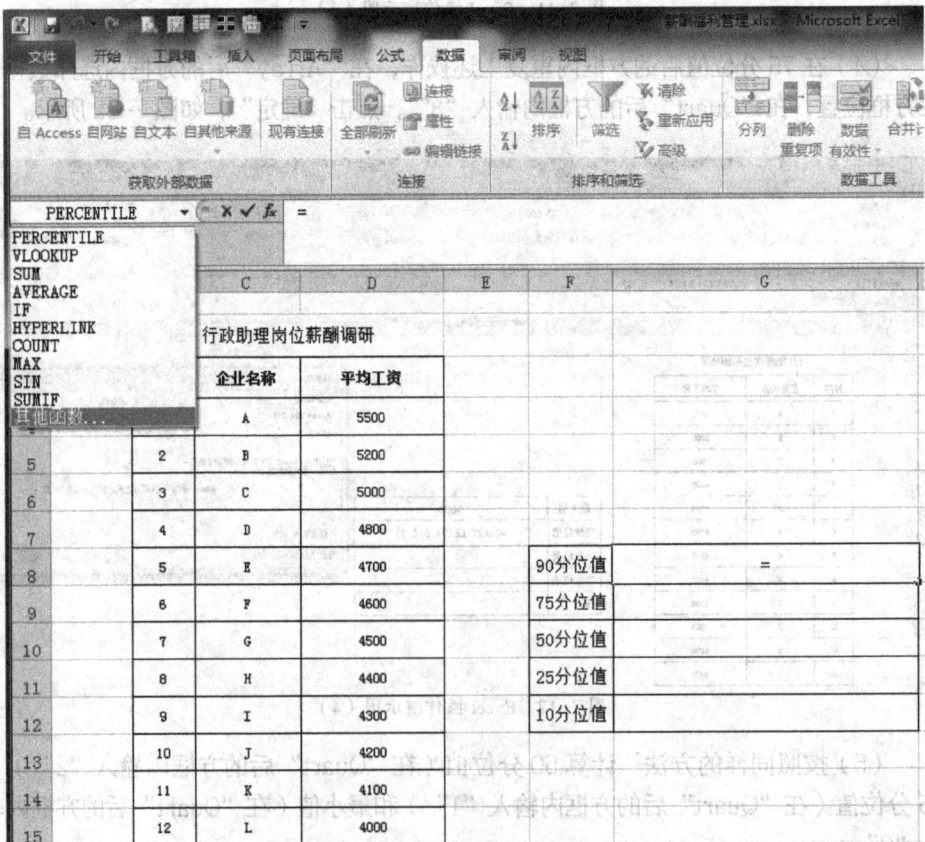

图 7-13　Excel 操作演示图（5）

（2）找到函数"PERCENTILE"点击"确定"，如图7-14所示。

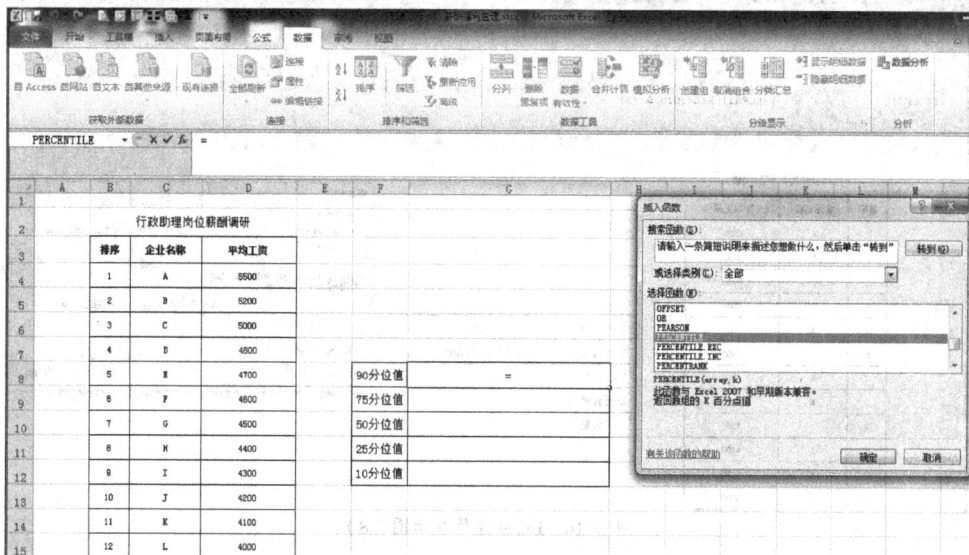

图 7-14 Excel 操作演示图（6）

（3）在"Array"后的方框内选择数据所在方框位置，在"K"后的方框内输入"0.9"，点击"确定"，如图7-15所示。

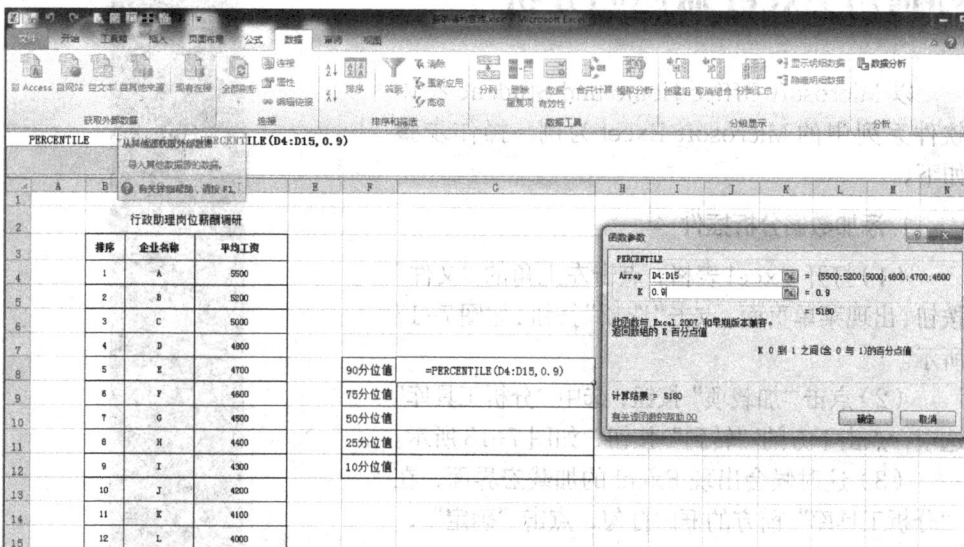

图 7-15 Excel 操作演示图（7）

（4）在75分位值后的方框内重复上述操作，在"Array"后的方框内选择数据所在方框位置，在"K"后的方框内输入"0.75"，点击"确定"，如图7-16所示。

（5）按照同样的方法，计算50分位值（"K"后的方框内输入"0.5"）、25分位值（"K"后的方框内输入"0.25"）和10分位值（"K"后的方框内输入"0"）。

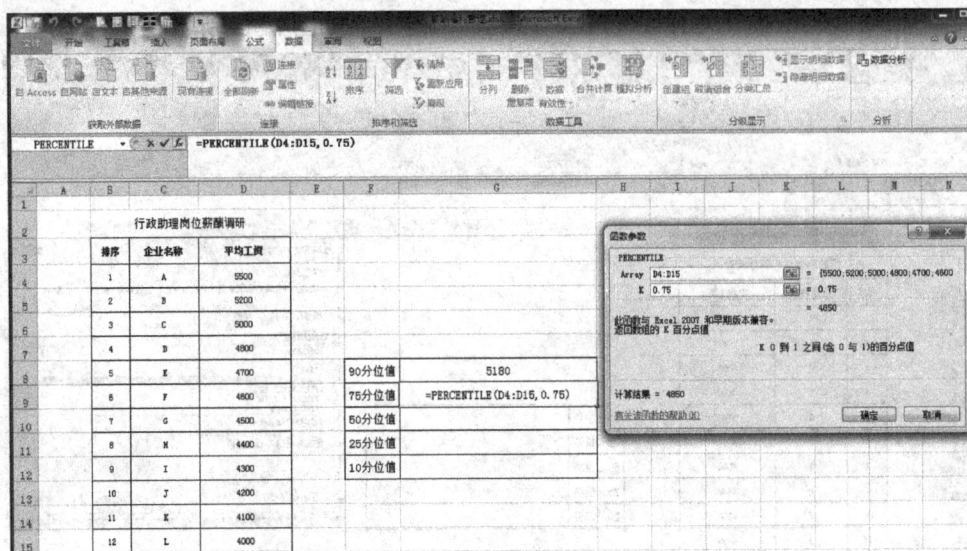

图 7-16　Excel 操作演示图（8）

💬疑难问题
如何用 Excel 做回归分析

以 Microsoft Office Home and Student 2019 软件系列中的 Microsoft Excel 为例。操作步骤如下。

1. 添加数据分析插件

（1）打开 Excel 表格，点击左上角的"文件"按钮，出现菜单页面，点击"选项"按钮，如图 7-17 所示。

（2）点击"加载项"按钮，选中"分析工具库"选项，点击下方的"转到"按钮，如图 7-18 所示。

（3）这时候会出现 Excel 的加载宏界面，在"分析工具库"前方的框内打勾，点击"确定"，如图 7-19 所示。

（4）操作完成后，Excel 软件的"数据"栏下的右上角会出现"数据分析"按钮，代表添加插件成功，如图 7-20 所示。

图 7-17　Excel 操作演示图（9）

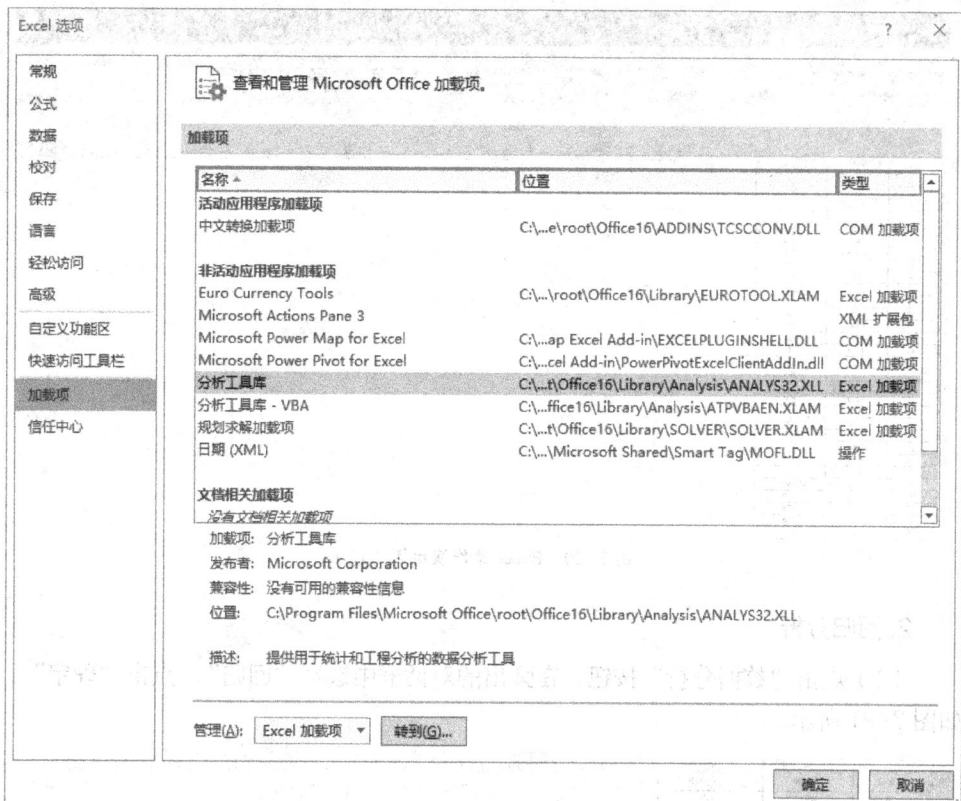

图 7-18　Excel 操作演示图（10）

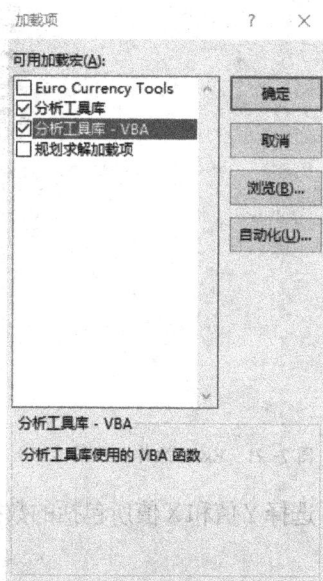

图 7-19　Excel 操作演示图（11）

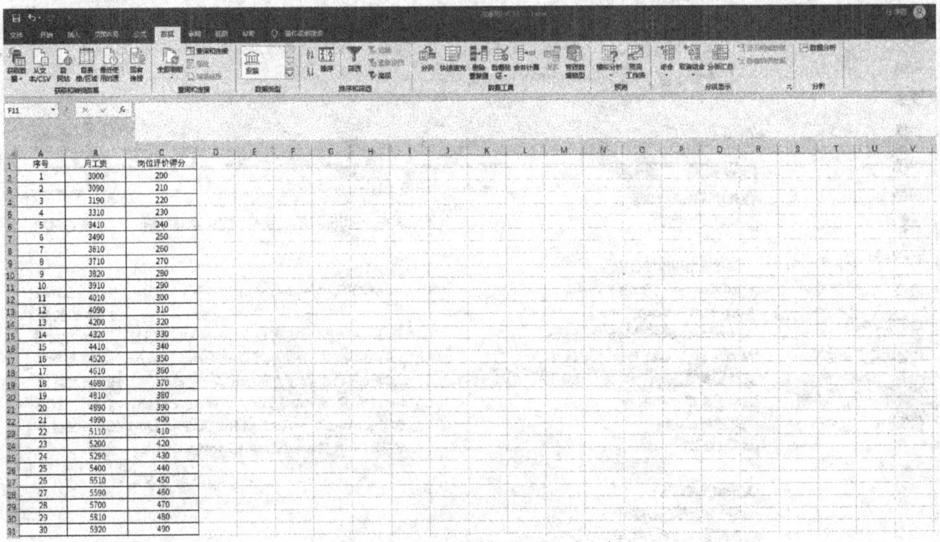

图 7-20　Excel 操作演示图（12）

2. 回归分析

（1）点击"数据分析"按钮，在弹出的对话框中选择"回归"，点击"确定"，如图 7-21 所示。

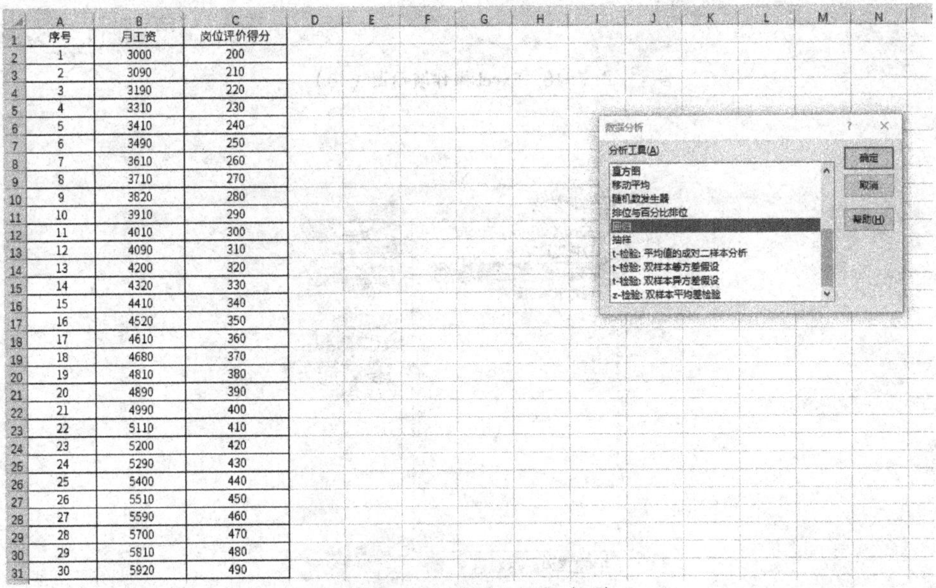

图 7-21　Excel 操作演示图（13）

（2)在弹出的对话框中，选择 Y 值和 X 值所包括的数据区域，点击确定，如图 7-22 所示。

（3）回归分析数据结果如图 7-23 所示。

序号	月工资	岗位评价得分
1	3000	200
2	3090	210
3	3190	220
4	3310	230
5	3410	240
6	3490	250
7	3610	260
8	3710	270
9	3820	280
10	3910	290
11	4010	300
12	4090	310
13	4200	320
14	4320	330
15	4410	340
16	4520	350
17	4610	360
18	4680	370
19	4810	380
20	4890	390
21	4990	400
22	5110	410
23	5200	420
24	5290	430
25	5400	440
26	5510	450
27	5590	460
28	5700	470
29	5810	480
30	5920	490

图 7-22　Excel 操作演示图（14）

SUMMARY OUTPUT

回归统计	
Multiple R	0.999918499
R Square	0.999837004
Adjusted R Square	0.999831183
标准误差	1.143822962
观测值	30

方差分析

	df	SS	MS	F	Significance F
回归分析	1	224713.3667	224713.3667	171755.7499	1.39631E-54
残差	28	36.63326713	1.308330969		
总计	29	224750			

	Coefficients	标准误差	t Stat	P-value	Lower 95%	Upper 95%	下限 95.0%	上限 95.0%
Intercept	-100.1617111	1.094255237	-91.53413907	3.09571E-36	-102.4031913	-97.92023084	-102.4031913	-97.92023084
X Variable 1	0.099961462	0.0002412	414.4342529	1.39631E-54	0.099467387	0.100455537	0.099467387	0.100455537

图 7-23　Excel 操作演示图（15）

（4）线性方程的公式 $y=ax+b$，从图 7-23 中得到 a 值为 0.1（0.099961462），b 值为 −100.16（−100.1617111），R^2 值为 0.9998（0.999837004）。

☑ 实战案例
某薪酬方案设计实例

　　A 公司是一家集研发、生产、销售为一体的技术创新型非标机械设备制造公司，现有员工 800 人。近年来，由于市场竞争激烈，A 公司经营情况越来越困难。

　　由于产品的非标性，A 公司对除了销售人员之外的全体员工采取的都是固定工资制，对销售人员采取的是提成工资制。员工固定工资的制定没有成文的规定，基本是靠最高管理层拍板。

随着产品种类的增加，工种不断增加，不同工种之间工作特性和劳动强度的差异越来越明显，公司目前固定工资制的薪酬制度已不能反映车间员工的岗位特点，引起部分员工工作积极性和责任感下降，已经开始影响产品质量和生产安全。

公司近期引进一批行业内领先的技术和销售人才，这部分人才的薪酬水平远高于公司现有人才的薪酬水平，同样引起公司现有人才的不满。

A公司的人力资源管理者近期针对公司内部做了一次薪酬调查，结果显示：82%的人对自己的薪酬不满意；63%的员工认为其薪酬不能体现其所在岗位的责任和难易程度；67%的员工认为其薪酬不能体现个人能力和努力程度；59%的人认为其薪酬不能体现个人的绩效水平。

可以看出，A公司现行的工资制度，已经不能满足公司发展的需要，薪酬的激励作用已经效果甚微，主要体现在以下方面。

（1）薪酬与能力脱节。不能激励员工提升自身的素质和能力，员工趋于保持现状，不思进取，没有积极主动提升能力的外部动力。

（2）薪酬与绩效脱节。工作好坏一个样，不能激励员工为完成绩效而努力。同时会影响公司的管理人员对公司效率的漠视，难以树立对下属员工的指导和培养意识。

针对以上问题，该公司决定执行以激励为导向的宽带薪酬体系设计。

1. 岗位分级

经过岗位盘点、工作分析和评估，将岗位的层级划成了核心层、中层和基层三大层次，将岗位类别划分为管理类、技术类、销售类、专业类、行政类、工勤类六大类别。

2. 宽带设计

整合公司的所有岗位，全部采用宽带薪酬策略。最终，将公司的所有岗位分成10个职等，如表7-38所示。

表7-38　宽带薪酬层级划分样表

层级	职等	管理类	技术类	销售类	专业类	行政类	工勤类
核心层	G10	■	■	■	■		
	G9	■	■	■	■		
	G8	■	■	■	■		
中层	G7	■	■	■	■		
	G6	■	■	■	■	■	■
	G5	■	■	■	■	■	■
	G4	■	■	■	■	■	■
基层	G3	■	■	■	■	■	■
	G2	■	■	■	■	■	■
	G1	■	■	■	■	■	■

核心层的职等为 8 到 10，中层为 4 到 7，基层为 1 到 3。公司的总经理处在第 10 层的最高层。中层管理岗岗位处在第 4 层。

根据各岗位要求和技能差异，为了鼓励员工能力和绩效的提升，在职等不变的情况下，为优秀的员工提升薪酬晋升的通道，将每个职等又划分成了 10 级。如表 7-39 所示。

表 7-39　岗位技能等级薪酬水平划分样表

层级	职等	层级差异	岗位技能等级薪酬										级差
			R1	R2	R3	R4	R5	R6	R7	R8	R9	R10	
核心层	G10	2.8	8400	11400	14400	17400	20400	23400	26400	29400	32400	35400	3000
	G9	2.6	7800	10200	12600	15000	17400	19800	22200	24600	27000	29400	2400
	G8	2.4	7200	9200	11200	13200	15200	17200	19200	21200	23200	25200	2000
中层	G7	2.2	6600	8200	9800	11400	13000	14600	16200	17800	19400	21000	1600
	G6	2	6000	7300	8600	9900	11200	12500	13800	15100	16400	17700	1300
	G5	1.8	5400	6400	7400	8400	9400	10400	11400	12400	13400	14400	1000
	G4	1.6	4800	5600	6400	7200	8000	8800	9600	10400	11200	12000	800
基层	G3	1.4	4200	4800	5400	6000	6600	7200	7800	8400	9000	9600	600
	G2	1.2	3600	4000	4400	4800	5200	5600	6000	6400	6800	7200	400
	G1	1	3000	3200	3400	3600	3800	4000	4200	4400	4600	4800	200

表 7-40 中的 R1 ~ R10 为岗位技能的 10 个等级。根据职等的不同，每个岗位等级的薪酬级差为 200 元到 3000 元不等。职等 G1 ~ G10 之间的差异为 1 ~ 2.8 倍之间关系，也就是处在 G10 的第 1 级（R1）与处在 G1 的第 1 级（R1）中数值之间的差距为 2.8 倍。

3. 薪酬结构设计

新的薪酬结构由固定工资、季度绩效工资和年度绩效工资组成。在充分考虑不同层级岗位的特性后，制定的各层级薪酬结构如表 7-40 所示。

表 7-40　各层级岗位薪酬结构比例示意表

岗位类别	固定工资	季度绩效工资 / 提成工资	年度绩效工资 / 提成工资
核心层	20%	0	80%
中层	50%	30%	20%
基层	70%	20%	10%
销售人员	20%	30%	50%

在表 7-40 中，核心层因为需要更长远的战略决策，所以把固定工资的比例放少，

把年度绩效工资的比例放大，不设置季度绩效工资。

中层管理者承上启下，兼顾工作职责、当下的目标和长远的利益，所以是固定工资和绩效工资的均衡分配。

基层员工更注重完成岗位职责，所以固定工资的占比较高，绩效工资的占比较低。

销售人员是靠业绩说话，所以固定工资水平设置得较低，提成工资的比例设置得较高。

第8章
绩效管理中的量化管理
与数据分析方法

在绩效管理的过程中运用量化管理与数据分析，能够提高绩效的应用效果，让绩效管理发挥最大的价值。绩效管理中常用的量化分析方法和技巧包括对绩效目标的量化分解方法、绩效指标权重与目标的量化设计方法、绩效问题的分析与改进方法、绩效结果量化分析以及绩效结果的量化应用方法。

8.1 绩效目标的量化分解方法

人力资源管理者在实施绩效目标分解时，要把公司的战略目标层层分解到子公司、各部门及各岗位，同时需要注意一些关键控制点。这样建立起来的绩效指标体系才能真正使绩效管理具有导向性和真实性，才能保证最终绩效结果的有效性。常用的绩效目标分解方法由易到难可以分成三层分解法、价值结构法和战略地图法。

8.1.1 三层分解法

三层分解法是最简单的绩效目标分解方法，比较适合对简单的组织形式或比较单一的业务形式实施绩效目标分解，比如一家小型公司、一个部门、一个营业部、一个班组等。

图8-1 三个层面目标之间的关系

在三层分解法中，公司目标通常可以被逐项分解成三个层面的目标，分别是组织层面的目标、流程层面的目标和工作任务层面的目标。这三个层面目标的数量一般是自上而下、由少到多的关系。这三个层面目标的关系如图8-1所示。

最上层的组织目标，通常是具体的、能够量化的结果。比较常见的一般有销售收入、经营利润、经营成本、员工或客户的满意度、公司规模增长速度等。

中间层的流程目标，通常是对达成组织目标能够起到关键作用的流程所包括的工作，它用来承接组织目标。

最底层的任务目标，通常是为了达成流程目标而需要具体工作任务所达到的结果。

【案例】

某大型餐饮公司，近期营业业绩有所下滑，分析后发现是到店消费的顾客数量下降所致。进一步分析后，发现顾客减少的原因是顾客的满意度明显下降。

该公司前三年平均的顾客满意度能达到95%。可是近期的调研数据结果出来后，店长很吃惊，顾客满意度竟然只有85%，减少了10%。

针对这一情况，店长制定了组织层面的目标，要把顾客满意度由85%提高到95%。

可是仅仅这样设定目标，并不能保证目标的实现。接下来还需要从流程层面对组织目标进行承接。

为此，人力资源管理者和店长一起深入调研了顾客满意度低的主要原因。结果发现，顾客满意度比较低的原因主要在于两个方面。

（1）上餐的时间比较慢，顾客等待的时间比较长。

（2）相同的菜品口味不一致，有时候偏咸，有时候偏淡。

对于上餐时间慢的问题，人力资源管理者和店长通过对流程的梳理，发现在用餐高峰期，店内顾客从选好餐到上餐的平均时间是30分钟，而该门店之前基本能够保证20分钟之内上餐。

于是店长把这一项的流程目标定为：在用餐高峰期，上餐时间由当前的平均30分钟提升到平均20分钟。

怎么实现这个流程目标呢？这时就需要具体工作目标的支撑，接下来要对流程目标涉及的具体流程进行分解。

从顾客点餐到上餐之间，第一步是前台服务员接待，第二步是厨师制作菜品，第三步是服务员上菜。人力资源管理者和店长通过分析这三步流程当前存在的问题后，发现第一步和第三步基本没有问题，也没有太大改进的空间，目前耗时最长、最需要也最可能减少时间的环节是厨师制作菜品环节。

人力资源管理者和店长调研后发现，当前厨师平均制作一个菜品的时间是4分钟。为了实现流程目标，这个时间必须缩短。于是店长想把这项任务目标定为：厨师平均制作一个菜品的时间由原来的4分钟减少到2分钟。

具体要如何实现呢？

人力资源管理者和店长发现当前大厨在开餐前对所有菜品提前准备半成品的比例是70%。经过与厨师长沟通，发现以当前餐厅的菜品种类以及每天点餐的菜品频率来看，可以把菜品提前准备半成品的比例提高到75%。

店长对这个提升比例并不满意，于是和厨师长又进行了深入的分析和挖掘，发现当前上菜速度慢的另外一个原因是，为了吸引顾客，餐厅上了一批新品菜。这些新品菜虽然口味比较好，但是制作时间比传统菜更长，原因一是现有厨师对制作流程不熟练，二是制作流程比以前的菜都要复杂，耗时更长。

为了解决这个问题，人力资源管理者和店长再次深入地挖掘，发现这些菜品是厨师长外出学习后带回来的一系列新品，回来后只是进行了技能的传授，并没有进行适合餐厅大批量、高速度制作的改良。

经讨论，发现有15种菜的制作工艺都可以进行改良。经过对菜品的改良，店长决定把提前准备的半成品的比例提高到80%。

店长发现菜品口味不一致的问题主要也都出在这些新品菜上。于是店长同厨师长协商，决定把菜品的制作流程100%标准化，标准化菜品的原材料的重量、调味料重量，必须数量准确，而且量具要精确且方便厨师操作。

经过以上这一系列环节的工作，人力资源管理者和店长就把绩效目标从组织、流程和任务三个层面进行了细化和分解，让绩效目标更加清晰和明确，其逻辑关系如图8-2所示。

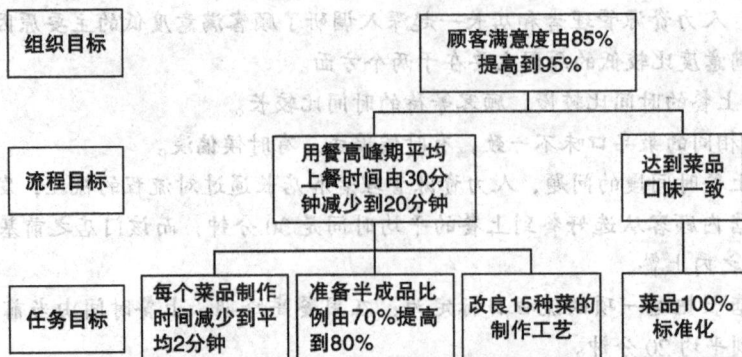

图 8-2 餐饮公司绩效目标分解示意图

按照这个逻辑定出的任务目标，能够充分满足流程目标的要求，流程目标也能够充分满足组织目标的要求。对于这三个层面的目标，人力资源管理者可以将其对应到相应的岗位，找到具体的责任人，使其成为该岗位、该责任人一段时期内的绩效目标。

8.1.2 价值结构法

价值结构法是相比三层分解法更复杂的绩效目标分解方法，它的适用性很广泛，适合在各种类型的组织中应用。

绩效管理是保证公司能够获取价值的工具。对绩效指标的设置，也应当能体现出对公司价值的承接和保障。为了体现出这种承接，就需要对公司价值创造的过程进行梳理，并在关键的流程实施。

绩效价值结构梳理的方法步骤如下。

（1）找到公司最顶端、最重要的产生价值流程。

（2）总结该流程中涉及的关键流程和控制点。

（3）用这些关键流程和控制点画出价值结构图。

（4）以关键流程和控制点为核心设置指标。

下面以实体连锁店的绩效价值结构梳理为例进行说明。

第一步，明确连锁店的价值流程。连锁店最顶端的产生价值的流程是顾客来到店里购买商品。通过不同的多名顾客到店，或者一名顾客重复到店产生的购买量，给连锁店提供销售额，产生价值。

第二步，总结价值流程中的关键控制点。关键流程中有几个核心：一是要有顾客，也就是客流要大；二是顾客到店之后，要形成有效的购买行为，也就是成交率高；三是顾客购买的商品最好足够多，也就是客单价高；四是之前购买过商品的顾客最好可以形成重复购买。

第三步，画出价值结构图。根据第二步中总结的价值流程中的四个关键控制点，画出价值结构图，如图 8-3 所示。

第四步，设置绩效指标。通过价值结构图的梳理和绘制，人力资源部能够清晰地看出连锁店最顶层的价值结构是如何形成的。

对于线下实体连锁店来说，要形成最终的销售额，也就是价值的来源，需要客流量、成交率、客单价和重复购买

图 8-3 某连锁店绩效价值结构图

率四项指标的支持。这四项指标和销售业绩呈正比例关系，当这四项指标中其他三项不变、任何一项提高的时候，连锁店的销售额将有效提升，即有效地完成价值创造。

实体连锁店要提高销售业绩，在这四个控制点的任何一个上做出努力，都有可能达成绩效目标。但是需要注意，对于一些经营慢销品如房子、汽车、家电、眼镜这类商品的连锁店，商品的属性决定了顾客的重复购买率会很低。

针对这一类的具体案例，为了让绩效指标更加聚焦，人力资源管理者在画价值结构图的时候，可以考虑不画重复购买率这一项。其原因是这项指标的影响非常小，可以忽略不计。

如果实体店销售的商品属性并不属于慢销品，顾客可以有一定的重复购买行为，但是由于现在商店的实际经营状况不好，没有形成顾客大量重复购买的现象的话，那么应当将这项指标列为绩效指标，成为下一步改善的重点项之一。

另外，需要注意上列中的四个关键指标的重要性和优先顺序是不一样的，这将为后续对各项指标占比的设置提供思路。在这四项指标中，客流量应当是第一位的。因为有了客流量，才可能产生后面的三项指标。

这也就是为什么很多公司的销售人员入职后，销售经理会让他们首先寻找潜在的客户。有了潜在的客户，才有可能成交；有了潜在的客户，才有可能引导其购买更多的商品，从而提高客单价；潜在客户多了，做出同样的努力，重复购买率自然就增加了。

继续梳理上述实体连锁店的顶层价值结构，当价值结构图画到图 8-3 的水平的时候，是比较粗糙的，这时候顶层的指标虽然清晰，但是并不能被直接用来实施操作，也不能作为行动的有效依据。

这时候，公司还需要继续把指标向下分解，继续往下画出更进一步层级的价值结构，最终让价值结构分解后的绩效指标能够对应出可实施、可操作的行动计划。

例如，在明确了实体连锁店的客流量是最高级流程（一级流程）中最重要的绩效指标之后，人力资源管理者可以继续向下分解，找到影响这一关键指标的其他的关联指标，如图 8-4 所示。

从上面客流量价值结构分解图中能够清晰地看出客流量的组成关系。

一般实体店的客流量是由两部分组成的，一部分是新顾客，另一部分是老顾客。提高这两项指标中的任何一项，都可以提高客流量。要提高新顾客或者老顾客的数量，还需要把关联的绩效指标进一步细分。

新顾客可以分解成主动来店者和被动来店者两部分。老顾客可以分解成主动来店者和受邀来店者两部分。提高这四项指标中的任何一项，都可以最终提高客流量。

一级　客流量

二级　新顾客　＋　老顾客

三级　主动来　＋　被动来　　主动来　＋　受邀来

四级　推广信息＋老带新　路过数×进店率　推广信息＋个人需求　邀约成功数×到店率

五级　老客数×转介率　　邀约成功率×邀约数

六级　邀约店员数×日人均邀约数×邀约天数

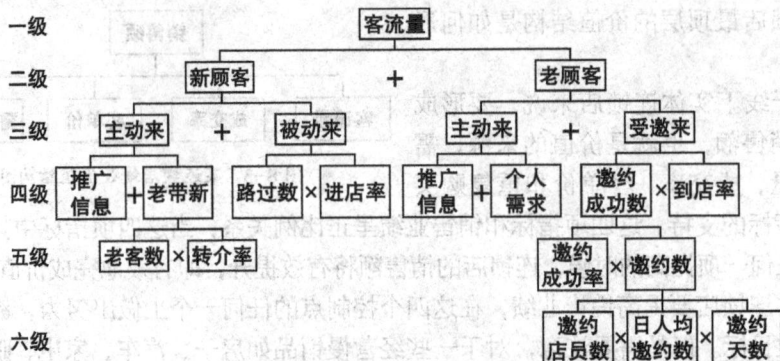

图 8-4　客流量价值结构分解图

　　所谓主动来店，指的是顾客自己主动找上门。所谓被动来店，指的是顾客本不想到店里，但是无意中看到了这家店以后，进店的。所谓受邀来店，是门店主动邀请老顾客来店。

　　对于新顾客中的主动进店者，又可以分解成新顾客看到了门店的推广信息进店和老顾客带新顾客到店两部分。这时候能够看出，门店宣传信息对于新顾客的增加有非常直接的作用。

　　老顾客带新顾客的指标又可以分成老顾客本身的数量和老客户介绍新顾客来的比率。要增加这些数值，可以从增加老顾客数量或者增加老顾客介绍新顾客来店后对老顾客的奖励两个方面来提升。

　　新顾客中被动进店者进店的原因通常和门店的位置有很大关系，因为门店的位置决定了人流量，增加了人们路过门店的可能性。而主动进店者进店的原因通常和门店位置的关系不大。只增加路过门店的人流量并不能保证增加被动进店顾客数量，还需要通过门店门口的装饰、宣传等吸引顾客以提高进店率。

　　对于老顾客中的主动来店者进店的原因，可以分成因为门店的推广信息进店和因为个人需求进店。在这里同样能够看出宣传推广信息的重要性，其既能影响新顾客的到来，又能影响老顾客的到来。所以人力资源管理者在设置绩效指标时，可以在宣传推广信息上做文章。

　　受邀来的老顾客，与邀约成功的数量和最终实际到店的比率有关系。邀约成功的数量与通过电话或者社交媒体进行邀约的数量与邀约的成功率有关。邀约数量与参与邀约的店员数量、日人均邀约数量和邀约天数三者有关。

　　要提高邀约的成功数，可以通过增加邀约活动的力度和吸引力，来增加邀约的成功率和邀约成功后的实际到店率。可以通过增加参与老顾客邀约的店员人数、提高参与邀约店员的工作效率、提高每个店员每天的邀约数量，或者增加店员的邀约天数，最终提高邀约数量。

　　当根据客流量延伸出来的更深层级的流程和关联指标之间的关系被深度挖掘出来之后，对更深层次的流程层面、任务层面绩效指标的设置方向就变得非常清晰了，可以把这些指标分解到部门层面和个人层面。

人力资源管理者可以在自身公司与客流量之间关系最大的环节、目前比较薄弱的环节或者能够实现量化的环节中设置绩效指标。这时候，绩效指标的设置已经不是简单地指向最终结果，而是通过对流程指标的设置，指向各项关键过程。

对实体店客流量价值结构分解的目的是展示绩效价值结构分解的一般思路和方法。如果有连锁经营行业的读者，在参照此方法的同时，请根据自身公司经营业务的实际情况操作，建议不要照搬硬套。

通过对价值结构图的梳理和绘制，人力资源管理者会发现最终所有的价值结构图都是线性的。价值结构就好像是影响事情发展的一条价值链条，通过梳理，都可以用简单的加减乘除的形式表现出来，例如下面的内容。

销售额 =A 产品销售额 +B 产品销售额 +C 产品销售额。

利润额 = 收入 - 成本 - 费用。

毛利额 = 销售额 × 毛利率。

成交率 = 成交客户数 ÷ 总客户数。

8.1.3 战略地图法

战略地图是一个描述公司战略的工具。战略地图法是较复杂的绩效目标分解方法，它通常适用于战略定位清晰、管理能力较强的规模公司。战略地图法是在公司战略的指引下，逐级定义公司目标，使各层级之间保持因果关系和递进关系，保证公司能够以一种完整的、系统的、连贯的方式来审视自己的战略。

战略地图可以按照平衡计分卡（BSC）的财务、客户、流程和学习成长四个层面划分层级，也可以根据公司的行业特性和实际需要划分。但不论按照哪种方式来划分层级，都应当包含财务、客户、流程和学习成长四个维度的目标。

许多公司有了战略却不能成功执行，往往是因为不能全面清晰地描述战略，造成员工不了解战略或者不了解战略与自身岗位之间存在什么样的关系。战略地图最大的好处就是能够让员工了解公司的战略。

公司可持续发展的基础是无形资产，也就是核心竞争力，但是无形资产难以被管理，同时也无法直接帮助公司创造有形的成果。如果不能掌握这部分无形资产，将是对公司投资的极大浪费。开发和绘制战略地图的关键，就是找到如何把无形资产转化为有形成果的具体路径，建立起能够把概念化的战略转化为具体的财务和顾客价值指标的过程。

根据公司战略，可以按照如下步骤绘制公司的战略地图。

（1）确定公司战略的价值目标和客户价值理念。

（2）将公司价值按照某个逻辑分解成不同层级。

（3）把最终想要达成的结果放在图形的最顶端。

（4）把其他支持目标分别列在各自的对应层级中。

（5）把各个目标之间的因果关系用线连接起来。

（6）描述最终目标与其他层级目标之间的关系。

案例

国内某大型连锁药店经过十几年的快速发展，到2018年时，已经成为全国排名前五的连锁药店品牌。该公司在发展过程中，运用了战略地图的概念，将公司的战略目标层层分解、分步落实，取得了较好的经营成果。

该公司某年的战略地图如图8-5所示。

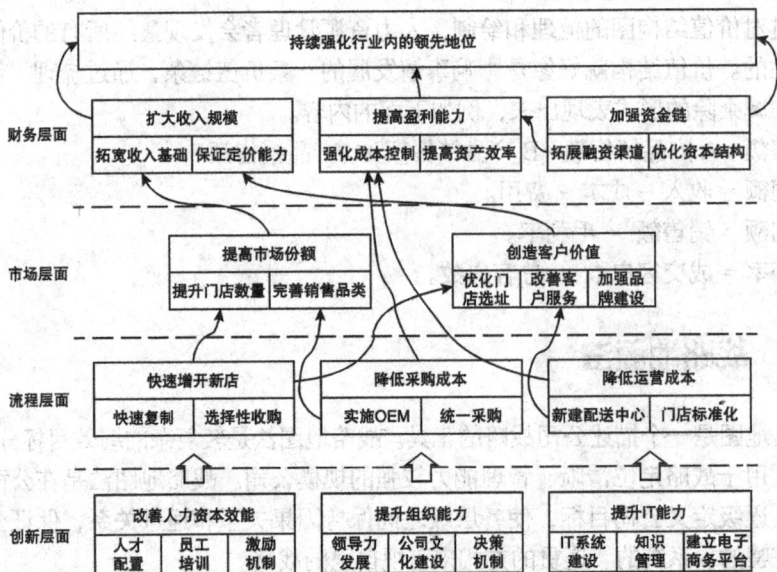

持续强化行业内的领先地位

财务层面

扩大收入规模			提高盈利能力		加强资金链	
拓宽收入基础	保证定价能力		强化成本控制	提高资产效率	拓展融资渠道	优化资本结构

市场层面

提高市场份额		创造客户价值		
提升门店数量	完善销售品类	优化门店选址	改善客户服务	加强品牌建设

流程层面

快速增开新店		降低采购成本		降低运营成本	
快速复制	选择性收购	实施OEM	统一采购	新建配送中心	门店标准化

创新层面

改善人力资本效能			提升组织能力			提升IT能力		
人才配置	员工培训	激励机制	领导力发展	公司文化建设	决策机制	IT系统建设	知识管理	建立电子商务平台

图8-5　某公司某年的战略地图示意图

1. 财务层面

扩大收入规模是该公司最重要的目标。作为药品的连锁零售公司，该公司首先需要在销售量上做文章，同时必须保证一定的定价能力。

盈利是该公司第二位的需要。只有当盈利能力得到保证时，才能在收入增长、资金保证两个方面取得理想的均衡状态。提高盈利能力需要在成本控制、资产效率上做文章。

在资金链的问题上，该公司通过拓展融资渠道和优化资本结构两种方式来保证。

2. 市场层面

为了实现财务层面上收入规模的扩大，该公司需要在市场层面做足两方面的功课。一方面，通过提高市场份额，来保证公司整体的收入基础；另一方面，通过创造客户价值，来保证在销售上的定价能力。

在提高市场份额方面，该公司通过提升门店的数量和完善销售品类两个方面来实现；在创造客户价值方面，该公司通过优化门店选址、改善客户服务、加强品牌建设三个方面来实现。

3. 流程层面

为了实现市场层面提升门店数量和优化门店选址的目标，该公司必须在流程层面能够快速增开新店。在门店扩张中，该公司没有采取连锁加盟的形式，而是全部采用了自营。该公司一方面实现自身的快速复制，另一方面有选择地进行收购。

财务层面要求的强化成本控制,在流程层面通过降低采购成本、降低运营成本两个方面来实现。在降低采购成本方面,该公司通过实施 OEM 和统一采购两方面实现;在降低运营成本方面,该公司通过新建配送中心和门店标准化两个方面实现。

4. 创新层面

为了对财务层面、市场层面和流程层面形成支持,在创新层面,该公司需要做好改善人力资本效能、提升组织能力、提升 IT 能力三个方面的工作。

在人力资本方面的努力反映在人才配置、员工培训、激励机制三个方面;在提升组织能力方面的努力体现在领导力发展、公司文化建设和增强决策机制三个方面;在提升 IT 能力方面的努力体现在 IT 系统建设、知识管理和建立电子商务平台三个方面。

8.2 绩效指标权重与目标量化的设计方法

绩效指标权重设计是绩效评估的关键。因为绩效结果对公司战略的贡献度不同,部门或者岗位的工作重心不同,绩效指标应有一定的权重之分。合理分配绩效指标的权重能够帮助公司更准确地进行绩效管理。

8.2.1 绩效指标权重量化的设计方法

绩效指标权重的设置方法非常多,比较常见的方法包括根据公司的生命周期进行权重划分,根据专家评审结果求平均值,根据因子比较分析法算评分值,以及根据质量评分法算加权得分等,其具体的操作方法如下。

1. 生命周期法

一般来说,公司的生命周期天然决定了各项指标的设置权重。公司在自上而下设置绩效指标的时候,可以充分考虑公司生命周期对绩效指标权重的影响,将其有效地运用到部门和岗位的绩效指标设计中。

公司生命周期对绩效指标重要性的影响可以参考表 8-1。

表 8-1 公司生命周期与绩效指标侧重参考表

公司发展阶段 / 绩效指标类别	创业期	发展期	扩张期	成熟期
财务指标	3	4	5	4
市场指标	2	4	4	4
客户指标	2	3	5	4
研发指标	5	4	2	4

注:表中 5 代表权重最高,1 代表权重最低。

2. 专家评审法

专家评审法是组成专家组，以专家作为评委，独立对当前所有的绩效指标权重进行评价，根据专家评价的结果取平均值，得出最终的绩效指标权重。

举例

某公司对战略和绩效价值结构进行分解，为销售部设置了绩效指标，分别为销售额、毛利额、顾客数量增加、回款率、销售费用控制五项。为了确认这五项指标的权重，人力资源管理者组建了一个绩效管理专家组。

该专家组成员分别由总经理、常务副总经理、分管销售的副总经理以及2位外部的咨询顾问组成。专家组成员对销售部五项绩效指标的权重设置实施独立评价，最终结果如表8-2所示。

表8-2 专家组成员对销售部绩效指标权重评价结果

评委 / 绩效指标	A评委	B评委	C评委	D评委	E评委	平均值
销售额	30%	40%	25%	20%	35%	30%
毛利额	10%	5%	15%	10%	10%	10%
顾客数量增加	30%	25%	35%	40%	35%	33%
回款率	20%	25%	20%	20%	15%	20%
销售费用控制	10%	5%	5%	10%	5%	7%

3. 因子比较分析法

因子比较分析法是把绩效指标运用两两之间比较的方法。通过比较得出评分，再根据评分算出最终的权重。

举例

某公司对某部门确定的五个绩效指标分别为指标1、指标2、指标3、指标4和指标5。人力资源管理者运用因子比较分析法确定这五项指标的权重，对指标两两比较后得出的结果如表8-3所示。

表8-3 因子比较分析法结果样表

绩效指标	指标1	指标2	指标3	指标4	指标5	评分值	权重
指标1	×	5	5	2	1	13	22%
指标2	1	×	3	4	3	11	18%
指标3	1	3	×	1	2	7	12%
指标4	4	2	5	×	1	12	20%
指标5	5	3	4	5	×	17	28%

注：表中5代表最重要，1代表最不重要。

因子比较分析法的表中最左端纵向的指标 1 到指标 5 和最上端横向指标 1 到指标 5 是相同的五个指标。表中数据指的是最左端纵向的指标 N 与最上端横向的指标 N 比较的重要程度。评分值是横向重要程度得分的数值加总。

最后的权重的计算公式如下。

指标 N 的权重 = 指标 N 的评分值 ÷ ∑ 指标评分值。

4. 质量评分法

质量评分法是先设定好绩效指标大类的比例，由人力资源管理者根据绩效指标的质量评分得出每项指标的加权得分，然后计算出指标权重值的方法。绩效指标的质量评价项可以根据需要设置，一般包括与战略的相关性、与岗位的关联性以及岗位的可控性等，也可以根据公司需要设置其他的质量评价项。

案例

某公司对某部门设置的绩效指标分成两大类，一类是关键业绩指标，另一类是公司安排的重大任务指标。这两项指标的权重公司已经确定，分别是 70% 和 30%。其中关键业绩指标有三个具体指标，分别是指标 1、指标 2 和指标 3；重大任务指标有两个具体指标，分别是指标 4 和指标 5。

该公司的人力资源管理者决定采用质量评分法确定各项绩效指标的权重。经与绩效管理委员会讨论，决定采用战略相关性、指标与岗位的关联性以及岗位的可控性三项指标作为质量评分项，分别占比为 60%、20%、20%。

经过对 5 项指标的最终评分，得出指标的权重结果如表 8-4 所示。

表8-4　质量评分法获得绩效指标权重结果

指标类型	指标权重	具体指标	绩效指标质量评价得分				权重
			战略相关性（满分60分）	指标与岗位的关联性（满分20分）	岗位的可控性（满分20分）	加权得分（满分100分）	
关键业绩指标	70%	指标 1	50	15	15	80	24.3%
		指标 2	40	10	10	60	18.3%
		指标 3	55	20	15	90	27.4%
重大任务指标	30%	指标 4	60	15	20	95	15%
		指标 5	60	20	15	95	15%

8.2.2　绩效指标目标量化的设置方法

绩效指标目标值的设置决定了绩效责任人达成绩效目标的难易程度，同时也决定了当绩效目标达成的时候，公司整体战略的实现程度。因此，绩效目标的制定，既要考虑顶层设计，又要考虑岗位员工的实际能力。

绩效指标目标值的常见的设置方法有四种，分别是趋势外推法、自上而下法、自下而上法和标杆基准法，具体操作方法如下。

1. 趋势外推法

趋势外推法是通过对公司经营的历史数据的趋势进行分析，得出绩效指标的目标值。例如某公司前三年的销售业绩的增长率分别是5.6%、5.8%和5.9%，根据此数据，如果公司经营平稳，经营战略没有变化，下一年制定销售业绩增长的目标时，可以考虑设置在6%左右。

2. 自上而下法

自上而下法是根据公司的战略目标和经营计划，对公司期望达到的业绩实行层层分解，先分解到部门，再分解到岗位，然后把绩效目标值和岗位上的员工做关联，要求各部门或者各岗位员工的业绩必须达到该目标值。

3. 自下而上法

自下而上法是各岗位的员工根据公司战略的大方向和自己工作开展的情况，自行设置绩效指标的目标值，并上报给直属上级，再由直属上级向上汇报，公司相关管理层审批后，目标值生效。

4. 标杆基准法

标杆基准法是公司以行业内的标杆公司为参照基准，根据标杆公司的做法设置自身的绩效指标目标值。

上述四种绩效目标值的设置方法优缺点比较如表8-5所示。

表8-5　四种方法的优缺点比较表

优缺点	趋势外推法	自上而下法	自下而上法	标杆基准法
优点	符合公司的实际情况；成本较低，易于让员工接受	绩效指标目标值的确定比较科学	员工的认可度较高；比较容易实施	目标值的设置符合市场情况；目标具有一定的挑战性
缺点	由于公司的发展是动态的过程，有时候历史数据是否值得参考需要仔细评估	操作难度较大；员工可能存在抵触情绪，需要大量的沟通	可能会导致绩效指标的目标值水平较低，难以支撑公司战略发展需要	可能目标值的标准过高，造成员工信心不足，或造成员工的抵触情绪，需要大量的沟通

8.2.3　绩效指标质量检验的量化分析

绩效指标的质量也可以叫作绩效指标的有效性，指的是绩效指标能否为公司的目标的实现提供有效的支持。有效性越高，代表绩效指标的质量越高。绩效指标的质量可以从以下八个维度进行评估，具体内容如下。

1. 关联性

与被考核人的关联性是评估该绩效指标是否和绩效的责任人具有关联。如果绩效指标与被考核人不存在关联，则这项指标即使再重要，也不能用来作为被考核人的绩效指标。只有与被考核人存在关联的绩效指标，才能当作被考核人的绩效指标。

2. 可控性

绩效指标的可控性指的是这项绩效指标能否被绩效责任人控制，能否通过被考核人的努力达成，该绩效指标和被考核人之间的关系是否是直接的责任归属关系。对被考核人来说，可控性越低的绩效指标，质量也越低。

3. 可实施性

绩效指标的可实施性指的是该绩效指标能否被公司有效地实施，实施过程中遇到的难题能否被有效地解决。

4. 精准性

绩效指标的精准性指的是该绩效指标是否有稳定的数据来源和科学的数据处理方法，能否保证绩效指标的获取是准确无误且不存在偏差的。

5. 可衡量

绩效指标的可衡量性指的是该绩效指标是否能够被度量。这里的度量不仅指的是量化的度量，同时也包括行为层面的度量。

6. 低成本

绩效指标的低成本指的是人力资源管理者或者考核人员要获取该绩效指标需要付出的成本是否足够低。如果为了获取数据需要付出的成本过高，则该绩效指标的质量就比较低。

7. 战略一致性

绩效指标的战略一致性指的是绩效指标能否与公司战略所处的阶段相一致，能否与绩效责任人的上层、下层相一致，能否与公司目标、部门目标和岗位目标相一致。

8. 战略贡献度

绩效指标的战略贡献度指的是绩效指标能否最终对实现公司的某项战略目标提供贡献和帮助。

人力资源管理者检验绩效指标的有效性时，可以用这八项内容作为横向内容，以绩效指标作为纵向内容，对绩效指标进行检验，如表8-6所示。

表8-6 绩效指标有效性检验表

绩效指标	1	2	3	4	5	6	7	8	结论
	关联性	可控性	可实施性	精准性	可衡量	低成本	战略一致性	战略贡献度	
A									
B									
C									

在使用绩效指标有效性检验表的时候，表格最左端的A、B、C处填写具体的绩效指标，每项绩效指标对应的八个维度可以用高、中、低三个层级来表示，也可以用5、4、3、2、1这从高到低的五个分值来表示，还可以用是或否来表示。

案例

某公司在设置销售业务员岗位的绩效指标时，初步列出了销售额、毛利率、利润额和顾客满意度四项指标。对这四项指标有效性检验如表8-7所示。

表8-7 某公司销售业务岗位绩效指标有效性检验表

绩效指标	1	2	3	4	5	6	7	8	结论
	关联性	可控性	可实施性	精准性	可衡量	低成本	战略一致性	战略贡献度	
销售额	高	高	高	高	高	高	高	高	高质量
毛利率	中	中	高	高	高	高	高	高	中质量
利润额	低	低	高	高	高	高	高	高	低质量
顾客满意度	中	中	低	低	中	低	高	高	低质量

销售额与公司销售业务员岗位的关联性最大，销售业务员对这项指标的可控性也最高。在其他的六个维度中，销售额的有效性也都比较高，所以销售额对于销售业务员岗位来说，是高质量的绩效指标。

毛利率与销售业务员岗位的关联性居中，销售业务员对这项指标的可控性也居中。虽然在其他的六个维度中，毛利率的有效性比较高，但由于是对具体岗位的判断，所以，该指标被评判为中等质量的绩效指标。

利润额与销售业务员岗位的关联性比较低，销售业务员对这项指标的可控性也比较低。虽然在其他的六个维度中，利润额的有效性同样比较高，但同样因为是对具体岗位的判断，所以，该指标被评判为低质量的绩效指标。

对于该公司来说，顾客满意度指标的关联性、可控性和可衡量性都居中。虽然该指标的战略一致性和战略贡献度较高，但是在可实施性和低成本方面都比较低。所以顾客满意度对于该公司的销售业务员岗位属于低质量指标。

8.3 绩效问题的分析和改进方法

绩效管理的目的不只是得出绩效结果，更重要的是在绩效管理的过程中，针对发现的问题进行分析与改进。对问题的分析与改进，能够提高公司的绩效管理质量，能够保证绩效管理有效地实现公司目标。

8.3.1 绩效问题诊断的实施方法

对公司层面绩效问题的诊断可以分成两种，一种是直接绩效诊断，另一种是间接绩效诊断。直接绩效诊断指的是公司对绩效管理活动中所有相关因素进行的诊断、分析并改正，以提升公司的绩效管理水平；间接绩效诊断指的是公司通过绩效诊断的活动，发现绩效管理问题的同时，也能够及时发现公司除绩效管理外其他经营和管理方面存在的问题。

公司绩效问题的诊断对象一般包括如下内容。

➢ 对公司组织机构和经营管理模式的诊断；

➢ 对公司绩效管理制度和管理体系的诊断；

➢ 对公司绩效评价指标和评价标准的诊断；

➢ 对绩效管理过程中考核双方行为的诊断。

进行绩效问题诊断前，应当对其进行详细的分析。

1. 横向比较

分析人员可以针对具体的员工，分析员工绩效计划和绩效目标的完成情况、员工每项指标对个人绩效结果得分的贡献情况以及个人绩效考核指标完成的均衡情况。对于不同类型的员工，分析人员可以计算不同类型被考核人单项指标的平均水平、综合比较不同类型被考核人各组绩效指标以及不同类型人员员工的相互影响。

2. 纵向比较

分析人员可以针对同一考核对象，如某位特定员工、某个部门、某类别员工或者某个指标，进行不同考核周期的对比分析。内容可以包括某项指标总体的平均情况以及与每月/每年的水平比较，或者每月/每年的变化趋势。

3. 综合分析

分析人员必须具备丰富的经验和对实际情况的深刻了解。分析内容一般包括公司所有人员的绩效考核结果、绩效管理的环境以及绩效管理中出现的重点问题。针对这些分析内容，分析人员提出总体看法、进行偏差调整、划分绩效等级、分析绩效原因并提出改进措施，提高绩效结果的可信度。

绩效问题诊断的具体操作步骤如下。

（1）找出差距。

分析人员通过对绩效的预计情况和实际情况进行对比，对本期绩效情况与上一期或上年同期的绩效情况进行对比，对公司内部不同单位之间进行对比，对同行业和竞争对手之间进行对比，找出公司、部门或个人的绩效差距。

（2）找出线索。

分析人员根据绩效目标的设置情况查找问题的源头，评估是公司目标的问题、部门目标的问题还是个人目标的问题。如果是个人层面的原因，还要确定是个人的态度、知识、能力、经验中哪方面出了问题。

（3）聚焦问题。

分析人员应当聚焦绩效问题的类别、对公司的影响程度以及解决该问题的难易程度，把绩效问题划分成以下五个类别。

A类：根据绩效问题的范围，可以把绩效问题分成公司层面的问题和子公司或部门层面的问题。

B类：根据影响问题的因素，可以把绩效问题分成物质、技术以及人与公司之间的关系问题。

C类：根据问题解决的方法，可以把绩效问题分成能够通过管理技术解决的问题和目前还不能通过管理技术解决的问题。

D类：根据绩效问题的来源，可以把绩效问题分成是公司内部的来源和公司外部的来源。

E类：根据解决问题的需要，可以把绩效问题分成是能够通过自身解决的问题和必须依靠外部解决的问题。

根据绩效问题的五个类别，可以制定出绩效问题诊断的分类表，如表8-8所示。

表8-8　绩效问题诊断分类表

问题分类及描述		问题1	问题2	问题3
A类问题	组织层面的问题			
	子公司或部门层面的问题			
B类问题	人与公司关系的问题			
	物质层面的问题			
	技术层面的问题			
C类问题	管理技术可以解决的问题			
	现有管理技术不能解决的问题			
D类问题	公司内部产生的问题			
	公司外部产生的问题			

续表

问题分类及描述		问题 1	问题 2	问题 3
E 类问题	能在公司内部解决的问题			
	需在公司外部才能解决的问题			
问题对公司的影响程度				
解决问题的难易程度				

8.3.2 绩效问题原因分析的实施方法

绩效问题原因分析,是绩效改进的前提。它是公司根据当前表现出来的绩效问题,找到绩效差距、深入探索、发现根本原因的过程。最常用的绩效问题原因分析方法是鱼骨图法。

鱼骨图法最早是在 20 世纪 50 年代初由日本著名的质量管理专家石川馨教授发明的,它可以用来分析问题和原因之间的关系。通过鱼骨图分析绩效问题,有助于各方对绩效问题达成共识,揭示问题的潜在原因,明确问题的根本原因。

绘制鱼骨图的过程需要多人参与,在绘制鱼骨图时,通常可以采用头脑风暴法,把参与者的意见和想法全部收集上来,并通过鱼骨图将其展示出来,具体步骤如下。

1. 明确问题

简明扼要地把待解决的绩效问题填入鱼骨图的"鱼头"中。

2. 因素类别

根据鱼头需要解决的问题,列出影响该问题的相关因素类别。

生产制造类的绩效问题,通常可以分成人员、机械设备、材料、方法、环境、测量六个相关因素,如图 8-6 所示。

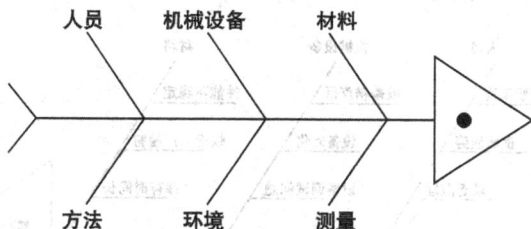

图 8-6 生产制造类绩效问题因素类别示意图

管理服务类的绩效问题,通常可以分成人员、程序、政策、地点四个相关因素,如图 8-7 所示。

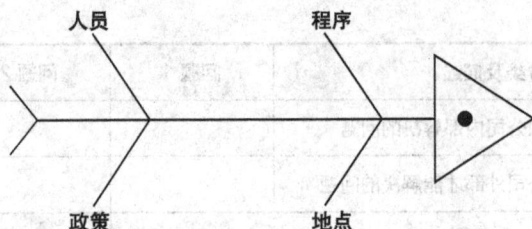

图 8-7　管理服务类绩效问题因素类别示意图

3. 查找原因

利用头脑风暴法，把产生该问题所有可能的原因按照其不同的分类填入到各分支中。根据需要，也可以在分支中继续增加分支，也就是进一步探讨和分析更深层面的原因。

4. 检查整理

对得出的鱼骨图进行进一步的检查和整理，对于比较含糊的内容给予补充，对于存在重复的内容进行合并。

5. 原因判断

进一步进行小组讨论，对原因进行充分的比较和探讨，对于引起问题的可能性最大的几个原因进行进一步的数据收集和整理，作为下一步问题分析和改进的重点内容。

[案例]

某生产制造公司近期连续接到三起因为某产品质量原因引起的顾客投诉，经过调查发现，核心问题是该类产品的质量很不稳定。针对此问题，该公司人力资源部协同生产技术部门组成小组，以鱼骨法为工具，进行了产品质量不稳定问题的原因分析。

因为是生产制造类问题，该公司从人员、机械设备、材料、方法、环境、测量六个因素出发，利用头脑风暴法，对造成该问题可能的原因进行梳理，经过检查和整理后，得出鱼骨图，如图 8-8 所示。

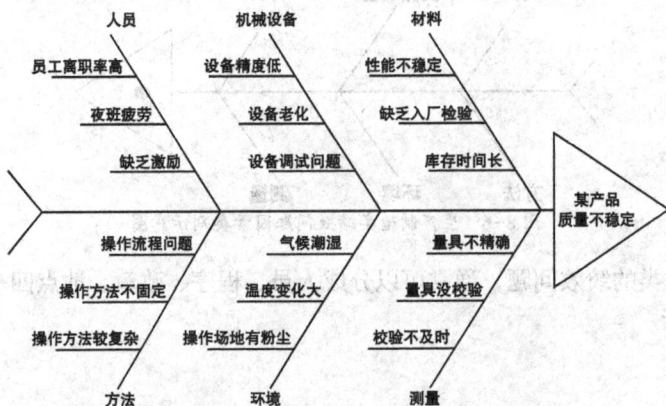

图 8-8　某公司某产品质量不稳定鱼骨图

小组经过进一步的讨论，认为所有这些可能的原因当中，最可能造成该产品质量不稳定的原因是以下三点。

（1）操作方法不固定，且较复杂。

（2）操作场地有粉尘，且气候潮湿、温度变化大。

（3）原材料性能不稳定，缺乏入厂检验。

针对这三点原因，该小组决定进一步收集资料并查找问题。

8.3.3 绩效改进计划的实施方法

绩效改进计划是考核人与被考核人经过充分的沟通讨论后制定的行动计划。绩效改进计划的制定要本着切合实际、具体明确、时间固定的原则。绩效改进计划的内容包括绩效的改进项目、绩效改进的原因、当前的绩效水平、期望的绩效水平、绩效改进的方式、绩效改进的期限等。

考核人协助被考核人制定绩效改进计划可以按照如下步骤。

1. 设定优先级

考核双方首先应当沟通和讨论绩效改进计划中问题和事项的优先程度，优先解决相对比较紧急且容易改进的问题。对于不容易改进、又不急需改进的问题，考核双方可以暂时记录，暂不列入绩效改进计划。

绩效改进计划中，问题事项的优先级顺序参考图8-9所示。

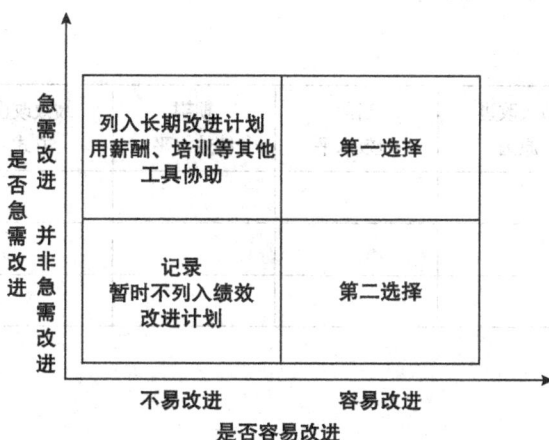

图8-9 绩效改进计划中问题事项的优先级顺序

2. 确定解决问题的方法

（1）组织层面的问题。

对于公司氛围问题，考核人可以增加部门内部的岗位之间的交流，改善部门内部的人际关系和工作氛围。对于工作环境问题，考核人在条件允许的情况下，可以根据需要改善部门内的工作环境和工作条件。对于一些特殊问题，考核人也可以调整部门内部的岗位分工。

（2）考核人的问题。

通过绩效诊断，人力资源部如果发现是考核人存在问题，可以利用内部或者外部的资源，组织绩效管理的相关培训，或者组织绩效管理的分享交流，让公司内比较成功的考核人分享绩效管理的操作经验。

（3）被考核人的问题。

如果是被考核人的问题，考核人应当做好绩效辅导工作。通过日常工作中的辅导、支持以及提供被考核人学习、研讨、培训等机会，提升被考核人的能力。

3. 制定绩效改进计划

通用的绩效改进计划模板如表8-9所示。

表8-9　绩效改进计划表

被考核人姓名	被考核人工号	被考核人部门	被考核人职位	考核人姓名	考核人职位

上个绩效周期被考核人绩效情况：

上个绩效周期被考核人整体评价：

绩效改进项目	绩效改进原因	当前绩效水平	期望绩效水平	绩效改进方式	绩效改进期限

本计划制定时间：

本计划实施周期：

本计划中需要考核人支持：

本计划中需要其他部门支持：
被考核人签字： 日期：
考核人签字： 日期：

4. 实施绩效改进计划

绩效改进计划实施的过程中，考核人应当通过持续的绩效信息监控、绩效反馈和绩效辅导，持续进行绩效沟通，实现对绩效改进计划的过程监控管理。绩效改进计划监控管理的质量决定了绩效改进计划能否有效地实施完成。

考核双方在绩效改进的过程中如果发现绩效改进计划有需要修改的事项，可以在沟通讨论后，根据实际情况进行修改和调整，并进行下一轮的绩效过程监控管理。

5. 绩效改进计划评价

绩效改进计划在上一个绩效评价周期结束后与下一个绩效评价周期开始前实施。绩效改进计划虽然是对正常绩效计划的补充，但是同样需要绩效评价、反馈或辅导。如果被考核人在下一个周期的绩效评价中的结果显著提高，则在一定程度上说明了绩效改进计划有成效。

8.4 绩效结果的量化分析

绩效结果分析是公司对绩效结果分布情况进行的全面分析。常见的绩效结果分析可以分成公司层面的绩效结果分析、部门层面的绩效结果分析和员工层面的绩效结果分析三种。这三种分析之间的关系是由宏观到微观的递进关系。

8.4.1 公司绩效结果的量化分析

绩效管理在公司员工中的覆盖情况分析代表了公司整体绩效管理的实施范围，

从一个侧面反映了公司绩效管理的质量。它通常是从绩效管理覆盖率的数据体现出现的。

绩效管理的覆盖率指的是在公司所有员工中，以考核人或者被考核人的身份，参与到绩效指标分解、绩效计划制定、绩效辅导、绩效评价、绩效结果反馈和绩效结果应用的绩效管理全过程中的员工占全体员工的比例。

绩效管理覆盖率分析在公司推行绩效管理工作的初期尤为重要。对于原本没有接触过绩效管理的各部门管理者来说，作为考核人，把绩效管理的全部流程做全是第一步，下一步才是把绩效管理做对、做细和做精。

案例

某公司的绩效管理推行了不到半年的时间。1月时，人力资源部对绩效管理在公司员工中的覆盖率情况（按部门划分）进行了分析，如表8-10所示。

表8-10　某公司1月各部门绩效考核人数及覆盖率情况

部门	参与绩效管理的人数	总在编人数	绩效管理覆盖率
A 部门	137	184	74%
B 部门	245	421	58%
C 部门	141	196	72%
D 部门	487	616	79%
E 部门	68	83	82%
全公司	1078	1500	72%

从表8-10能够看出，全公司绩效管理的覆盖情况达到了72%，说明有28%的人没有参与到绩效管理工作中。E部门绩效管理的覆盖率最高，达到了82%。B部门绩效管理的覆盖率最低，只有58%。

5月时，该公司对不同部门绩效管理覆盖率的变化情况按月度时间段划分进行了分析。其中，A部门1～4月的绩效覆盖率如表8-11所示。

表8-11　某公司A部门月度绩效考核人数变化及覆盖率情况

时间段	参加绩效管理的人数	总在编人数	绩效管理覆盖率
20××年1月	137	184	74%
20××年2月	134	181	74%
20××年3月	132	179	74%
20××年4月	132	182	73%

从表8-11能够看出，A部门每月参与到绩效管理的人数有逐渐减少的趋势。在这种情况下，公司进一步评估了A部门绩效覆盖率出现下降趋势的原因，以推进绩效管理在部门内部的覆盖率的持续增加。

根据当前的绩效覆盖率情况，该公司可以进一步分析查找绩效管理没有覆盖的岗位都有哪些，查找这些岗位没有被覆盖的具体原因，分析绩效覆盖率比较高的部门或者岗位绩效覆盖率高的原因，推动绩效管理覆盖率达到或者接近100%。

8.4.2 部门绩效结果的量化分析

部门绩效结果从一个侧面反映了部门经营管理的质量。如果部门之间业务类似、资源相近、人才无较大差异的话，部门绩效越高，代表部门管理者经营管理的水平越高。

如果部门之间业务类似、资源相近、管理者的经营管理水平相近的话，部门内部的绩效出现不同的结构，代表着部门内部的人才质量有所不同。绩效较高者占比越高，代表部门人才的质量越高。

但如果部门之间的业务不同、资源不同、绩效目标的设定也有一定问题的话，那么这种比较可能就没有意义。

案例

某公司对1月各事业部的绩效结果进行的分析如表8-12所示。

表8-12　某公司1月各部门绩效考核成绩分布情况

部门	70分以下		70～90分		90分以上		合计人数	部门绩效评估分数
	人数	占比	人数	占比	人数	占比		
A事业部	46	34%	68	50%	23	17%	137	86.47
B事业部	78	32%	155	63%	12	5%	245	79.12
C事业部	47	33%	73	52%	21	15%	141	93.84
D事业部	269	55%	135	28%	83	17%	487	69.53
E事业部	18	26%	36	53%	14	21%	68	95.47
全公司	458	42%	467	43%	153	14%	1078	

对表8-12中的内容，该公司采取的分析逻辑可以包括如下内容。

（1）B事业部90分以上的人数占比最少，同时部门绩效考核得分较低，原因是什么？

（2）D事业部在部门绩效考核分数中最低，同时70分以下人数占比最大，原因是什么？

（3）E事业部在部门绩效考核中分数最高，原因是什么？

（4）A事业部比C事业部90分以上的人员比例多2%，但事业部绩效考核分数却比C事业部低，原因是什么？

（5）绩效考核结果相对优秀的事业部好在哪里？相对较差的事业部是差在哪里？

（6）是否可以从绩效结果较好的事业部身上萃取经验？绩效较差的事业部需要采取哪些行动？

5月时，该公司按照时间段对不同事业部的绩效成绩变化情况进行了分析。其中，A事业部1～5月员工的绩效成绩变化情况如表8-13所示。

表8-13　某公司A事业部月度绩效考核成绩变化情况

时间段	70分以下		70～90分		90分以上		合计人数	部门绩效评估
	人数	占比	人数	占比	人数	占比		
20××年1月	46	34%	68	50%	23	17%	137	86.47
20××年2月	49	37%	65	49%	20	15%	134	80.62
20××年3月	39	30%	69	52%	24	18%	132	89.48
20××年4月	49	37%	64	48%	19	14%	132	79.41

对表8-13中的内容，该公司采取的分析逻辑可以包括如下内容。

（1）部门绩效考核分数的变化是否与部门内成员绩效成绩优劣呈正相关？

（2）A事业部在2月和4月绩效考核分数较低，同时事业部内成员的分数较差，原因是什么？

（3）3月部门绩效考核分数最高，原因是什么？

（4）当事业部绩效考核成绩较高时，是做好了什么？当成绩较低时，是没有做好什么？

（5）A事业部下一步的行动计划是什么？

8.4.3　员工绩效结果的量化分析

员工个体绩效成绩分析与结果应用是从员工个体层面分析绩效考核结果，通过员工之间的比较，查找问题并采取一定行动的过程。

对绩效成绩持续较好的员工，公司应当分析其绩效成绩好的原因；对绩效成绩持续较差的员工，公司应当分析其绩效成绩差的原因；对绩效成绩每月有所波动的员工，公司应当分析其绩效波动的原因。

对岗位类型差不多的员工，通过绩效结果的比较，萃取绩效比较好的员工的经验、方法或工具，让绩效比较差的员工能够通过这些经验、方法或工具提升绩效。

案例

某公司对某部门的员工1～4月的绩效结果进行比较后，得出结果如表8-14所示。

表8-14 某公司某部门员工月度绩效考核成绩变化情况

姓名	20××年 1月	是否绩效面谈	20××年 2月	是否绩效面谈	20××年 3月	是否绩效面谈	20××年 4月	是否绩效面谈
张三	96.12	是	95.47	是	86.53	是	94.78	是
李四	87.65	是	75.36	是	89.17	是	74.23	是
王五	76.39	是	74.96	是	78.12	否	75.61	否

对表8-14中的内容，该公司采取的分析逻辑可以包括如下内容。

（1）张三绩效考核成绩一直较好，但是在3月份却较低，原因是什么？

（2）李四每月的绩效成绩忽高忽低，原因是什么？

（3）在3月和4月，王五的直接主管未与其做绩效面谈，原因是什么？

（4）对张三是否要考虑给予进一步的培养或晋升？

（5）对王五是否要考虑轮岗、培训或者汰换？

（6）张三身上是否有可以萃取的经验，以帮助绩效较差者？

（7）绩效较差者的改进行动计划是什么？

8.5 绩效结果量化应用的方法

绩效结果量化应用，是把绩效评价的最终结果应用到其他管理方式中的过程。根据"目标——承诺——结果——应用"的原则，在绩效评价结果得出之后，根据绩效管理制度和绩效结果，公司可以根据相关规定进行相应的应用。在绩效结果应用中实施量化管理与数据分析，能够更加有效地应用绩效结果。

8.5.1 绩效结果在薪酬发放中的量化应用

比较常见的绩效结果量化应用是利用绩效结果发放绩效工资。与基本工资、岗位津贴、福利等保障性收入不同，绩效工资属于激励性收入。保障性收入主要根据岗位工作的重要性、责任大小、能力要求高低等按照公司的规定执行，与业绩挂钩的激励性收入一般是以公司的绩效考核结果为基础。

绩效结果可以对员工的月薪产生影响，具体用法可参考下方案例。

举例

某公司规定某岗位员工每月的绩效工资是月基本工资的20%。员工月度绩效结果对应的月绩效工资的系数如表8-15所示。

表8-15　某公司某岗位月度绩效结果对应月绩效工资系数

等级	A	B	C	D	E
系数	120%	100%	80%	50%	0

某月，在该岗位工作的张三的月度绩效评级为C，张三的月基本工资为6000元，该月份正常出勤，则张三该月份的绩效工资计算方式如下。

张三该月份绩效工资 =6000×20%×80%=960（元）。

绩效结果也可以对员工的年终奖金产生影响，具体用法可以参考下方案例。

举例

某公司的年终奖金以员工月基本工资为基准，同时参考员工所在部门的年度绩效结果、员工个人的年度绩效结果以及个人年度的出勤情况，计算和发放员工的年终奖，计算公式如下。

年终奖 = 员工月基本工资 × 员工所在部门年度绩效结果对应系数 × 员工个人年度绩效结果对应系数 ×（员工年度实际出勤天数 ÷ 公司规定员工年度应出勤天数）。

其中，员工所在部门的年度绩效结果对应系数如表8-16所示。

表8-16　员工所在部门年度绩效结果对应系数

等级	A	B	C	D	E
系数	1.8	1.4	1	0.8	0

员工个人年度绩效结果对应系数如表8-17所示。

表8-17　员工个人年度绩效结果对应系数

等级	A	B	C	D	E
系数	3	2	1	0.5	0

该公司的员工李四的月基本工资为5000元，某年度李四所在部门年度绩效结果评定为A，李四本人的年度绩效结果评定为B。该年度李四实际出勤200天，公司规定的员工年度应出勤天数为240天。

则李四的年终奖金计算结果如下。

李四的年终奖金 =5000×1.8×2×（200÷240）=15000（元）。

8.5.2　绩效结果在薪酬调整中的量化应用

绩效结果在薪酬调整中的量化应用主要是根据员工的绩效考核结果对其基本工资

进行调整，调薪的比例根据绩效考核结果的不同，应当有所区别。一般员工绩效考核结果评分越高，调薪的比例也就越高。薪酬调整的周期一般是以年为单位进行，根据不同需要也可以以半年度或季度为单位。

利用绩效结果进行薪酬调整时，一般对绩效水平越高的员工，调薪的幅度或者量也越高，绩效水平比较低的员工，调薪的幅度则比较低或者不进行提薪，对于绩效特别差或者长时间处在低水平的员工，还可以考虑降低其基本工资。

对于岗位的薪酬等级比较规范、公司员工都严格按照岗位薪酬等级进行薪酬调整的公司来说，绩效结果在薪酬调整中的应用可以参考下方案例。

案例

某公司每年根据员工前2年的绩效评定结果给员工进行基本工资的调整。根据员工前2年绩效结果的不同，基本工资根据公司规定的基本工资等级规则分成四种情况，分别是基本工资上升两级、上升一级、不变和下降一级，如表8-18所示。

表8-18 某公司员工年度绩效评定结果与年度基本工资等级调整规则

本年度绩效评定结果	上年度绩效评定结果	基本工资调整
A	A	上升二级
	B	上升一级
	C 或 D	不变
B	A 或 B	上升一级
	C 或 D	不变
C	A 或 B 或 C 或 D	不变
D	A 或 B 或 C	不变
	D	下降一级

对于薪酬并没有严格的等级，或者可以不完全参照岗位薪酬等级调整基本工资的公司来说，绩效结果在薪酬调整中的应用可以参考如下案例。

案例

某公司每年根据员工前2年的绩效评定结果给员工进行基本工资的调整。根据员工前2年绩效结果的不同，规定员工月度基本工资的调整幅度可以分成五种情况，分别是20%、15%、10%、5%、0，如表8-19所示。

表8-19　某公司员工年度绩效评定结果与年度基本工资调整规则

本年度绩效评定结果	上年度绩效评定结果	基本工资调整幅度
A	A	20%
	B	15%
	C或D	10%
B	A或B	15%
	C或D	5%
C	A或B	10%
	C或D	5%
D	A或B或C或D	0

　　有的公司为了减少因员工间原本的基本工资不同造成相同绩效水平内的员工在调薪后薪酬差距拉大的情况，或者考虑薪酬成本，在实际进行调薪时，会让原本基本工资较低的员工的绩效调薪幅度或者量较高、原本基本工资较高员工的绩效调薪幅度或者量较低。对于这种情况，可以参考下方案例。

案例

　　某公司每年根据员工当年的绩效评定结果给员工进行基本工资的调整。但是由于员工原本的基本工资不同，为了防止相同绩效水平间的员工工资差距越来越大，该公司引入薪酬均衡指标来调节员工年度基本工资的调整比例。

　　薪酬均衡指标可以衡量员工当前的工资水平与公司的中位水平相比的差距。薪酬均衡指标的计算公式如下。

　　薪酬均衡指标 =（员工基本工资 ÷ 基本工资的中位值）× 100%。

　　当薪酬均衡指标大于100%时，代表员工的基本工资大于全公司员工基本工资的中位值。这时候薪酬均衡指标的值越大，代表员工基本工资离基本工资的中位值越远，代表员工的薪酬相对越高。

　　当薪酬均衡指标等于100%时，代表员工的基本工资等于全公司员工基本工资的中位值。

　　当薪酬均衡指标小于100%时，代表员工的基本工资小于全公司员工基本工资的中位值。这时候薪酬均衡指标的值越小，代表员工基本工资离基本工资的中位值越远，代表员工的薪酬相对越低。

　　该公司根据员工绩效评定结果等级和薪酬均衡指标的不同，对员工月度基本工资调整幅度的规则规定如表8-20所示。

表8-20 某公司员工年度绩效评定结果与年度基本工资调整规则

本年度绩效评定等级	薪酬均衡指标 80%以下 基本工资调整幅度	薪酬均衡指标 90%～110% 基本工资调整幅度	薪酬均衡指标 110%以上 基本工资调整幅度
A	20%	18%	16%
B	15%	13%	11%
C	10%	8%	6%
D	5%	3%	1%
E	0	0	0

8.5.3 绩效结果在员工福利中的量化应用

员工福利通常可以分成两类，一类是法定福利，另一类是非法定福利，也叫作公司福利。

法定福利是相关法律法规明文规定的福利。这类福利具有强制性的特点，是所有政策覆盖范围内的公司都应当遵守并执行，比如社会保险、住房公积金、法定节假日、带薪年休假、关于各类假期的休假时间和薪酬支付、某类特殊时期的津贴、某些特殊环境的津贴、某种特殊岗位的津贴等。

公司福利是公司根据自身情况自行规定的福利。这类福利具有员工激励性的特点，通常是公司用来激励员工的一种方式，比如为员工购买商业补充保险、允许员工带薪培训学习、节假日发放的钱或物、加强员工休闲娱乐的设施建设等。不同公司由于经营状况、运营特点和管理方式等实际情况不同，所采取的公司福利通常具有较大的差异性。

公司福利按照受众对象的不同可以分成全员性福利和特殊群体福利。全员性福利是不分职位和岗位的差别，公司全员都享受的福利；特殊群体福利是只有某类特殊群体才享受的福利，比如高管人员、技术团队等。

公司福利的设置体现了公司管理的艺术化和创新性，是公司吸引人才、留住人才和激励人才的重要方式。不同的公司福利的差异性，将影响人才在求职时的选择、工作投入的积极性以及是否愿意继续留在公司的判断。

绩效结果在员工福利中的量化应用主要是在公司福利中的应用，而非法定福利。它通常是以公司对绩效达到一定程度的优秀员工发放的额外福利的形式出现。

案例

某公司规定：连续2年绩效评定结果为A的员工，可以享受公司集体组织的出国旅游一次；连续5年绩效评定结果为A的员工，公司可以给员工发放一部分子女教育的学费补贴；连续8年绩效评定结果为A的员工，公司将奖励员工一份大额的终身医疗和意外保险。

如果公司设计了自助餐式的福利计划，可以将各种额外福利分配确定为福利分数值，然后由员工用获得的绩效分数兑换需要的福利项目。

案例

某公司规定员工每年的绩效结果可以兑换成员工个人的福利积分，具体兑换规则如表8-21所示。

表8-21　某公司员工年度绩效结果兑换个人福利积分规则

年度绩效结果	A	B	C	D
员工福利积分	100	80	50	0

员工个人福利积分可以兑换的福利示意如表8-22所示。

表8-22　某公司员工个人福利积分可兑换的福利示意表

福利类别	购物卡	补充 商业保险	体检卡	出国旅游	……
需要积分	50	100	150	300	……

8.5.4　绩效结果在员工荣誉中的量化应用

员工的激励离不开荣誉激励，物质层面的激励能够满足员工的物质需要，但是各类奖项、奖状、证书、奖杯等这些公司内部的荣誉给员工提供了精神层面的满足，能够更好地激励和激发出员工的创造力和积极性。

绩效结果可以和员工的荣誉管理相关联。绩效结果在员工荣誉管理中最常见的应用是把给员工的荣誉与绩效结果相关联。绩效结果越高，员工评优的机会就越多；绩效结果越差，员工评优的机会就越小。

绩效结果在员工荣誉管理中最常见的应用包括但不限于如下几项。

（1）发放奖状、证书或荣誉称号时根据绩效考核结果的高低排序。

（2）对为公司做出某项特殊贡献、绩效比较突出的员工给予通报表扬。

（3）内训讲师选拔时，选拔绩效水平较高的员工。

（4）由某员工主持发明创造出的产品或技术，以该员工的名字命名。

（5）公司定期举办员工技能比赛，绩效达到一定标准的员工可参加。

（6）绩效好的员工在绩效公示中获得一个好标识，不好的获得差标识。

案例

某生产型上市公司，在每年年底会评选出一批优秀团队和优秀员工。优秀团队和优秀员工的评选是参考当年绩效评定结果或绩效考核中的某些指标量化的评定得分，将评定分数由高到低排序后，得出优秀评选的最终结果。

其中，该公司对优秀团队的评选制定如下规则。

（1）生产管理优秀团队的评选规则如表8-23所示。

表8-23　生产管理优秀团队评选规则

绩效指标	权重
上年度客户索赔金额	30%
生产计划完成率	30%
产品一次性合格率	20%
投入产出比	20%

（2）技术开发优秀团队的评选规则如表8-24所示。

表8-24　技术开发优秀团队评选规则

绩效指标	权重
上年度产品开发一次性通过率	30%
上年度开发有效样品数量	25%
上年度开发样品成交金额	25%
开发样品按期完成率	20%

（3）产品销售优秀团队的评选规则如表8-25所示。

表8-25　产品销售优秀团队评选规则

绩效指标	权重
上年度销售增长比例	60%
销售货款回收率	20%
库存周转率	20%

优秀团队的评选样表如表8-26所示。

表8-26　某公司优秀团队评选样表

优秀团队		优秀团队负责人	
团队主要业绩			
推荐部门意见		签字： 年　月　日	

续表

分管领导意见		签字： 　　　　年　　月　　日
评选小组意见		签字： 　　　　年　　月　　日
总经理意见		签字： 　　　　年　　月　　日
备注		

其中，对优秀员工的评选制定如下规则。

（1）连续2年绩效评定结果为A或B。

（2）无任何违纪行为。

··········

该公司优秀员工的评选样表如表8-27所示。

表8-27　某公司优秀员工评选样表

姓　名		性　别		出生年月	
入职时间		所在单位		工作岗位	
学历		专业职称			
主要业绩及推荐理由					
推荐部门意见				签字： 　　　年　　月　　日	
分管领导意见				签字： 　　　年　　月　　日	
评选小组意见				签字： 　　　年　　月　　日	
总经理意见				签字： 　　　年　　月　　日	
备注					

☑ **实战案例**

强制绩效排序实施案例

某公司对难以用数据量化的各部门按照强制排序法进行排序。该公司为了保证排序的公正性，成立了一个3人组成的绩效评价小组。排序时，由该小组成员独立采取直接排序的方式对不同部门的被评价人进行排序。

综合汇总不同评价人的排序结果，计算3位评价人的排名之和后取平均值。平均值越小，代表排名越靠前；平均值越大，代表排名越靠后。最后，得出最终排序结果。

其中，对该公司某部门甲、乙、丙、丁四名员工的主观强制排序结果如表8-28所示。

表8-28 某公司某部门主观强制排序结果示意表

姓名	评价人1	评价人2	评价人3	汇总平均	最终排序
甲	1	2	1	1.3	1
乙	2	1	3	2.0	2
丙	3	3	2	2.7	3
丁	4	4	4	4	4

注：表8-28中的数字代表排序，数字越小代表排序越靠前。

在实际应用中，为保证主观性强制排序法的准确性和可靠性，公司可以要求岗位评价人员对被评价人员进行多维度的评价。比较常见的评价维度包括个人品质、工作态度、知识水平、团队意识、执行力、能力水平、工作绩效结果等方面。

如果需要，公司可以对评价维度中的各项指标进行权重划分，例如某公司选取个人品质、行为态度、业务能力、工作成效四项为评价依据，对各项的定义和占比如表8-29所示。

表8-29 员工分维度评分样表

个人品质 权重20%	行为态度 权重20%	业务能力 权重30%	工作成效 权重30%
正面：品行端正、以身作则、责任心强、言行一致、坚持原则、具备团队精神和奉献精神等； 负面：言行不一、推卸责任、个人主义等	正面：爱岗敬业、顾全大局、遵纪守法、积极主动、勇于创新、勇于担当等； 负面：投机取巧、不按时打卡上班、消极怠工、无故离开工作岗位等	正面：精通业务、有领导力和执行力、有沟通协调能力、有逻辑思维能力、工作思路清晰、有学习能力和理解能力、有创新能力等； 负面：业务、管理能力差，眼高手低、缺乏沟通、不思进取等	正面：实现部门价值、与其他部门密切配合、决策准确、合理分工等； 负面：只顾自己、不配合其他部门工作、无法按时保质保量的完成工作任务等

设置评分表时需要注意，由于个人主观评分的特点，评分项不宜设置得过多，一

般以不超过 5 项为宜。如果设置的项过多，评价人在评分时可能会感到过于复杂、思维混乱，而且主观评价中分项的增加实际上并不能提高准确度。

利用这种方法，该公司的 3 人绩效评价小组对该部门甲、乙、丙、丁 4 名员工重新进行了评分和排序。

评价人 1 对四名员工打分和排序的结果如表 8-30 所示。

表 8-30　评价人 1 对某部门四名员工评价结果汇总

姓名	个人品质 权重20%	行为态度 权重20%	业务能力 权重30%	工作成效 权重30%	得分	排序
甲	15	14	24	22	75	3
乙	17	16	25	24	82	2
丙	18	19	26	28	91	1
丁	12	15	22	21	70	4

注：表 8-30 中最后一列数字代表排序，其他数字代表分数。

评价人 2 对四名员工打分和排序的结果如表 8-31 所示。

表 8-31　评价人 2 对某部门四名员工评价结果汇总

姓名	个人品质 权重20%	行为态度 权重20%	业务能力 权重30%	工作成效 权重30%	得分	排序
甲	14	13	21	21	69	4
乙	16	16	23	22	77	2
丙	19	19	25	27	90	1
丁	14	14	22	21	71	3

注：表 8-31 中最后一列数字代表排序，其他数字代表分数。

评价人 3 对四名员工打分和排序的结果如表 8-32 所示。

表 8-32　评价人 3 对某部门四名员工评价结果汇总

姓名	个人品质 权重20%	行为态度 权重20%	业务能力 权重30%	工作成效 权重30%	得分	排序
甲	15	15	22	23	75	3
乙	17	17	25	24	83	2
丙	19	19	27	28	93	1
丁	15	15	22	22	74	4

注：表 8-32 中最后一列数字代表排序，其他数字代表分数。

综合3位评价人的评价结果，汇总后得出的结果如表8-33所示。

表8-33 3位评价人的评价结果汇总表

姓名	评价人1排序	评价人2排序	评价人3排序	汇总平均	最终排序
甲	3	4	3	3.33	3
乙	2	2	2	2.00	2
丙	1	1	1	1.00	1
丁	4	3	4	3.67	4

注：表8-33中的数字代表排序，数字越小代表排序越靠前。

表8-33　3 级结构人员满意度调查表

第9章
员工关系管理中的量化
管理与数据分析方法

　　员工关系管理能够加强公司与员工之间的沟通，能够缓解公司与员工个体之间的矛盾冲突，能够帮助员工更好地平衡工作和生活，从而对劳动关系产生积极的影响，增强员工的绩效。常用的员工关系管理相关量化分析包括员工满意度调查量化分析、员工合理化建议量化分析、员工工伤情况量化分析、员工投诉情况量化分析、劳动争议情况量化分析。

9.1　员工满意度调查及其量化分析

员工满意度调查是广泛听取员工意见并激发员工参与管理热情的一种方式，是公司预防和监控的一种手段，也是公司管理在员工心态和行为上的量化体现。通过员工满意度调查，可以捕捉员工思想，收集到员工对改善公司经营管理的意见和要求，同时激发员工参与组织变革的积极性，提升员工对组织的认同感和忠诚度，为公司人力资源管理决策和改善提供有效的依据。

9.1.1　员工满意度调查的操作方法

员工满意度调查的操作方法一般是通过发放和回收调查问卷，并通过对调查问卷的统计分析，查找和改进公司的不足项。员工满意度的调查问卷如表 9-1 所示。

表 9-1　员工满意度调查样表

您好：

感谢您参加本次员工满意度调查工作，本次调查工作旨在了解员工的需求，便于公司更好地服务员工，创建更适合员工发展的公司文化和工作氛围。我们希望了解您的真实想法，真诚感谢您的积极参与配合，谢谢！

本次调查为匿名调查，任何信息都将严格保密，请您放心作答。

请您在选择的答案前的"□"中画"√"。

您的性别：□男　　□女

您的年龄：□ 30 岁以下　　□ 30 岁～40 岁　　□ 41 岁～50 岁　　□ 50 岁以上

您的职务：□总监及以上　　□经理／副经理　　□主管／副主管　　□员工

类别	项目	满意度
工作时间	您对上下班时间安排是否满意？	□满意　□不满意　□折中
	您对休假的安排是否满意？	□满意　□不满意　□折中
	您是否能够经常按时下班？	□满意　□不满意　□折中
	您是否能够或愿意接受加班？	□满意　□不满意　□折中

类别	项目	满意度
工作环境	您对于工作场所的环境温度、湿度是否满意？	□满意 □不满意 □折中
	您对于工作场所的光线、通风状况是否满意？	□满意 □不满意 □折中
	您对工作场所的噪声情况是否满意？	□满意 □不满意 □折中
	您对工作场所的清洁情况是否满意？	□满意 □不满意 □折中
	您对工作的出差情况是否满意？	□满意 □不满意 □折中
	您对工作中用到的工具和设施是否满意？	□满意 □不满意 □折中
	您对工作中提供的劳动保护用品是否满意？	□满意 □不满意 □折中
工作感受	您对当前的工作量是否满意？	□满意 □不满意 □折中
	您对当前工作耗费自己的体力或精力是否满意？	□满意 □不满意 □折中
	你对当前工作产生的意义和价值是否满意？	□满意 □不满意 □折中
	您对当前工作中产生的愉悦感是否满意？	□满意 □不满意 □折中
	您对当前工作与领导之间的关系是否满意？	□满意 □不满意 □折中
	您对当前工作与同事之间的关系是否满意？	□满意 □不满意 □折中
	您对当前工作给您带来的压力与挑战是否满意？	□满意 □不满意 □折中
薪酬福利	您对当前工资是否满意？	□满意 □不满意 □折中
	您对公司告知工资明细的方式是否满意？	□满意 □不满意 □折中
	您对福利发放的种类和形式是否满意？	□满意 □不满意 □折中
	您对工资、节假日福利发放的时间是否满意？	□满意 □不满意 □折中
晋升空间	您对所在岗位的晋升通道是否满意？	□满意 □不满意 □折中
	您对公司提供的职业发展和晋升方式是否满意？	□满意 □不满意 □折中
	您对公司晋升需要的时间是否满意？	□满意 □不满意 □折中
	您对所在部门领导对您晋升给予的支持是否满意？	□满意 □不满意 □折中
学习机会	您对当前能接受的岗位业务或管理技能培训是否满意？	□满意 □不满意 □折中
	您对公司能够提供的外出学习和培训机会是否满意？	□满意 □不满意 □折中
	您对公司的培训管理制度是否满意？	□满意 □不满意 □折中
领导方式	您对自己的直属上级是否满意？	□满意 □不满意 □折中
	您对自己直属上级处理问题的能力是否满意？	□满意 □不满意 □折中
	您对自己直属上级工作安排的能力是否满意？	□满意 □不满意 □折中
	您对自己直属上级上传下达的能力是否满意？	□满意 □不满意 □折中
	您对自己直属上级公平公正的态度是否满意？	□满意 □不满意 □折中
	您对自己直属上级以身作则的态度是否满意？	□满意 □不满意 □折中
	您对自己参与决策的程度是否满意？	□满意 □不满意 □折中

续表

类别	项目	满意度
生活保障	您对公司的用餐质量及服务是否满意?	□满意　□不满意　□折中
	您对宿舍的环境及服务是否满意?	□满意　□不满意　□折中
	您对公司提供的休闲娱乐设施是否满意?	□满意　□不满意　□折中
	您对公司组织的各类文体活动是否满意?	□满意　□不满意　□折中

对于上述问卷中的事项,您有哪些期望补充的内容?

您还有哪些上述问卷中没有提到的不满意的事项?

您对公司有哪些意见或建议?

为保证员工满意度调查实施的准确性和结果的可靠性,人力资源管理者在对员工实施满意度调查的过程中,要注意如下三点。

1. 确保问卷的匿名进行

有些公司在实施员工满意度调查的过程中对外宣传是匿名的,实际上却在想尽办法弄清楚每一份问卷究竟是谁填的。公司的这种做法必然引起员工的警觉,人为地造成公司和员工的对立,结果是没有员工愿意通过满意度调查反映真实心声。

2. 设计有针对性的问卷

不同行业、不同部门、不同岗位,员工满意度的侧重点是不同的。比如对于一些公司的客服类岗位,可能需要特别注意他们的工作感受,对于一些公司的技术类岗位,需要特别注意他们的学习机会,还有对于一些公司的生产类岗位,要特别注意他们的工作环境。所以应当根据情况和需要有针对性地设计员工的满意度调查问卷,而不能一概而论。

3. 调查过程的平易近人

不论是问卷调查中语言的语气,还是人力资源管理者在正式实施员工满意度调查时的态度,都要注意平易近人,不应采用官方的、高高在上的语气。员工心里感觉到温暖,才有可能认真对待这件事。如果不注意,可能会增加员工的抵触情绪,员工要么是拒绝给出反馈,要么是应付了事。

9.1.2　员工满意度调查的量化分析

对员工满意度调查的分析要考虑问卷的设计,如果是针对不同的人群采取不同的调查问卷,那么分析时应当针对不同问卷的人群分别进行分析。要注意不同人群之间的可比性，不应一概而论地交叉比较。

对于填写同一类问卷的人群，可以按照满意度调查问卷中的"类别"进行分析。当发现满意度最低的前三个"类别"后，针对类别中不同"项目"的满意度做进一步的分析。发现较低分数的满意度项目后，针对该项目对应的情况，做进一步的实地调研分析，从而得出结论。

人力资源管理者也可以直接按照"项目"分析。找到满意度最低的三个项目后，直接针对这三个项目做实地调研分析，从而得出改进结论。

比如某公司有甲、乙、丙三家子公司，对三家子公司进行员工满意度调查之后，根据满意度调查问卷的"类别"实施统计，得出的结论如表 9-2 所示。

表 9-2　某公司各子公司员工满意度调查分析表

子公司 类别	甲公司满意度	乙公司满意度	丙公司满意度	整体
工作时间	95%	76%	93%	88%
工作环境	94%	75%	86%	85%
工作感受	96%	79%	88%	88%
薪酬福利	79%	90%	75%	81%
晋升空间	80%	89%	89%	86%
学习机会	85%	91%	89%	88%
领导方式	92%	98%	76%	89%
生活保障	91%	96%	79%	89%
整体	89%	87%	84%	87%

根据表 9-2 中的数据，三家分公司之间整体比较，员工满意度最高的是甲公司，但是其与乙公司和丙公司之间的满意度数值的差异不大。

在员工满意度的类别上，整体满意度最低的三个类别分别是薪酬福利、工作环境、晋升空间。各类别之间数值的差异也并不大。

甲公司满意度最低的三个类别分别是薪酬福利、晋升空间和学习机会，乙公司满意度最低的三个类别分别是工作环境、工作时间和工作感受，丙公司满意度最低的三个类别分别是薪酬福利、领导方式和生活保障。

该公司总部人力资源管理者如果想分别协助甲、乙、丙三家子公司改善员工满意度情况，应当分别了解这三家公司员工满意度比较低的类别。针对满意度较低的类别，要进一步进行有针对性的调研，找到问题根源，探讨解决方案，形成调研报告，报决策层审批后实施。

如果三家子公司之间具备一定的可比性，则三家子公司之间可以针对满意度的差异相互借鉴和交流经验。

9.2　员工敬业度调查及其量化分析

对员工满意度的调查和分析很多企业都会做，然而员工敬业度调查却是被许多企业忽略的。员工敬业度与员工满意度的含义不同，它是要了解员工对企业的归属感、对工作的积极性和对岗位的责任感。

员工的满意度能够增加员工的敬业度，但却不是增加员工敬业度的唯一方式。员工的敬业度高低与员工的目标和价值观有很大关系，有的员工期望在职业上获得比较好的发展，有的员工期望薪酬有所增加，有的员工期望生活和工作获得平衡。当员工的期望得到满足时，员工获得成功，员工的满意度和敬业度都将会提高。

企业期望发展，期望核心竞争力获得提高，期望实现组织目标，期望获得财务上的价值，需要根据市场状况调整自身的组织方式。当企业的期望获得满足时，企业获得成功，这时候，员工达到对企业的高贡献度。

9.2.1　员工敬业度调查的操作方法

实施员工敬业度调查时可以参考盖洛普（Gallup）员工敬业度调查的方法论，将员工敬业度的调查问卷分成了 12 个问题，每个问题的最高分为 5 分，最低分为 1 分。员工敬业度调查问卷如表 9-3 所示。

表 9-3　员工敬业度调查问卷

序号	问题	完全同意	比较同意	一般	不太同意	完全不同意
1	我很清楚企业对我工作的具体要求	5	4	3	2	1
2	我身边有做好我工作所需要的全部资源	5	4	3	2	1
3	我每天都有机会做我擅长做的工作	5	4	3	2	1
4	在过去的 7 天之内，我曾经因为工作出色而受到了表扬	5	4	3	2	1
5	我的上级领导和周围的同事关心我的个人情况	5	4	3	2	1
6	我的上级领导和周围的同事鼓励我的个人发展	5	4	3	2	1
7	我的意见在工作中能够受到重视	5	4	3	2	1
8	我因为企业的目标或使命而感觉到自己工作的重要性	5	4	3	2	1

序号	问题	完全同意	比较同意	一般	不太同意	完全不同意
9	我的同事们都在努力做出高质量的工作	5	4	3	2	1
10	企业中有一位同事是我最要好的朋友	5	4	3	2	1
11	在过去的6个月里，企业有人曾经和我谈起过我的进步	5	4	3	2	1
12	在过去的1年里，我有机会在工作中获得学习成长	5	4	3	2	1

其他方面意见和建议：

非常感谢您参与调查，祝你工作顺利，万事如意！

上表问卷中的12个问题分别对应着企业关注的4种不同领域，分别是员工的基本需求、管理层对员工的支持、员工的团队协作和员工的发展问题，对应情况如表9-4所示。

表9-4 员工敬业度调查问卷与关注领域对应情况

序号	问题	关注领域
1	我很清楚企业对我工作的具体要求	员工的基本需求
2	我身边有做好我工作所需要的全部资源	
3	我每天都有机会做我擅长做的工作	管理层对员工的支持
4	在过去的7天之内，我曾经因为工作出色而受到了表扬	
5	我的上级领导和周围的同事关心我的个人情况	
6	我的上级领导和周围的同事鼓励我的个人发展	
7	我的意见在工作中能够受到重视	员工的团队协作
8	我因为企业的目标或使命而感觉到自己工作的重要性	
9	我的同事们都在努力做出高质量的工作	
10	企业中有一位同事是我最要好的朋友	
11	在过去的6个月里，企业有人曾经和我谈起过我的进步	员工的发展问题
12	在过去的1年里，我有机会在工作中获得学习成长	

根据员工敬业度的调查结果，企业可以把员工的敬业度类型分成3类，分别是敬业员工、从业员工和怠工员工。

员工敬业度比较高的员工是敬业员工，指的是工作效率比较高，对企业比较忠诚，愿意在企业长期工作，有责任意识和主人意识，工作环境提供的大部分条件都能满足其工作需求的员工。

员工敬业度处在中等水平的是从业员工，指的是员工虽然有一定的工作效率，但是对企业不够忠诚，缺乏认同感，缺乏责任意识，容易缺勤，工作环境提供的条件只能满足其部分的工作需求的员工。

员工敬业度比较低的是怠工员工，指的是员工工作效率比较低，对企业不忠诚，对企业不满意，同时还可能会散布这种不满，工作环境提供的条件基本不能满足其工作需求的员工。

9.2.2　员工敬业度调查的量化分析

高敬业度的员工不一定能够为企业带来更高的贡献度，敬业度是员工个体的主观努力，贡献度是企业层面的客观评价。如果单纯研究员工的敬业度，有可能不能直接体现出对企业的价值。要体现出员工对企业的价值，还要看员工对企业的贡献度。

绩效评价结果就是员工对企业贡献度的一种体现，除此之外，企业可以以部门为单位，通过强制排序法或强制分步法，直接评价不同员工对企业的贡献度大小。

根据员工敬业度和贡献度的不同，企业可以把所有员工分成5类，如图9-1所示。

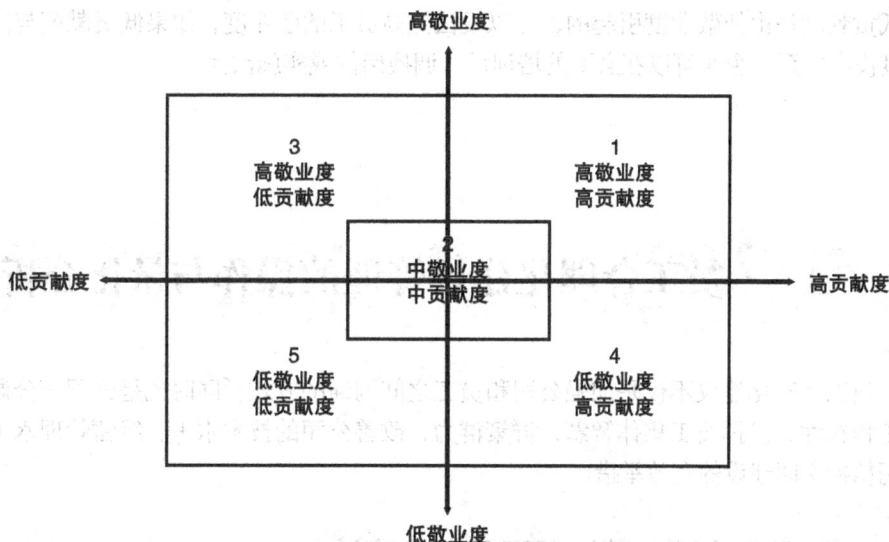

图9-1　员工敬业度和贡献度分类模型

1.高敬业度，高贡献度

这类员工是企业的明星员工，企业应当重点关注他们。对于这类员工，企业可以给他们提供更多的薪酬奖励、更多样的福利选择和更广阔的职业发展，进一步提高他们的敬业度和贡献度，让他们为企业承担更大的责任，创造更大的价值。

2.中敬业度，中贡献度

这类员工是企业的骨干力量，他们可能勤勤恳恳，但业绩平平。对于这类员工，企业可以了解他们的需求，首先尝试提高他们的敬业度，当他们的敬业度提高之后，看他们的贡献度是否得到提高。如果贡献度没有提高，可以进一步对他们实施培训。

3. 高敬业度，低贡献度

这类员工拥有比较高的敬业度，却没有高的贡献度，产生这种情况的原因可能是员工的能力水平较差，这时候企业可以对他们进行能力培训；可能是员工所在的岗位不利于其发挥能力，这时候企业可以对他们实施调岗；可能是员工所处的环境让其难以发挥能力，这时候，企业可以为员工塑造更好的环境；可能是员工没有足够的资源，这时候，企业可以为员工提供资源。

4. 低敬业度，高贡献度

这类员工的高贡献度并没有受低敬业度的干扰，这可能是因为这类员工的能力比较强，如果他们的敬业度提高，将会获得更高的贡献度；也可能是因为这类员工所在的岗位不需要付出太多努力就能获得高贡献度；还可能是因为贡献度评估的标准存在问题，员工的实际贡献度并不高，评价结果却是高的。

5. 低敬业度，低贡献度

对于这类员工，企业可以审视员工的低贡献度与低敬业度之间是否存在联系。如果低贡献度是由低敬业度引起的，可以设法提高员工的敬业度；如果低贡献度与低敬业度没有联系，企业可以在必要的培训后，调换岗位或实施汰换。

9.3 员工合理化建议管理的操作与量化分析

员工合理化建议不仅是加强公司和员工之间沟通的方式，同时也是公司充分调动员工积极性，发挥员工集体智慧，群策群力，改善公司的技术水平、经营管理水平和公司精神文明建设的有效举措。

9.3.1 员工合理化建议管理的操作方法

合理化建议的征集方式不应过于单一，员工最好可以直接利用邮件、微信、在线系统等方式填写合理化建议的申报表，并提交至人力资源部。一线员工也可以直接报给部门领导，由部门领导统一为员工申报。合理化建议的征集样表如表9-5所示。

表9-5　合理化建议申报表

建议人		职位		所在部门		提案日期	
建议名称							
建议类别（请打√）	销售提高		技术改进		风险管控		建议实施部门
	成本降低		制度改进		其他		
现状分析							
改进措施及预期结果							
关联部门意见							
评审小组意见							
总经理意见							

　　人力资源管理者在接到合理化建议后，首先应初步审查把关，建议中应当包含如下内容。

　　➤ 说清楚建议事由、原因及其作用、目的、意义；

　　➤ 说清楚原有缺失，即在建议未提出前，原有情形的缺陷及缺陷程度；

　　➤ 详细说明改进建议及具体办法，包括措施及实施步骤等；

　　➤ 要阐述预期效果，详细说明建议采用后可能获得的成就，包括提高效率、简化作业、消除危害、节省开支、增加销售、保证质量、创造利润等方面的内容；

　　➤ 如果建议需要公司在人力、物力、财力及时间上有较大的投入，则必须有投入产出分析报告及经济、技术可行性论证的详细资料。

　　建议的申报内容如果只偏重于批评，而无具体的改进内容，或不签真实姓名和部门的，人力资源管理者可以认为内容不符合要求，不予交付审议。人力资源管理者对初步审议合格的建议，可以提交至合理化建议评审小组进行审议。评审小组收到建议后，经过评议，按评议结果进行如下处理。

➤ 如果评审小组认为该建议的设计不科学，采纳价值不大，或不具备实施条件，投入风险太大，则应给予否决，由人力资源管理者通知建议人；

➤ 如果建议经评审小组确认合理、科学、有价值、理由充分、方案严谨，经评审小组签字同意后进行公示表扬并予以实施；

➤ 定期将所有已被采纳的合理化建议交由评审小组进行评选，选出一段时期内最佳建议提案并予以奖励。

审议合理化建议的注意事项如下。

➤ 要注意建议的客观性及具体性，即要求建议人把现状真实地反映出来，以事实和数据说话；

➤ 要注意把握问题原因的准确性，即要求建议人把问题发生的主要原因找出来；

➤ 要注意解决问题的可行性，即要求建议人针对问题发生的主要原因，提出具体的改善对策，也就是提出解决问题的具体方法，只提问题不提解决办法的建议视为无效建议；

➤ 要注意改善的绩效性，一切建议都以绩效为导向，绩效不一定是以金钱去衡量，它是一个综合性指标，它的判定标准是能促使公司向越来越好的方向发展。

9.3.2 员工合理化建议的量化分析

公司对于员工合理化建议常用的分析角度有三种，分别是员工合理化建议的质量分析、数量分析和集中度分析。

1. 质量分析

员工合理化建议的质量分析可以分成三个方面，一是人力资源管理者针对员工提出合理化建议本身质量的评判，二是人力资源管理者操作合理化建议工作的质量分析，三是合理化建议对公司经营管理工作改善程度的分析。这三方面的分析既可以侧重于量化分析，也可以偏重于主观评价分析。

（1）员工提出合理化建议的质量，体现了员工对合理化建议工作的理解和重视程度，体现了员工对日常工作的观察和思考程度。可以用员工合理化建议质量合格率来表示员工合理化建议的提出质量，其公式如下。

员工合理化建议质量合格率 = 质量合格的员工合理化建议数量 ÷ 员工合理化建议的总数量 ×100%。

（2）人力资源管理者操作合理化建议工作的质量，体现了管理工作运行的质量。这项分析可以用管理体系认证中的工作质量分析方法，可以用公司个性化的工作质量评判方法，也可以由相关管理者实施主观的评价。

（3）合理化建议对公司经营管理工作的改善程度体现了合理化建议的工作成果。这项分析可以通过关于合理化建议实施后员工满意度的变化来体现，可以通过某项业绩的变化来体现，也可以由相关管理者实施主观的评价。

2. 数量分析

对员工合理化建议的数量分析主要是查找员工合理化建议的数量和比率比较集中的公司、部门、流程或领域，针对员工提出合理化建议的集中性做实地考察和深入分析，找到问题根源，从根本上解决问题，而不是头疼医头、脚疼医脚地进行改善。

9.4 工伤情况的量化分析

工伤是工作中受到伤害的简称，指的是员工因实施生产劳动，由外部因素作用而引起机体组织的突发性意外损伤。工伤不仅会给员工及其家人带来痛苦和身心伤害，而且会提高公司的用工成本，降低用工效率，所以工伤事故是公司、员工的家人和员工本人都不愿意其发生的。公司应当采取一系列措施避免或减少工伤事件的发生。

9.4.1 工伤统计的记录方法

工伤统计记录是工伤事故分析的基础数据，记录工具如表9-6所示。

表9-6　工伤统计记录工具表　　　　金额单位：元

序号	所在公司	所在部门	姓名	发生时间	发生地点	工伤经过	工伤原因分析	鉴定等级	医药费用	公司赔付金额	备注
1											
2											
3											

工伤统计需要注意如下原则。

（1）实事求是原则。人力资源管理者要以客观事实为依据，客观地记录工伤事故的发生情况。对工伤事故进行统计是为了后续查找问题并实施改进，如果对工伤信息统计不全，则下一步的改进将失去依据。

（2）及时记录原则。工伤事故发生后，人力资源管理者在处理事故的过程中就应当完成工伤统计的记录，而不是等事故全部处理完后再记录，以免出现信息的遗忘，进一步提高信息的准确性。

（3）实地调研原则。人力资源管理者对工伤的调研和记录不能"道听途说"，也不能"纸上谈兵"。丰田公司的精益生产方法论说"现场有一切问题的答案"。如果工伤事故发生在公司内部，务必要到事故现场调研和访谈。

9.4.2 工伤情况的量化分析

某段时期公司内各子公司 / 部门发生工伤情况的统计如表 9-7 所示。

表 9-7 工伤情况统计表   金额单位：元

公司	部门	员工总人数	发生工伤总件数	工伤发生比率	生产或操作事故引起的工伤数	生产或操作事故引起的工伤比率	伤残鉴定评级工伤数	已处理评级工伤数	公司赔付金额	备注

其中，工伤发生比率＝某段时期发生工伤的件数 ÷ 该时期员工总人数 ×100%。

某段时期生产或操作事故引起的工伤比率＝某段时期生产或操作事故引起的工伤数 ÷ 该时期发生工伤总件数 ×100%。

通过对某段时期公司各子公司 / 部门发生工伤情况的统计分析，能够看出各子公司 / 各部门之间发生工伤的数量、生产或操作事故引起的工伤比率、伤残鉴定评级工伤的数量和公司赔付金额的横向比较情况。

一般来说，生产或操作事故引起的工伤比率越高，代表该公司 / 部门越需要加强对工伤事件的防范意识和管理方法。人力资源管理者应当重点关注和调研生产或操作事故引起工伤比率较高的公司 / 部门，查找原因，并帮助其在未来的运营中减少工伤事件的数量。

对公司内各子公司 / 部门发生工伤逐年变化情况统计如表 9-8 所示。

表 9-8 工伤逐年变化情况统计表

公司	部门	20×1年总人数	20×1年发生工伤的件数	20×1年工伤发生比率	20×2年总人数	20×2年发生工伤的件数	20×2年工伤发生比率	20×3年总人数	20×3年发生工伤的件数	20×3年工伤发生比率

通过对各子公司 / 部门发生工伤逐年变化情况的分析，人力资源管理者能够分析

出不同的子公司／部门工伤数量和比例的变化情况，能够看出哪些子公司／部门对工伤事故的管理和控制有进步，哪些能够保持稳定，哪些有退步的趋势。

9.4.3　如何减少工伤事故

公司为减少工伤事故发生可以做出的努力包括如下内容。

（1）加强员工培训，尤其是新员工培训，强化员工安全意识，提高自我保护能力。

（2）完善科学的管理制度，实行安全生产责任制，落实各项安全生产防护措施。

（3）配备并及时发放足量、有效的劳动保护用品，尤其是对一些安全隐患高的岗位。

（4）对员工的岗位和排班合理安排，注意员工的身心承受能力，劳逸结合。

（5）定期检测和维护公司的生产设备，防止因生产设备问题引发人身伤害事故。

为了减少工伤事故给员工和公司带来的损失，公司除了应当参与法律规定的工伤保险外，还可以为员工购买补充保险。针对一些安全隐患较高的岗位，可以适当为员工购买补充的意外伤害商业保险。一旦发生安全事故，这类保险可以有效分担公司和员工的经济负担。

9.5　员工投诉管理的操作与量化分析

有人的地方就免不了会有人际交往中的摩擦，有了摩擦就免不了会有投诉。有员工投诉并不可怕，人力资源部作为投诉的接待方，只要本着负责任的态度来应对，妥善解决投诉、查找问题原因并采取行动，就能避免以后再次发生这类投诉。

9.5.1　员工投诉的处理流程

人力资源管理者处理员工投诉的基本流程如下。

1. 投诉受理

（1）建立恰当的投诉沟通渠道，并公布于众。这就好比商场里设置的"客服中心"，医院里设置的"医患办公室"。如果没有正规的投诉渠道，员工可能会选择比较极端的手段，给公司造成不良的影响。

（2）接到投诉后，要明确告知投诉者反馈的时间，尤其是当收到匿名投诉的群发邮件时，或者是看到论坛中公示的投诉贴时，要第一时间让投诉者知道，相关部门已经获悉投诉内容，会马上着手处理。

（3）客观了解员工的投诉要点，要多听、少说，同时引导对方尽量多地表达意见、反映问题。不说判断性的语言，不要妄加评论；可以适当说一些表示理解和安慰的语言。不问封闭式的问题，比如是不是、行不行、好不好等；多问一些开放式的问题，比如是什么样的、是怎么回事、你怎么看等。

（4）做好投诉记录，包括投诉的详细情况，比如投诉时间、投诉地点、投诉人、投诉对象、投诉的关键事件、投诉的目标等。

2. 弄清楚投诉的动机

（1）员工为什么要投诉？他的目的是什么？

（2）员工投诉的到底是什么？对什么不满意？是对公司不满意，还是对个别人不满意？是对某件事不满意，还是对整个工作都不满意？是对过程不满意，还是对结果不满意？

（3）员工投诉是想要达成什么样的目标？想要达到什么样的结果？

3. 投诉调查

（1）应做到对事不对人，客观调查，不要有"理应"的想法，不要加入主观判断，不要掺杂个人的价值观。

（2）找出发生该问题的原因是关键，比如，是公司的流程制度出了问题，还是管理者的沟通出了问题？是管理者的技能问题，还是情绪问题？

（3）调查要严格保密，避免在公共场合或向第三方发表对投诉者与被调查者的评判性或带有个人情绪色彩的言辞。

4. 投诉处理

（1）将调查结果向有关领导汇报，研讨出处理结果。

（2）告知员工调查和处理结果，告知产生问题的原因。

（3）争取投诉员工的理解和认同。

5. 评估反馈

（1）准确找到投诉发生背后的深层次原因，比如公司文化、用人机制等。

（2）评估类似投诉再次发生的可能性。

（3）评估从管理上做出改变的必要性。

（4）形成一份具备可实施性或可行性的整改报告。

6. 整改检查

（1）将领导审批后的整改报告报送到相应部门，由相关部门执行相应的整改方案。

（2）定期检查和评估整改情况。

（3）形成整改报告，报送有关领导。

员工投诉记录如表9-9所示。

表9-9 员工投诉记录表

投诉人部门		投诉人岗位	
投诉人姓名		投诉人入职时间	
投诉人联系方式		投诉时间	
员工投诉对象		投诉事由及内容	
员工诉求		投诉调查结果	
投诉处理结论		整改检查措施	
投诉反馈时间		投诉受理人	
相关领导意见			

9.5.2 员工投诉情况的量化分析

对员工投诉情况进行分析的目的是查找公司存在哪些管理方面的问题，人力资源管理者可以通过有针对性地聚焦和改善问题，提高员工的满意度，减少员工投诉比率。

对某段时期公司内各子公司/部门员工投诉情况的分析如表9-10所示。

表9-10 员工投诉情况分析表

公司	部门	员工总人数	员工投诉件数	员工投诉比率	员工投诉排第1的问题类别	员工投诉排第2的问题类别	员工投诉排第3的问题类别

其中，某段时期员工投诉比率 = 该时期员工投诉件数 ÷ 该时期员工总人数 × 100%。

通过对某段时期公司各子公司/部门发生投诉情况的统计分析，能够看出各子公司/各部门之间的员工投诉比率、员工投诉排前三位的问题类别的横向比较情况。

针对员工投诉排前三位的问题，各子公司/部门可以自查问题，采取措施。对于员工投诉比率长时间居高不下、员工投诉排名比较靠前的问题，人力资源管理者也可以协助各子公司/部门查找问题根源，采取行动。

对公司内各子公司/部门员工投诉逐年变化情况的分析如表9-11所示。

表 9-11　员工投诉逐年变化情况统计表

公司	部门	20×1年总人数	20×1年员工投诉件数	20×1年员工投诉比率	20×2年总人数	20×2年员工投诉件数	20×2年员工投诉比率	20×3年总人数	20×3年员工投诉件数	20×3年员工投诉比率

通过对各子公司／部门员工投诉逐年变化情况的分析，人力资源管理者能够分析出不同的子公司／部门员工投诉数量和比例的变化情况，能够看出哪些子公司／部门在减少员工投诉方面的管理有所进步，哪些能够保持稳定，哪些有退步的趋势。

9.6　劳动争议管理的操作与量化分析

劳动争议是指劳动关系中的双方因雇佣关系、薪酬待遇、工作时间等条件的主张不一致而产生的纠纷。与一般的诉讼案件不同，劳动争议案件在法律程序上是仲裁前置，必须先申请劳动仲裁。公司为构建和谐的劳动关系，稳定运营，应当减少劳动争议的数量。

9.6.1　劳动争议管理的操作流程

《中华人民共和国劳动法》（2018 年 12 月 29 日修订版，以下简称《劳动法》）第七十七条规定："用人单位与劳动者发生劳动争议，当事人可以依法申请调解、仲裁、提起诉讼，也可以协商解决。"

第七十九条规定："劳动争议发生后，当事人可以向本单位劳动争议调解委员会申请调解；调解不成，当事人一方要求仲裁的，可以向劳动争议仲裁委员会申请仲裁。当事人一方也可以直接向劳动争议仲裁委员申请仲裁。对仲裁裁决不服的，可以向人民法院提起诉讼。"

我国劳动争议的处理程序可以概括为"一调一裁两审"，与此相应的机构分别是用人单位设立的劳动争议调解委员会、劳动争议仲裁委员会以及人民法院。根据《劳动法》的规定，劳动者与用人单位可以按照以下顺序解决劳动争议。

1. 协商和解

协商程序指的是用人单位与劳动者就存在劳动争议的问题直接进行协商，并寻找彼此共同认可的解决方案。与其他纠纷不同，劳动争议的当事人一方是职工，一方是用人单位，通常双方彼此之间已经有一定的了解，所以发生纠纷后最好的解决方式是直接协商。当然，协商程序并不是处理劳动争议的必经程序，劳动双方出于平等自愿的原则，可协商，也可不协商。

2. 申请调解

《劳动法》第八十条规定："在用人单位内，可以设立劳动争议调解委员会。劳动争议调解委员会由职工代表、用人单位代表和工会代表组成。劳动争议调解委员会主任由工会代表担任。劳动争议经调解达成协议的，当事人应当履行。"

调解程序指的是发生劳动纠纷双方当事人就存在劳动争议的问题向用人单位设立的劳动争议调解委员会申请调解的程序。劳动争议调解委员会的成员一般具备相关法律知识和一定的组织协调能力，有利于劳动纠纷的处理和解决。

另外，调解程序与协商程序一样，也不是必需的程序，双方可以自愿选择。即便双方就劳动争议达成调解协议，也不代表该协议具有强制执行力，若劳动双方任何一方反悔，同样可以向仲裁机构申请劳动仲裁。

3. 仲裁程序

仲裁程序是劳动争议中一方当事人将纠纷提交劳动争议仲裁委员会进行处理的程序。该程序是解决劳动争议的重要手段，既具有劳动争议调解程序快捷灵活的特点，又具备强制执行的法律效力。

劳动争议仲裁委员会是国家授权、依法独立处理劳动争议案件的机构。申请劳动仲裁程序是提起诉讼的前置程序，即如果劳资双方的某一方当事人想提起诉讼，必须先经过劳动仲裁程序，不能直接向人民法院提起诉讼。

4. 诉讼程序

《劳动法》第八十三条规定："劳动争议当事人对仲裁裁决不服的，可以自收到仲裁裁决书之日起十五日内向人民法院提起诉讼。一方当事人在法定期限内不起诉又不履行仲裁裁决的，另一方当事人可以申请人民法院强制执行。"

诉讼程序指的是劳动争议中一方当事人将纠纷提交至人民法院进行处理的程序。诉讼程序的启动是有条件的，即如果某一方当事人不服劳动争议仲裁委员会的裁决，才可以向人民法院提起诉讼。诉讼程序具有较强的法律性、程序性，做出的判决也具有强制执行力。

《中华人民共和国民事诉讼法》（2021 年 12 月 24 日修改，2022 年 1 月 1 日起实施）第十条规定，人民法院审理民事案件，依照法律规定实行合议、回避、公开审判和两审终审制度。所谓两审终审制度是指某一案件经过两级人民法院审判后即告终结的制度。

如果存在劳动争议的双方当事人的其中一方对人民法院一审判决的结果不服，可以在法定期限内，向上一级的法院提起上诉。上一级法院有权受理针对下一级法院第一审判决或裁定不服的上诉或抗诉，有权经过对第二审案件的审理，改变或维持第一审法院的判决或裁定。这时，上级法院的第二审判决、裁定，就是终审判决、裁定，当事人不得再上诉。

在处理劳动争议时，需要以法律为准绳，以尊重员工为基础，以协商为主要调解方式，同时要坚持以下基本原则。

（1）及时处理原则：发生劳动争议后，组织应马上与劳动者协商和解。对于协商不成的，应马上由第三方介入调解。

（2）合法合规原则：在查清事实的基础上，依法处理。

（3）公平公正原则：法律面前人人平等。

（4）预防为主原则：处理劳动争议应以预防为主。

人力资源管理者对劳动争议的记录可以如表 9-12 所示。

表 9-12　公司劳动争议记录表

劳动者（原）部门		劳动者（原）岗位	
劳动者姓名		劳动者身份证号	
劳动者联系方式		劳动争议产生时间	
劳动争议事由及内容			
劳动者的诉求			
劳动争议处理结果			
劳动争议成因分析			
记录人		备注	

9.6.2　劳动争议情况的量化分析

对劳动争议情况进行分析的目的是查找公司在员工劳动关系管理上还存在哪些问题，通过人力资源管理者有针对性地聚焦和改善问题，提高员工的满意度，减少劳动争议案件发生的比率。

2008 年 5 月 1 日起施行的《中华人民共和国劳动争议调解仲裁法》第二条规定，劳动争议的主要类型可以归结如下。

➤ 因确认劳动关系发生的争议；

➤ 因订立、履行、变更、解除和终止劳动合同发生的争议；

➤ 因除名、辞退和辞职、离职发生的争议；

➤ 因工作时间、休息休假、社会保险、福利、培训以及劳动保护发生的争议；

➤ 因劳动报酬、工伤医疗费、经济补偿或者赔偿金等发生的争议；

➤ 法律、法规规定的其他劳动争议。

对某段时期公司内各子公司/部门发生劳动争议情况的分析如表9-13所示。

表9-13　劳动争议情况分析表

公司	部门	总人数	劳动争议案件数	劳动争议案件比率	劳动争议案件排第1的类别	劳动争议案件排第2的类别	劳动争议案件排第3的类别

其中，某段时期劳动争议案件比率＝某段时期劳动争议案件数÷该时期员工总人数×100%。

通过对某段时期公司各子公司/部门劳动争议情况的统计分析，能够看出各子公司/各部门之间的劳动争议案件比率、劳动争议案件排前三位的问题类别的横向比较情况。针对劳动争议排前三位的问题，人力资源管理者要重点关注、查找根源、采取行动。

对公司内各子公司/部门劳动争议逐年变化情况的分析如表9-14所示。

表9-14　劳动争议逐年变化情况统计表

公司	部门	20×1年总人数	20×1年劳动争议案件数	20×1年劳动争议案件比率	20×2年总人数	20×2年劳动争议案件数	20×2年劳动争议案件比率	20×3年总人数	20×3年劳动争议案件数	20×3年劳动争议案件比率

通过对各子公司/部门劳动争议案件逐年变化情况的分析，人力资源管理者能够分析出不同的子公司/部门劳动争议案件数量和比例的变化情况，能够看出哪些子公司/部门在减少劳动争议案件方面的管理有所进步，哪些能够保持稳定，哪些有退步的趋势。

9.6.3　如何减少劳动争议

目前，我国的劳动争议案件数量呈现高速增长的趋势，劳动者的申诉率越来越高，胜诉率也越来越高；经济发达地区的劳动争议案件要远多于经济发展滞后的地区；其他性质公司劳动争议案件数量明显超过国有公司劳动争议案件数量；劳动争议案件处理中，依法裁决的比重越来越大。劳动争议增多的原因多种多样，大体可以分为两大部分，如表9-15所示。

表9-15　劳动争议增多的原因分析

宏观原因		劳动关系双方经济利益的差异性逐渐明显； 劳动立法及劳动法规的执行是相对滞后的； 过去劳动关系中长期遗留问题的显性化
微观原因	劳动者 层面	劳动者不再受习惯性观念制约； 劳动者的法律意识越来越强； 个别劳动者贪图私利，故意钻公司政策的空子
	公司 层面	公司内部的规章制度不合理、不健全或不按照合理的程序执行； 公司管理层及人力资源管理者劳动法律意识单薄，同时缺少在劳动争议管理方面的专业知识； 公司改制或经营困难导致劳动争议的产生； 某些公司知法犯法造成的劳动争议

对待形形色色的劳动争议，人力资源管理者需要修炼内功，不仅要学会巧妙地"处理"，还要学会科学地"管理"。为预防和减少劳动争议，人力资源部应做如下工作。

1. 加强劳动合同管理

➤ 严格按照《中华人民共和国劳动合同法》的规定执行合同管理；

➤ 保证全员签订劳动合同；

➤ 注意劳动合同的变更管理。

2. 建立健全公司的各项规章制度及流程

➤ 公司的规章制度要符合国家法律法规或行业规章，不能存在有悖于法律或规章的条款；

➤ 规章制度要具有完备性，要涵盖人力资源管理体系的各方面；

➤ 对违约责任要有明确的划分与界定，要具备可操作性。

3. 增强公司决策层、各部门管理者以及人力资源管理者的法律意识

➤ 定期组织相关管理人员培训；

➤ 开展劳动纠纷处理活动演练；

➤ 开展自查活动。

4. 为员工开设投诉和处理通道

➤ 员工投诉要简单易行，要谁接待，谁负责；

➤ 接到投诉后马上处理，处理的过程要客观公正，随时与投诉人沟通进展；

➤ 对员工开展劳动争议处理正确方式的宣传教育。

疑难问题
如何帮助员工做好工作生活平衡

人是社会性动物，每个人都不是他自己这个独立的个体，而是整个社会关系的总和。在所有这些社会关系中，我们会扮演着不同的角色。当一种角色占比过分高的时候，就容易出现问题。

运用"角色时间分配饼图"这一自我测评工具可以帮助员工发现自身"角色"的错位。测评者评估自己每天除睡觉之外的时间分别担任什么样的角色，可以是以职业或事业为主的"工作者"，可以是追求新知的"学习者"，可以是以亲子关系为主的"父母"，也可以是以孝敬老人为主的"子女"等。

角色的划分可以根据测评人的实际状况，时间分配少于5%的角色尽量合并。比如，某员工近期的工作热情低落、心情很不好，原因是他感到自己陪家人的时间越来越少，于是找到了公司的人力资源管理者小王。小王利用"角色时间分配饼图"工具，帮该员工自测了近1年以来的角色时间分配情况，如图9-2所示。

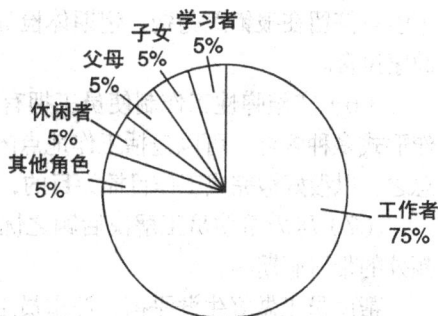

图9-2　某员工的角色时间分配饼图

该员工"工作者"的角色占比达到75%，为了工作必要的学习时间也占了5%，是典型的"工作狂"。他作为子女、作为父母的角色时间必然会被大量占用。生活中，他很可能已经不是一个好儿女，不是一个好父母。这也正是他近期比较烦恼的原因。

小王让该员工再绘制一份自己期望的"角色时间分配饼图"，小王期望"工作者"角色的时间分配减少到45%，"父母"角色的时间分配增加到20%，"子女"角色的时间分配增加到10%，"学习者"和"休闲者"角色的时间分配分别增加到10%。

针对角色时间分配目前和期望的差异，该员工就当前的工作状况与小王展开了讨论。根据该员工工作中遇到的问题，小王承诺了组织层面能做出努力协助其解决部分问题，并与该员工一起制定了帮助他实现工作和生活平衡的具体行动计划。

工作与生活的平衡是关键。《礼记·大学》中说，修身、齐家、治国、平天下。攘外必先安内，公司的战略目标能否实现，员工的努力很重要，只有解决了员工的后顾之忧，使其全身心投入工作，公司才能产生好的业绩。从人力资源管理角度，帮助员工实现工作和生活的平衡有如下做法。

（1）减少员工的劳动时间和劳动强度，将员工每天正常的工作时间控制在合理范围内。组织安排员工的劳动时间要有严格的限制，对需要连续加班的部门要评估其加班的原因和必要性，如果是缺少人手，可以招聘或采取外部合作的方式。

（2）开展宣传教育活动，对全员贯彻"生活和工作平衡"的理念。人力资源部可以举办一些论坛、讲座、沙龙甚至茶话会等非正式的交流活动，邀请各部门管理者和员工一起参加并一起讨论，循序渐进地引导和启发全体员工接受这一理念。

（3）辅导员工学习实现"工作和生活平衡"的技巧。比如：可以辅导员工进行职业生涯规划，实现生涯平衡；可以倡导上下级之间充分沟通，合理分配工作时间；可以做一些生活技巧的培训，当成对员工的一种福利。

（4）员工录用前，将人才的特质、志向、兴趣与岗位的任职资格相匹配，实现人岗匹配。有时候，时间分配仅仅是"生活和工作平衡"的表象问题，兴趣需求得不到满足才是深层次的原因，实现人岗匹配能够把潜在的工作生活不平衡因素扼杀在摇篮中。

（5）关心员工的身体，对员工进行健康投资。人力资源部要关心和检查员工的健康状况，告诉已经在不平衡状态中的员工必须及时采取相应措施。关注员工的健康不能只停留在报销医药费、定期体检等传统项目上，还应主动对员工进行更为广泛的健康投资。

（6）实施弹性工作制使员工拥有时间安排的自主选择权。弹性工作制的具体操作形式多种多样，可以包括工作地点的弹性、工作时间的弹性、工作内容的弹性等。总之，以很好地完成工作目标为目的，不必拘泥于形式。

（7）尽力帮助员工解决后顾之忧。比如：员工家人遇到丧事时，公司特准员工额外的带薪假期等。

帮助员工做好生涯平衡，注重员工生活和工作的平衡，能够提高员工满意度、降低员工的缺勤率和流失率，还能够吸引高素质人才，最终使得公司提高效益和效率。在维持员工生活和工作平衡方面舍得投资的公司，能够从员工身上得到更多的回报。

第10章

人力资源管理
三大报表

财务管理中有经典的三大报表，分别是资产负债表、现金流量表、利润表。财务的三大报表是一种经营管理的通用语言，有助于公司的管理者、投资者、债权人、国家机关及其他各方全面系统地了解公司的财务状况、经营成果和现金流量。人力资源管理者同样可以设计出人力资源管理的三大报表，成为公司人力资源管理的通用语言，向所有相关人员说明公司的人力资源状况。

10.1 人力资源管理三大报表之一

资产负债表是财务管理的三大报表之一，它是反映公司在一段时期的资产、负债、所有者权益状况的财务报表。通过看这个报表，人们可以在最短的时间内了解公司的资产、负债和所有者权益等情况。如果某公司存在较大的债务问题，从资产负债表中能够清晰地反映出来，进而公司能够及时找到问题根源，立即采取行动。在人力资源管理中，人力资源管理者可以仿照财务资产负债表报表，设计人力资本负债表。

10.1.1 人力资本负债表

人力资本负债表是对公司人才状况数量上的盘点，反映着公司整体人才的数量状况和结构。如果公司存在人才过剩或人才短缺等异常状况，人力资本负债表能够快速、直观地体现出来，便于人力资源管理者迅速解决问题。

人力资本负债表是人力资源管理中最简单、最基础的分析工具。人力资源的具体工作始于人力资源规划，而人力资源规划在考虑了公司整体战略目标之后，很重要的一部分规划来源于对公司人力资本整体情况的分析。

根据人力资本负债表中暴露出的潜在问题，人力资源管理者能够制定相应的改善计划。如果公司人员状况比较稳定，人员的变动频率不大，人力资本负债表的制作频率一般可以选择半年度或年度制作一次。

人力资本负债表的格式如表 10-1 所示。

表 10-1 人力资本负债表样表

序列/角色	上期	本期计划	本期实际	不在岗	性别		人员类别	学历	年龄	司龄	职等职级	人才评定	……
					男	女	……	……	……	……	……	……	……
1. 管理序列													
1.1. 高层管理													
2. 技术序列													
2.1 技术													

续表

序列/角色	上期	本期计划	本期实际	不在岗	性别		人员类别	学历	年龄	司龄	职等职级	人才评定	……
					男	女	……	……	……	……	……	……	……
2.2 工艺													
3. 市场序列													
3.1 市场开发													
3.2 市场维护													
4. 生产序列													
4.1 生产计划													
4.2 生产实施													
4.3 生产统计													
4.4 安全管理													
4.5 仓库管理													
4.6 设备维护管理													
5. 质量序列													
5.1 质量检测													
5.2 体系认证													
6. 采购序列													
7. 人力资源序列													
8. 行政序列													
9. 信息序列													
……													

  人力资本负债表最好按照不同的族群/序列/角色分析，这样有利于更加精准地判断情况，不至于泛泛而谈。比如，某集团公司由三个分公司组成，分别是北京分公司、武汉分公司和成都分公司。每个分公司都有一套自己独立的组织机构和类似的

人员构成。当集团公司做这类报表时，把三家公司人员全部合并到一起分析有一定的用处，但如果要更加针对性地解决问题，分别分析三家公司的状况往往更优。

10.1.2 人力资本负债表的调整

与财务管理中相对比较标准化的资产负债表不同，人力资本负债表的样子并不是固定的，纵向和横向方格内的项目可以根据公司的需要、管理者的习惯调整，然后定制出适合自己公司的人力资本负债表。原则是本公司用起来习惯，能够满足公司的需要。

报表的纵向可以按部门和岗位划分，也可以按序列和角色划分。相比按照部门或岗位进行人员分类，按照序列或角色划分更加能够把具备相似素质、能力、技能要求的一群人归类，对公司内部人才盘点、人才培养与培训、职业生涯规划管理、人才梯队建设等后续工作的开展有着重要意义。

对于不习惯用序列和角色的公司，也可以按照人员的岗位分类进行纵向划分，比如可以划分为管理人员、销售人员、行政人员、生产工人等类别。如果需要进一步划分，可以把横向中的职等职级放到纵向的岗位分类中。

报表中横向项目的选择则更为丰富，比如样表中的"本期计划"与"本期实际"两个数值，是对于根据公司的战略、临时业务需求、上期报表反映情况所制定的一段时期内人员补充计划的完成情况与结果评估也方便同上期数据进行比较。

公司中难免会有产假、事假、病假、婚丧假等各类占着公司的编制名额但实际"不在岗"的情况，这部分人需要明示出来，一是为了人力分析的准确性，二是对人员"在岗率"状况的预警。

不同的岗位类型、不同的岗位角色对性别的要求不同，比如，长期出差、较多业务应酬的岗位一般比较适合男性，对细节和精细度要求较高的岗位一般比较适合女性。把男女比例分岗位来看，更加能够说明问题。

对人员类别的区分，可以分为正式工、试用工、小时工、派遣工等几种类别，如果某类需要持续运作的岗位上小时工和试用工人数占比较高，或者某类有较高技能要求或涉及商业秘密的岗位上派遣工占比较高，都可能存在一定的风险。

相对地，一些季节性、阶段性、非连续性的岗位用小时工、试用工会比正式工更合理。而关键的、重要的、核心的岗位，尽量采取正式工的用工形式。

学历按照岗位和角色区分后，可以更加精准地定位问题。比如，如果关键的管理和技术岗位的员工的学历普遍偏低，则说明有进一步提高的空间，人力资源管理者可以做人才进修计划。而如果是需要简单、重复劳动的岗位学历较高，反而不是一件好事情，需要评估该岗位是否有人才没有被更有效合理地运用的现象。除学历划分外，还可以加入职称、职业资格证书、特殊技能认证甚至专利、论文等细分维度。

通过人力资本负债表的年龄段分析，能够有效地形成不同岗位和角色的最佳年龄分布比例，并根据不同的情况采取不同的措施。比如，现在公司高层管理岗位的年龄全部在 60 岁以上，这可能代表着高管团队"后继无人"，至少需要储备 50 ～ 60 岁、40 ～ 50 岁两个年龄段的人才。

司龄在一定程度上反映着忠诚度和稳定性，除了特殊需要的外聘人才外，关键的岗位和角色最好选用司龄高的人才。比如某运营 20 年以上的公司的关键管理和技术岗位人才的平均司龄还不到 2 年，如果不是刻意为之，那可能存在较大的风险，需要及时补充后备人才。

人力资本负债表中也可以加入人才绩效评定的结果，比如，公司将员工绩效评定划分为 A、B、C、D 四个等级，根据不同等级人才在岗位、角色、职等职级中的分布不同，可以相应进行晋升和淘汰的规划。

另外，根据不同的需要，人力资本负债表中还可以增加性格类型分析，比如 DISC 或 PDP 性格测试，增加人才的属地性分析，比如划分籍贯、家庭住址、所属地区，增加性格爱好或其他特殊技能分析。人力资本负债表的形成需要大量的员工基础数据的日常积累和更新，人力资源管理者们需在平时就注意积累，而不是"平时不烧香，临时抱佛脚"。

如果公司的人数规模在 2000 人以上，领导对人力资源管理的要求和精细度较高，人力资本负债表的纵向和横向可以分得细一些，好处是能够快速地聚焦问题所在，去除"平均值"带来的分析误区。如果公司人数规模较小，短期内的人力资源管理较为粗放，人力资本负债表的项目设置可以相对少一些。

10.1.3　人力资本负债表的拆分

人力资本负债表的本质是一种人才结构的分析表，它可以被拆分成具有不同目的和针对性的分析表，也可以将这些分析表组合成公司特有的人力资本负债表。对人力资本负债表的分析可以拆分成员工族群/序列/角色分析、员工性别人数及比率情况分析、员工学历人数及比率情况分析、员工年龄结构人数及比率情况分析、员工司龄结构人数及比率情况分析、员工职级结构人数及比率情况分析。

岗位族群是由一系列工作内容相近或相似，满足岗位要求所需知识、技能、领域相同或相近的岗位组成的岗位集合。对岗位族群做进一步细分，可以形成岗位序列和岗位角色。

建立岗位族群/序列体系，一是为人力资源调配提供一个新的工具，实现对数量庞大的岗位的动态管理，二是建立多通道的职业发展路径，拓宽员工在公司的发展空间，增强对核心人员的保留与激励，三是可以针对不同岗位族群，制定个性化的人力资源管理配套方案，包括薪酬激励、培训与发展、人员选拔与流动、绩效管理在内的人力资源管理平台。

岗位族群/序列/角色通常可以根据美国著名战略学家迈克尔·波特（Michael E. Porter）的价值链模型来划分，其在公司中的逻辑关系如图 10-1 所示。

辅助活动	序列	管理序列	人力资源序列	财务管理序列		行政序列	
	角色	高层管理	人才资源	财务	审计	档案管理	行政文秘
	序列	技术序列		科研项目管理	质量控制序列		安环管理
	角色	技术研发	生产工艺	项目管理	质量检测	体系认证	安环管理
	序列	后勤保障序列				信息序列	
	角色	保卫	司机	厨师	宿管	勤杂	信息管理
基本活动	序列	采购序列	生产序列			市场序列	
	角色	物资供应	仓库管理	设备维修	生产实施	生产统计	市场开发维护	售后服务

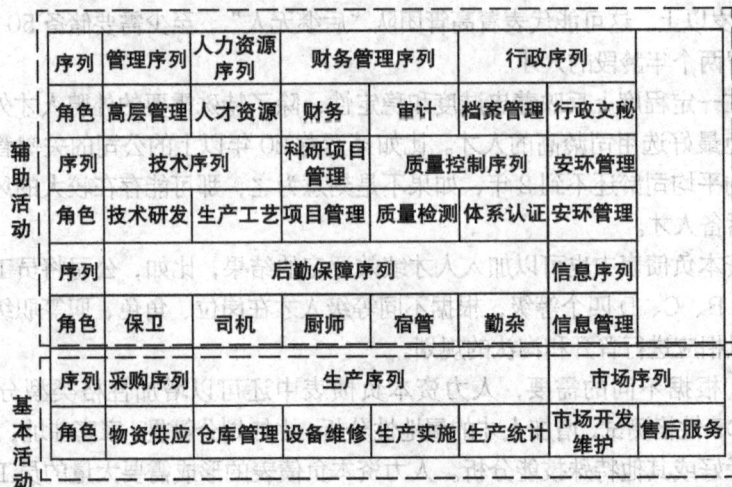

图 10-1 某公司以价值链为基础在某族群下的序列划分示意图

按照序列／角色划分的员工人数及比率情况分析如表 10-2 所示。

表 10-2 按照序列／角色划分的员工人数及比率分析样表

人数及比率	采购序列	生产序列				市场序列		管理序列	……	总计
	物资供应	仓库管理	设备维修	生产实施	生产统计	市场开发维护	售后服务	高层管理	……	
人数										
比率										

按照职级划分的员工性别人数及比率情况分析如表 10-3 所示。

表 10-3 按照职级划分的员工性别人数及比率分析样表

人数及比率	基层员工		基层管理者		中层管理者		高层管理者		总计		
	男	女	男	女	男	女	男	女	男	女	合计
人数											
比率											

按照学历划分的员工人数及比率情况分析如表 10-4 所示。

表 10-4 按照学历划分的员工人数及比率分析样表

人数及比率	初中及以下学历	高中／中职	大专学历	本科学历	硕士学历	博士及以上学历	总计
人数							
比率							

按照年龄划分的员工人数及比率情况分析如表 10-5 所示。

表 10-5　按照年龄划分的员工人数及比率分析样表

人数及比率	20 岁以下	21 ~ 25 岁	26 ~ 30 岁	31 ~ 35 岁	36 ~ 40 岁	41 ~ 45 岁	46 ~ 50 岁	50 岁以上	总计
人数									
比率									

按照司龄划分的员工人数及比率情况分析如表 10-6 所示。

表 10-6　按照司龄划分的员工人数及比率分析样表

人数及比率	2 周以内	2 周~ 3 个月	3 个月~ 1 年	1 ~ 2 年	2 ~ 5 年	5 年以上	总计
人数							
比率							

按照职级划分的员工人数及比率情况分析如表 10-7 所示。

表 10-7　按照职级划分的员工人数及比率分析样表

人数及比率	1 级	2 级	3 级	4 级	5 级	6 级	7 级	8 级	……	总计
人数										
比率										

10.2　人力资源管理三大报表之二

现金流量表是财务管理的三大报表之二，它反映了一段时期内，组织的经营、投资与筹资活动所产生的现金流的增减变动情况。从现金流量表中能够看出组织的经营是否健康，是否具备短期偿债能力。人力资源管理同样可以设置一张类似的报表叫人才流量表，反映一段时期内，公司的招聘、离职、调动等产生的人才增减变动情况。

10.2.1　人才流量表

从人才流量表中，人们能够看出公司人才的稳定性与可持续性，能够看出人才补充的情况以及发现关键岗位流失的原因等信息。人才流量表对于强化公司的人才队伍建设有着重要的指导意义。人才流量表的格式如表 10-8 所示。

表 10-8　人才流量表样表

序列/角色	上期					本期				
	总人数	离职人数	比率	标杆比率	入职人数	总人数	离职人数	比率	标杆比率	入职人数
1. 管理序列										
1.1 高层管理										
2. 技术序列										
2.1 技术										
2.2 工艺										
3. 市场序列										
3.1 市场开发										
3.2 市场维护										
4. 生产序列										
4.1 生产计划										
4.2 生产实施										
4.3 生产统计										
4.4 安全管理										
4.5 仓库管理										
4.6 设备维护管理										
5. 质量序列										
5.1 质量检测										
5.2 体系认证										
6. 采购序列										
7. 人力资源序列										
8. 行政序列										
9. 信息序列										
……										

表 10-8 是最简单的人才流量表雏形，与人力资本负债表相似。该报表纵向的序列 / 角色可以根据需要替换成公司 / 部门 / 岗位，横向可以根据分析的针对性和精细度增加更多项，比如从时间维度可以增加同比比较和环比比较。

10.2.2 人才流量表的调整

人才流量表的样子同样不是固定的，人力资源管理者在运用的时候可以根据需要做出调整。一般来说，可以在人才流量表上增加的内容包括如下内容。

1. 人才流失原因分析

人才流失的原因通常分为公司原因和个人原因。其中，公司原因可以包括薪酬原因、领导原因、同事关系、文化氛围、工作环境、学习机会、职业发展等，个人原因可以包括家庭原因、地域原因、身体原因、个人发展等。离职原因分析不仅可以按照公司或部门划分，也可以按序列 / 角色或部门 / 岗位分析，还可以按职等 / 职级分析，同样可以按入职年限分析。

2. 人才流失情况预测

预测即将流失的人员，可以为公司提前储备人才。可能流失的人才通常包括退休人员（可以按照 3 年内将要退休、2 年内将要退休或者 1 年内将要退休划分）、绩效评分排末位的人员、曾经提出过要离职的人员（尤其是多次提出过离职的人员）。

3. 关键人才流失情况分析

那些从事关键岗位、司龄较长或者对绩效有较突出贡献的人才流失可以列成表格单独分析，比如关键管理岗位、关键技术岗位、司龄 5 年以上员工、司龄 3 ~ 5 年的员工、高绩效的员工的离职情况。

4. 人才流向分析

对人才流向的分析，是对商业竞争的预警，是对潜在危机的洞察。人才流失后是去了同业或竞业，还是去了其他行业，对本公司的意义和影响完全不同。如果是去了其他行业，那本公司的损失只是人才流失造成的直接成本；如果到了竞业，相当于替竞争对手培养了人才，还存在客户丢失、关键技术泄露、商业秘密泄露等难以发现和维权的间接成本。

5. 人才补充结构分析

人才补充的方式可以分为外部招聘和内部流动两大类。在不影响公司整体业务流程的前提下，一般来说，缺人的岗位由内部人才补充要优于由外部人才补充。这是因为内部人才补充能够让人才招聘工作更容易，而且内部人才对公司的了解程度更高，适应性更强，也因为内部人才补充代表着人才的流动，可以在一定程度上打通晋升机制和轮岗制度。

如果待补充的岗位有年龄、学历等要求，可以按照人力资本负债表中的逻辑，对补充人才的年龄、性别、学历、经验等做更深层次的结构划分和分析。

如果对外聘人才的来源有要求，可以对所有外聘人才做进一步的细分分析，比如，可以按照外聘人员的来源，将其分为社会无经验人员、校园应届生、相关行业员工、竞争对手员工、其他行业员工等类别。

6. 人才补充能力分析

人才补充能力分析是对不同岗位、不同类型的人才补充需要的时间和效率做的评估分析，体现了因人才流失产生空缺后，人力资源的反应时间和补充速度。报表中的横向指标可以是实际招聘周期、确定人选后平均到岗时间等。

俗话说，有备无患。如果提前有准备，就不怕关键人才突然离开。所以在做这类分析的时候，还需要考虑公司后备人才的情况，所以最好在分析报表的指标里包含关键岗位人才的缺岗数量（率）和关键岗位的后备人才数量（率）。

7. 人才补充渠道分析

不同的招聘渠道，对于招聘不同岗位、不同角色、不同层级、不同能力、不同年龄段的人才，有着不同的优劣势。我们可以通过个性化的报表分析，评估出人才补充渠道在不同方面的利弊，为今后人才补充渠道的选择提供依据。

需要注意的是，在最简单的人才流量表上加的项目和分析维度并不是越多越好、越全越好、越细越好，而是要根据组织的实际需要，根据待解决的问题，根据重点关注领域，也根据数据收集和整理人员的工作量等因素，综合权衡后适当添加。所以，理论上不同公司适用的人才流量表是不同的。

10.3　人力资源管理三大报表之三

利润表是人力资源管理的三大报表之三，它反映了组织的经营状况，是组织在一段时期实现的各种收入，发生的各种费用、成本或支出，以及公司实现利润或发生亏损情况的会计报表，也被称为损益表。与财务管理中的利润表对应的人力资源管理报表可以叫人力资本利润表。

10.3.1　人力资本利润表

人力资源管理者能够从人力资本利润表中看出人力资本的投资回报情况、人力成本情况、人均效益情况，分析整个人力资本投资对公司利润的影响情况。人力资本利润表的格式如表 10-9 所示。

表 10-9 人力资本利润表样表

投资分析		上期	本期	标杆	收益分析		上期	本期	标杆
直接人力成本结构	工资费用				直接投资收益	人力资本投资回报率			
	社保费用					人力资本收入指数			
	住房公积金					人力资本利润指数			
	员工福利					人力资本成本指数			
	员工教育经费					人力资本成本比率			
	工会费					人力资本市场价值			
	……					人力成本销售收入系数			
间接人力成本结构	招聘成本				间接投资收益	人工成本利润率			
	人员缺勤成本					全员劳动生产率			
	人员离职成本					……			
	……					招聘成功率			
人力投资水平	人工成本含量					员工离职率			
	人均人工成本					员工敬业度			
	人均现金收入					员工平均服务年限			
	人力费用率					月入均缺勤天数			
	劳动分配率					关键员工留任比率			
	……					……			

人力资本利润表中的主要指标可以包括以下内容。

1. 投资分析相关指标

（1）人工成本，指的是公司在一定时期内，在整个生产、经营活动中，因使用人才而产生的所有直接费用的总和。它通常包括工资、社会保险、住房公积金、员工福利、员工教育经费、工会费用等各项财务费用。通过对各项目间的占比分析，能够判断财务报表中人工成本组成的结构。

（2）人工成本含量，指的是人工成本占总成本的比例。其计算公式为：人工成本含量 = 人工成本总额 ÷ 总成本。总成本指公司的产品销售成本、产品销售费用、管理费用和财务费用之和。

（3）人均人工成本，指的是平均每名员工的人工成本。其计算公式为：人均人工成本 = 人工成本总额 ÷ 员工人数。

（4）人均现金收入，指的是平均每名员工的薪酬情况，它可以衡量人均收入的变化情况。其计算公式为：人均现金收入 = 员工现金总收入 ÷ 员工人数。其中，员工现金总收入包括奖金和加班工资，来自金融资产和资本收益中的收入未包含在内。

（5）人事费用率，它代表着一定时期内公司经营活动产生的价值中用于支付人工成本的比例，同时，也代表公司员工人均收入与劳动生产率的比例关系、经营活动与分配的关系、人工成本要素的投入产出关系、从业人员报酬在公司总收入中的比重，它的倒数表明每投入一个单位的人工成本能够实现的销售收入。其计算公式为：人事费用率 =（人工成本总额 ÷ 营业收入）×100%。

（6）劳动分配率，指的是公司人工成本占公司增加值的比重。增加值由折旧、税收净额、公司利润、劳动者收入四部分组成。它是反映公司人工成本投入产出水平的指标，可以衡量公司人工成本相对水平的高低程度。其计算公式为：劳动分配率 =（一定时期内人工成本总额 ÷ 同期增加值总额）×100%。

2. 收益分析相关指标

（1）人力资本投资回报率，指的是每投入一元的人力资本成本，产生的回报（净利润）情况。它直接反映了公司人力资源管理的投资回报情况，间接反映了公司的人力资源管理水平，是衡量人力资本有效性的核心指标。其计算公式为：人力资本投资回报率 =（公司净利润 ÷ 人力资本成本总额）×100%。

（2）人力资本收入指数，指的是每名全职员工的平均销售收入。其计算公式为：人力资本收入指数 = 公司销售收入 ÷ 全职员工总数。

（3）人力资本利润指数，也可以叫作人力资本增值指数，指的是每名全职员工产生的净利润。其计算公式为：人力资本利润指数 = 公司净利润 ÷ 全职员工总数。

（4）人力资本成本，指的是人力资本的总成本，它不仅包括薪酬、福利、员工教育经费等在财务报表中体现的人工成本，还包括人才招聘的成本、人才缺勤的成本、人才流失的成本等公司生产经营过程中产生的与"人"相关的所有直接成本和间接成本，是公司在所有人力资本上的总支出。

（5）人力资本成本比率，指的是人力资本成本占公司总成本的比率。其计算公式为：人力资本成本比率 = 人力资本成本总额 ÷ 公司总成本。

（6）人力资本市场价值，指的是每名全职员工对应产生的平均市场价值。其计算公式为：人力资本市场价值 = 公司市值 ÷ 全职员工人数。

（7）人工成本销售收入系数，反映的是人工成本投入产出效益状况。其计算公式为：人工成本销售收入系数 = 销售收入 ÷ 人工成本总额。

（8）人工成本利润率，反映的是公司的人工成本与利润之间的关系。其计算公式为：人工成本利润率 = 利润总额 ÷ 人工成本总额。

（9）全员劳动生产率，指根据产品的价值量指标计算的平均每名从业人员在单位时间内的产品生产量。它是公司生产技术水平、经营管理水平、员工技术熟练程度和劳动积极性的综合表现。其计算公式为：全员劳动生产率 = 产品增加价值 ÷ 员工平均人数。

10.3.2　人力投资回报率的量化分析

公司管理者们常把人力成本管控挂在嘴边，许多人力资源管理者会将其简单地理解为要减少人力成本的绝对值，甚至有人将其理解为要想尽一切办法减少员工收入，这是非常错误的观念。

因为在公司人员相对稳定的情况下，随着社会的进步，人力成本的绝对值一定会不断提高。所谓的人力成本管控，其实是降低人力成本在总成本中的比重，或者降低人事费用率，增强公司产品或服务的竞争力。而对于降低人事费用率，有两种不同方向的理解。

一种理解方式是"成本论"，当人事费用率为10%时，代表着公司产生100元的营业额，其中的人力成本为10元。如果要进步，就要探讨有没有可能产生100元的营业额，公司只需要投入9元或者更低的人力成本？顺着这个思路往下走，公司采取的方案和行动可能会是部门合并、减员增效、减少培训、降低福利等。

另一种理解方式是"投资论"，同样当人事费用率为10%时，代表着对人力的投资为10元时，能为公司拿回来的回报（营业额）是100元。如果要进步，就要探讨有没有可能当公司投入12元的人工成本时，能拿回来的回报（营业额）是140元或者更高？顺着这个思路往下走，采取的方案和行动可能会是员工激励、产业升级、服务外包等。

这两种理解方式对应的思维模式和行为模式完全不同。从数据结果上看，人事费用率的进步最终都是值的减少，但从过程的方案和行为上看，却有着截然不同的做法。当公司快速发展、产业势头较好、经营管理较为健康时，可以采取"投资论"；当公司进入平稳或衰退期、所在产业竞争激烈、内部经营管理效率低下时，可以采取"成本论"。

☑ 案例分析

通过量化管理提高用工效率

某大型线下连锁零售公司在快速扩张期时，原本没有明确的岗位定编标准，在用工上比较粗放。店内招人基本上靠的是店长的感觉；门店的排班不科学，基本是靠主管的经验；全公司97%以上都是全日制员工，不仅人力成本较高，而且用工不够灵活。

针对这种情况，该公司开始实施量化管理与数据分析，期望通过科学排班管理、规范用工方式来提高用工效率。为此，公司选择了一家标杆门店，以收银员岗位为例，做如下分析。

1. 现况

该店目前有7名全职收银员，员工经常有加班的情况，影响了员工的家庭生活，员工满意度较低。收银员们的上班时间安排并不合理，常常有顾客较少时多名收银员较闲，客流高峰期顾客较多时却无人在岗的情况。

2. 测算

人力资源管理者首先选取了该店7名收银员中的4名，按照购物件数测定收银速度，得出收银员在该店的收款机上的平均收银速度为每件商品12秒。店长一开始看到这个结果时，感觉失真，但收银员的操作流程不仅包含商品扫码的时间，还包括结算的时间，把数据放大，真实感就会大幅提高。

比如，1200 秒，也就是 20 分钟，结算 100 件商品，对于这个速度，店长就感觉到认同。该店 4 名收银员的结算速度记录如表 10-10 所示。

表 10-10　收银员结算速度测算

收银员	收银件数	所耗时间 / 秒	平均每件时间 / 秒
A	360	2900	8
B	520	5710	11
C	250	4320	17
D	330	4370	13
合计	1460	17300	12

3. 对比

该门店的营业时间为 7:30 ~ 21:00，为了保证精确，以半小时为单位，从店内运营系统中提取前 3 个月该店每天每半小时购物件数的平均数，根据测算的收银员的平均结算速度，计算不同时间段需求的收银员人数。因超市行业的特殊性，将周一到周五和周六周日区分开分析。对周一至周五全天各时间段需求人数与排班人数的比较情况如图 10-2 所示。

图 10-2　周一至周五各时间段需求人数与排班人数比较

图 10-2 中差异为“0”的，代表该时间段排班与需求人数匹配；差异为正数的，代表该时间段排班人数大于需求人数，表示人力的冗余；差异为负数的，代表该时间段排班人数小于需求人数，表示人力的不足。从上图能够看出，周一至周五每天需求的工作量为 47.5 小时，5 天合计 237.5 小时，而目前排班的工作量是 51.5 小时 / 天，5 天合计 257.5 小时，比需求多 20 小时。对周六周日全天各时间段需求人数与排班人数比较情况如图 10-3 所示。

周六周日各时间段需求收银员数量

时段	7:30~8:00	8:00~8:30	8:30~9:00	9:00~9:30	9:30~10:00	10:00~10:30	10:30~11:00	11:00~11:30	11:30~12:00	12:00~12:30	12:30~13:00	13:00~13:30	13:30~14:00	14:00~14:30	14:30~15:00	15:00~15:30	15:30~16:00	16:00~16:30	16:30~17:00	17:00~17:30	17:30~18:00	18:00~18:30	18:30~19:00	19:00~19:30	19:30~20:00	20:00~20:30	20:30~21:00
合计	1	3	3	4	4	4	4	5	5	3	3	3	3	3	3	3	3	4	4	5	5	5	5	4	4	3	3
需求排班人数	1	1	1	1	1	1	1	1	1	1	1	1	1	1	1	1	1	1	1	1	1	1	1	1	1	1	1
		1	1	1	1	1	1	1	1	1	1	1	1	1	1	1	1	1	1	1	1	1	1	1	1	1	1
		1	1	1	1	1	1	1	1	1	1	1	1	1	1	1	1	1	1	1	1	1	1	1	1	1	1
				1	1	1	1	1	1									1	1	1	1	1	1	1	1		
								1	1											1	1	1	1				

周六周日目前排班情况

时段	7:30~8:00	8:00~8:30	8:30~9:00	9:00~9:30	9:30~10:00	10:00~10:30	10:30~11:00	11:00~11:30	11:30~12:00	12:00~12:30	12:30~13:00	13:00~13:30	13:30~14:00	14:00~14:30	14:30~15:00	15:00~15:30	15:30~16:00	16:00~16:30	16:30~17:00	17:00~17:30	17:30~18:00	18:00~18:30	18:30~19:00	19:00~19:30	19:30~20:00	20:00~20:30	20:30~21:00
合计	1	2	3	5	5	5	5	5	6	5	3	3	3	3	3	3	4	5	6	6	7	7	7	6	4	4	3
目前排班人数	1	1	1	1	1	1	1	1	1	1	1	1	1	1	1	1	1	1	1	1	1	1	1	1	1	1	1
		1	1	1	1	1	1	1	1	1	1	1	1	1	1	1	1	1	1	1	1	1	1	1	1	1	1
			1	1	1	1	1	1	1	1	1	1	1	1	1	1	1	1	1	1	1	1	1	1	1	1	1
				1	1	1	1	1	1	1							1	1	1	1	1	1	1	1	1		
				1	1	1	1	1	1	1								1	1	1	1	1	1	1			
									1										1	1	1	1	1	1			
																					1	1	1				

周六周日各时间段需求人数与目前排班人数比较

差异	0	-1	0	1	1	1	1	0	1	2	0	0	0	0	0	0	1	1	2	1	2	2	2	2	0	1	0

图 10-3　周六周日各时间段需求人数与排班人数比较

从图 10-3 能够看出，周六周日每天需求的工作量为 49.5 小时，2 天合计 99 小时，而目前排班的工作量是 59.5 小时 / 天，2 天合计 119 小时，比需求多 20 小时。

根据周一至周五和周六周日各时间段的需求收银员人数，制定新的用工方式与排班表如图 10-4 所示。

新的用工方式加入了小时工的应用。欧美成熟的零售公司，出于人力成本的压力和用工灵活性的考虑，小时工的数量大多占总人数的 50% 以上，国内零售公司还未达到此小时工用工比例。和全日制员工相比，小时工的用工成本更低，用工形式更加灵活，能够缓解早晚间或销售高峰的用工压力；分工任务明确，工作效率更高；招工相对容易；公司承担风险相对较小。

将该店所在地区的小时工工资标准和该店正式工比较，能够量化地看出小时工的成本比正式工低 26%，如表 10-11 所示。

一般来说，专业性较强、技术性强、具有传承性质、具有决策性质、需较长时间训练、需要培养人才的岗位比较适合使用正式工，不需要很长的训练时间，较公式化的工作，短时间或季节性的人力需求，弹性的工作时间，特殊工种要求的岗位比较适合使用小时工。

图 10-4　新的用工方式和排班表

表 10-11　地区当年全日制员工与小时工人工费用对比　　　　　　金额单位：元

项目	基础工资	效益工资	加班工资	各种补贴	福利费	社会保险费	住房公积金	工会经费	员工教育经费	人工费用合计	每小时成本
地区当年全日制员工人工费用	1882	467	170	16	16	607	110	48	2	3318	19.6
地区当年小时工人工费用	工资标准：14.5 元／小时，每月 30 天，每天工作 4 小时									1740	14.5

新的用工方式与原用工方式的结果比较如表 10-12 所示。

表 10-12　新旧用工方式费用比较　　　　　　金额单位：元

原用工方式	所有员工周工作总小时数			合计费用		
	376.5			7379		
新用工方式	正式工周工作总小时数	小时工周工作总小时数	合计工作小时数	正式工费用	小时工费用	合计费用
	198	142	340	3881	2059	5940

收银岗位由原来的 7 名正式员工变为 5 名正式员工，最多 6 名小时工（每天仅需要 2～3 小时，高峰时段的收银需求可以考虑用其他部门人员帮忙的方式）。按照新的用工方式，收银岗位的人工成本比原来至少降低约 20%，更加能够满足顾客的需要，效率更高。

第11章
常见量化管理与数据分析错误

　　人们常说"数据会说话""数据代表着事实""数据就是真理"，实际上这些理解并不确切。有时候如果运用不当或人为故意，用错了数据、方法或工具，数据和图表是能够误导人们的，也就是"数据可能会说谎"。人力资源管理者要想客观、理智地实施量化管理与数据分析，不可"就数论数"，要把数据和实践联系在一起分析，除了要有专业的工具和方法之外，还需要具备理性的认识、清醒的头脑和专业的态度。

11.1 图形应用错误

一般来说，用表格呈现出来的数据具备不加修饰的客观性，一旦把表上的数据转换成图形之后，从感官上看相对比较直观，但有时候也可能会对人们造成误导。图形如果用不好，有时候会让本来显而易见的结论变了味儿，有时候也会成了多此一举，画蛇添足。

11.1.1 视觉盲区

视觉盲区指的是人们在运用图形表达数据时，有意与无意间，使图形从视觉上没有客观地表达其原本的意思，而对人们造成误导。

比如某家公司对基层员工进行了一次员工满意度调查，其中一项是对直属领导管理方式的满意度，问卷中的选项一共有三项"满意""不满意"和"折中"。这家公司的人力资源管理者收集问卷后得出的结果如表 11-1 所示。

表 11-1 某公司员工满意度调查结果表

选项	选择人数	占比
满意	1000	36.4%
不满意	900	32.7%
折中	850	30.9%
合计	2750	100.0%

从表 11-1 的调查结果能看出，满意的人数占比只有 36.4%，说明这家公司只有接近三分之一的员工对直属领导的管理方式是满意的，剩下不满意和折中的人数分别达到了 32.7% 和 30.9%。也就是说，接近三分之二的员工对直属领导的管理方式是不满意的。

在这种调查结果的数据指导下，这家公司的人力资源管理者应当得出"在本公司中，管理者的管理方式普遍没有得到员工的认可"的结论，而且问题较为严峻，公司应当重视，应当立即采取一定的改进措施。

为了提高视觉呈现的效果，人力资源管理者可以把表 11-1 中的数据变成图形呈现。这时候，想要相对客观地表现和说明问题，形成的柱形图可以如图 11-1 所示。

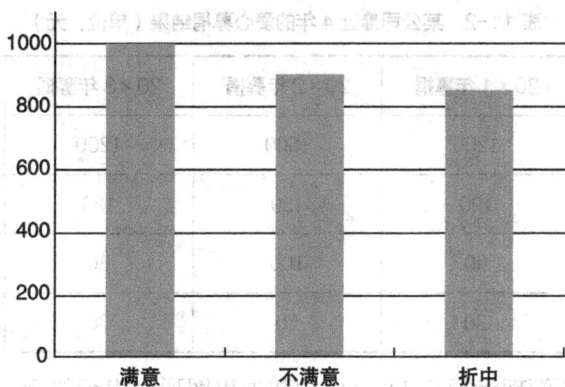

图 11-1 客观的员工满意度调查结果柱形图

可如果有人想要粉饰结果、掩盖问题，形成的柱形图可以如图 11-2 所示。

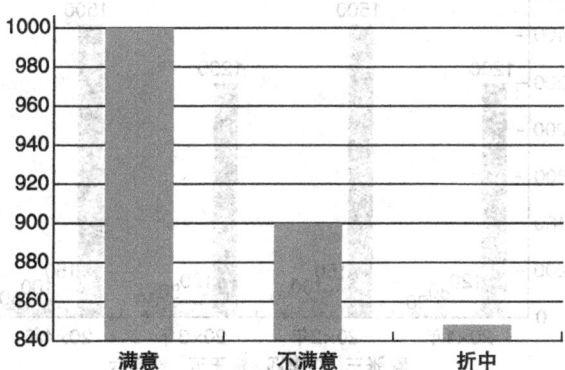

图 11-2 不客观的员工满意度调查结果柱形图

为什么使用相同的底层数据，却能够呈现出两种完全不同样子的柱形图呢？秘密在于它们纵坐标轴的最小值不同。相比于图 11-1，图 11-2 给人们直观的感受是满意的人数比较多，远高于不满意的人数。所以人们很容易得出一个结论：问题似乎没有那么大。

如果有人把满意度调查的结果做成图11-2的样子放到汇报材料中呈献给管理者，管理者很容易忽略这个问题。作为管理者，我们也要注意下属呈现的报告是否存在为了掩饰某项问题而"美化"结果的情况。

11.1.2 图形误导

图形误导指的是对于一些不应当或不适合用图形表示的数据，人们非要用图形表示，从而给人们带来的误导。

比如有家公司每年都会组织内部员工进行爱心募捐，最近 4 年的爱心募捐数据结果如表 11-2 所示。

表 11-2 某公司最近 4 年的爱心募捐结果（单位：元）

姓名	20×1 年募捐	20×2 年募捐	20×3 年募捐	20×4 年募捐
张三	1200	1500	1200	1500
李四	120	150	120	150
王五	80	100	80	100
赵六	30	50	30	50

如果人力资源管理者把表 11-2 中的数据用图形来表示的话，会形成如图 11-3
所示的结果。

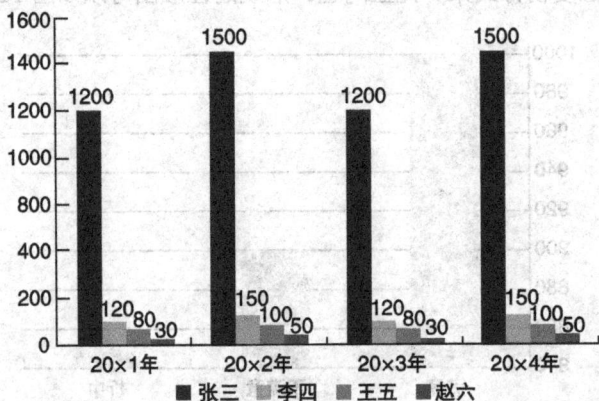

图 11-3 某公司最近 4 年爱心募捐结果柱形图（单位：元）

当人们第一眼看到图 11-3 的时候会不由自主地进行"比较"，可能会得出"张
三比较有爱心，其他人都不如张三有爱心"的结论。

虽然有时候用表格来呈现数据的视觉效果比较差，但是表格传达的信息不会干扰
人们的注意力或呈现多余的感情色彩；如果采用图形来表达，人们很容易不自觉地进
行数字上大小的比较。

如果是适合进行比较的数据，用图形来强调比较是适宜的；如果是不适合进行比
较的数据，比如爱心募捐这类事件，用图形来表示就显得并不适宜。

11.1.3 忽略权重

忽略权重指的是人们在应用图形表达数据时，没有注意数据之间暗含的权重关系
或重要性的不同，而产生的抓不住重点的误导。

比如某公司在年底时，人力资源管理者汇总销售部的绩效考核结果如表 11-3
所示。

表11-3　某公司销售部绩效考核结果

考核项＼等级	S（卓越）	A（优秀）	B（良好）	C（一般）	D（较差）
销售额	√				
毛利额			√		
回款率		√			
新客户开发	√				
费用控制				√	

从表11-3能够看出，该公司销售部一共有销售额、毛利额、回款率、新客户开发和费用控制5个考核项。公司把每一项的评估结果分成了五个等级，分别是卓越、优秀、良好、一般和较差，并在每一个考核项的最终评估结果处用"√"标识出了结果。

这家公司的人力资源管理者为了把数据呈现得更直观清楚，反映出不同绩效单项之间的差距，采用了雷达图的形式，如图11-4所示。

从图11-4能够清晰地看出，该公司销售部的考核项中"费用控制"这一项的得分最低。这时候，直观上人力资源管理者似乎能得出结论：该部门应当特别重视这一项，并在这一项的改善上做出较大努力。

但是使用雷达图做分析其实有一个预设

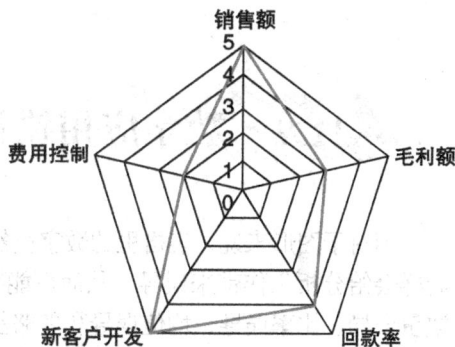

图11-4　某公司销售部绩效考核结果

前提，就是雷达图中每个角的地位应该是相同或相似的，对应每个角的"5""4""3""2""1"等级代表的尺度和地位也应该是相同或相似的。然而，公司中各项绩效指标的重要性往往是不同。

假设在该公司中，销售部5项绩效指标的分项权重如表11-4所示。

表11-4　某公司销售部绩效指标分项权重

考核项	占比
销售额	60%
毛利额	5%
回款率	10%
新客户开发	20%
费用控制	5%
合计	100%

这代表在该公司销售部的5项绩效指标中，"销售额"指标有60%的重要性，而"费用控制"指标只有5%的重要性。两者从数值上差了12倍，同时放在一个雷达图中表达显然是不合理的。因为"费用控制"这一项的绩效评价结果较低，部门就需要在这一项上做出特别努力的结论也是有待商榷的。

在该公司中"销售额"和"新客户开发"这两项已经占整个销售部绩效指标权重的80%，而该部门在这两项绩效指标方面的完成情况是比较出色的。这说明该销售部在绩效结果上和公司的大方向是一致的，是符合公司发展战略的。总的来说，该部门的业绩是值得肯定和赞扬的。

公司虽然应提醒该部门关注"费用控制"和"毛利额"，但不应当过分苛责。由于"费用控制"与"销售额"和"新客户开发"存在一定的关联性，如果销售部一味把工作重点放到了减少销售费用上，可能会影响到对公司来说更重要的"销售额"和"新客户开发"。管理要抓大放小，而不是求全责备。

11.2 数字应用错误

相对于图形来说，表格里的数字虽然是客观的，但如果对数字本身处理不当的话，同样会给分析工作带来误导，从而可能会得出错误的结论。常见的数字应用错误包括数量误导、比率误导、均值误导和忽略基数。

11.2.1 数量误导

数量误导指的是人们过分看重数据的数量值而引发的误导。

某公司第三季度市场形势良好，销售订单猛增，人力资源管理者大规模补充劳动力。然而在这个过程中，人力资源管理者发现离职人数似乎比以往有所增加。在季度末，人力资源管理者对当年前三季度的离职人数情况进行了数据分析，如表11-5所示。

表11-5　某公司第三季度离职人数情况

季度	离职人数	月末在职人数
第一季度	132	3154
第二季度	131	3147
第三季度	165	3969

根据表11-5中的数据，这家公司的人力资源管理者认为第一季度和第二季度的

离职人数稳定在 130 人左右，而第三季度离职人数达到 165 人，与前两个季度相比增加了近 35 人，离职人数的增加比例达到了约 27%。

同时，对离职人员的离职原因分析显示，离职人数增加的主要原因是近期公司的业务量增加，员工加班现象严重。据此，人力资源管理者得出"加班加重公司人才离职"的结论，要求公司各业务部门减少安排员工加班。

而实际上，如果引入比率分析，却会呈现出不同的结果，得出不同的结论，如表 11-6 所示。

表 11-6　某公司第三季度离职情况　　　　　　　　　　金额单位：元

季度	离职人数	月末在职人数	离职率	员工实发月平均工资
第一季度	132	3154	4.02%	3250
第二季度	131	3147	4.00%	3250
第三季度	165	3969	3.99%	4160

根据表 11-6 中的数据，虽然从数量上看，该公司第三季度的离职人数比第一和第二季度都高，但是从比率上看，第三季度人员的离职率却低于第一季度和第二季度。

同时，虽然对该公司已经离职的人员分析确实可以得出加班严重导致离职人数增加的结论，可是通过对在职人员的调研发现，有一些人反而是认可公司的加班安排的。原因是员工加班会得到加班费，员工每月的收入将会增加。第一和第二季度员工每月实发的平均月工资为 3250 元，第三季度员工每月实发的平均月工资达到了 4160 元。

所以，表面看起来，公司安排加班存在一定的坏处，有许多员工因此而选择离职，而实际上，加班带来的工资增加也有一定的好处，有许多员工因此而选择留在公司。从离职率的数据来看，选择留下的员工比选择离职的员工比率稍高。

11.2.2　比率误导

比率误导指的是人们过分看重数据的比率值而引发的误导。数据分析不可以只看数量不看比率，同样地，只看比率不看数量也是会产生误导的。

比如某公司的人力资源管理分析报告显示，各部门上年度新入职员工 1 年内发生工伤的比率如表 11-7 所示。

表 11-7　某公司各部门上年度新入职员工 1 年内发生工伤比率

部门	上年度新入职员工 1 年内发生工伤的比率
A	5%
B	3%
C	50%
D	10%

根据表 11-7 中的数据，C 部门上年度新入职员工 1 年内发生工伤的比率达到了 50%。也就是说，在这个部门中，有一半的新员工入职不到 1 年就发生工伤。可能意味着该部门的入职培训做得不到位，也可能意味着该部门的管理不到位。如果工伤严重，可能意味着该公司要准备该部门新入职员工人数一半的后备人选。

通过 50% 的这个比率数字来分析，看起来这个问题是比较严重的，总感觉这个部门好像在运行上存在较大的问题，而事实上，如果考虑数量情况，该公司各部门上年度新入职员工 1 年内发生工伤的情况如表 11-8 所示。

表 11-8　某公司各部门上年度新入职员工 1 年内发生工伤情况

部门	部门人数	上年度新入职员工人数	上年度新入职员工发生工伤人数	上年度新入职员工发生工伤比率
A	200	20	1	5%
B	100	30	1	3%
C	50	2	1	50%
D	500	40	4	10%

根据表 11-8 中的数据，C 部门一共有 50 人，当年新入职的员工一共 2 人，其中有 1 人在入职 1 年内发生工伤。这看起来似乎就没有之前分析得那么严重。所以从比率上看起来很可怕的数字，从数量上看却可能会更加客观。

11.2.3　均值误导

均值误导指的是人们通过计算平均值而忽略了数据内部差异带来的误导。平均值是人力资源管理者判断问题的参考，而不能当作全部依据。当数据样本内的值差距较大时，只拿平均值说明问题很可能会造成误判。

比如某公司近期的基层员工出现了离职潮，公司基层员工的离职率大幅增加。因为该公司的离职管理不到位，所以并没有发现离职的原因都有哪些。为此，这家公司的人力资源管理者开始做各方面的评估查找原因。

首先评估的是薪酬情况，人力资源管理者用全公司所有员工的实发工资除以全体员工人数之后，算出公司员工的月平均工资是 6000 元。通过调研，当地同行业基层员工薪酬的 50 分位值是 3000 元／月，75 分位值是 4000 元／月，90 分位值是 5000 元／月。

于是人力资源管理者得出结论，该公司员工的平均工资高于同行业基层员工薪酬水平的 90 分位值，在当地同行业中具有较高的薪酬外部竞争力。所以，该公司员工出现离职潮的原因并非薪酬原因。

然而，事实却并不是这样，如果把公司的人员类别按照高层管理者、中层管理者、基层管理者和基层员工四类人员划分，分别根据这四类人群的工资和人数计算他们的平均月工资，得出结果如表 11-9 所示。

表 11-9　某公司四类人群月平均工资情况　　　　　金额单位：元

职级	人数	平均月工资
高层管理者	50	60000
中层管理者	200	30000
基层管理者	380	14000
基层员工	3011	2500
合计	3641	6000

　　根据表 11-9 中的数据，这家公司基层员工的平均月工资和中层、高层管理者的平均月工资差距是比较大的，而且和当地同行业基层员工的薪酬水平相比是比较低的，还没有达到当地同行业基层员工薪酬水平的 50 分位值，但是"被平均"了之后，月平均工资一下子"增加"了。

　　所以这里能得出"该公司员工出现离职潮的原因并非薪酬原因"的结论，而应该得出结论：很可能公司的离职潮有一部分原因是因为公司基层员工的薪酬水平已经和市场水平相差太远，不具备竞争优势。

　　平均值只能作为判断的相对参考，而不能当作绝对的依据。当数据样本内的值差距较大时，只拿平均值说明问题很可能会造成误判，原本有问题也可能变成了没问题。

11.2.4　忽略基数

　　忽略基数，指的是做分析的时候，没有考虑到数值的基数不同可能会对分析带来的影响。由于数值基数的数量级不同，可能会带来在同一个公司内不同基数的事物之间决策和重心的不同。

　　比如某年底时，某公司的人力资源管理者与决策层和各业务单元负责人沟通协商下年度的绩效指标。沟通到销售增长目标这一项时，人力资源负责人希望公司所有业务单位的销售增长率都达到 10%，原因是公司总体战略目标是明年的销售增长率要达到 10%。

　　然而各业务单位的负责人有的同意，有的却坚决反对，认为这样设置指标不合理。各业务单元的经营情况如表 11-10 所示。

表 11-10　各业务单元的经营情况　　　　　金额单位：百万元

业务单元	前三年的年均销售额	前三年年均销售增长率	业务开展时间/年	市场竞争情况
A	1000	7%	15	较高
B	1500	12%	8	较低

业务单元	前三年的年均销售额	前三年年均销售增长率	业务开展时间/年	市场竞争情况
C	800	9.5%	10	中等
D	50	200%	5	较低
E	10	50%	3	中等
F	1	350%	2	较低
……	……	……	……	……

根据表 11-10 中的数据，A、B、C 三个业务单元中，A 业务单元的年销售额能达到 10 亿元，B 业务单元的年销售额能达到 15 亿元，C 业务单元的年销售额能达到 8 亿元。这三个业务单元的销售业务在基数上属于同一个数量级。

A 业务单元开展业务的时间比较长，市场竞争的情况比较激烈，这个业务单元的销售增长难度相对来说会比较大，可能市场增长的空间会比较小；B 业务单元展开业务的时间相对较短，市场竞争情况较小，这个业务单元所在市场的空间相对比较大；C 业务单元不论是业务开展时间和市场竞争情况，都属于中等。

A、B、C 三个业务单元连续 3 年的年均销售增长率分别是小于 10%，大于 10% 和接近于 10%。在这种情况下，如果公司整体的销售增长要达到 10%，B 业务单元的销售额目标可以考虑大于 10%，A 业务单元的销售额目标可以考虑小于 10%，C 业务单元的销售额目标可以考虑等于 10%。

D、E、F 三个业务单元对整个公司来说属于新兴业务板块，销售规模和 A、B、C 三个业务单元不在同一个数量级。D、E、F 三个业务单元的市场竞争力整体不高。从前 3 年的销售增长来看，这三个业务单元的增长率普遍是比较高的。

为什么 D、E、F 三个业务单元的销售增长率比较高呢？原因之一是它们的业务基数值较小。当基数值较小，业务规模增长较快时，销售增长率在数值上就会显得较高。

在这种情况下，公司对基数值比较大的 A、B、C 三个业务单元可以参考公司整体战略中销售增长率提高 10% 的目标来制定，但是对于 D、E、F 三个业务单元，由于基数和业务规模的不同，它们在制定业务目标增长率时，应当参考各自业务的实际开展情况，而不需要参考 10% 的整体目标。

这个原理对各类公司在分解和制定目标时都是适用的。好比是把一只蚂蚁体重增长 10% 需要吃掉的食物和一头大象体重增长 10% 需要吃掉的食物放在一起比较，它们的量级是完全不同的，也是不可比的。

如果不考虑基数，把公司所有的增长率都设置为相同的数值，显然是会出问题的。对于基数大的业务单元，可能该业务单元再怎么努力也达不成目标；对于基数小的业务单元，可能不需要努力，靠自然增长就能达成目标。

11.3 分析方法错误

在进行数据分析时，一些分析方法上的错误，可能会让分析的结果与事实之间差距较大。常见的分析方法错误包括在数据分析时忽略误差、将不可比的数据放在一起进行比较分析、数据归因的错误和数据来源的不清晰。

11.3.1 忽略误差

忽略误差指的是人们在进行数据分析时钻牛角尖，企图通过追求数据绝对值上的差异来进行分析或判断而产生的失误。

事实上，任何形式的数据推算都存在一定误差，就连火箭发射如此追求精确的事，都会允许有微小的数据误差存在，更不要说公司的日常管理活动中用到的很多数据了。数据是人们研究问题的参考，人们应当追求数据的精确，却不能期望数据是绝对精确的。

如公司在进行绩效管理时，由于指标设置、指标统计、分数主观性等因素的影响，得出来的绩效指标数值结果一定会存在一定的误差。这时候，人力资源管理者需要在心中设置一个区间，来平衡这种误差带来数值上的差异。

这个区间没有固定的值。公司的管理越正规、管理的质量越高、精细化程度越高，这个值就相对越小，比如 ±2%；公司的管理质量越低、精细化程度越低，这个值就相对越大，比如 ±5% ~ ±8%。

比如，某公司的某个部门对部门内四名员工前 3 个季度进行绩效评价的得分情况如表 11-11 所示。

表 11-11 某公司某部门四名员工前 3 个季度绩效评价得分情况

姓名	第一季度	第二季度	第三季度
张三	91.24	91.26	91.27
李四	91.13	91.14	91.23
王五	90.87	90.98	90.99
赵六	60.42	60.47	60.87

根据表 11-11 中的数据，人力资源管理者判断该部门张三 3 个季度均排名第一，李四、王五、赵六都需要努力向张三学习。然而，正如前面说的任何数据测量都会有误差存在，张三、李四、王五三人的成绩差距在 ±2% 以内。

三个人的绩效优秀程度其实差不多，不能凭绩效得分不到 2% 的差距就简单地判断张三的绩效或能力比其他人都优秀。而赵六与其他三个人相比，在绩效评价的数值上差距较大。这时候可以判断，赵六在绩效上有需要提升的空间。

误差原理在其他人力资源管理工作中同样需要注意。比如某公司明年要启动某个新项目，需要针对该项目计算工作岗位的编制数量并制定招聘计划。假如该项目明年计划生产的产品总任务量是 100 万件，现有工人生产这种产品平均生产效率是每天生产 10 件，现有工人的年平均出勤率为 90%。按照劳动效率定编法，计算定编人数 $= 1 \times 10^6 \div [10 \times (365-2\times52-11) \times 90\%] \approx 445$（人）。

那么，人力资源管理者是否应当把该部门的定编人数刚好设置成 445 人，多一个人都不允许，少一个人都必须马上招聘呢？有实战经验的人力资源管理者应当了解，这样做肯定是不行的。为什么呢？因为实务中还要考虑其他很多因素和变量。

比如，现在工人平均的生产效率是每天生产 10 件，那么新招聘工人的平均生产效率也能达到每天生产 10 件吗？有没有可能每天生产 10 件是 3 年以上工作经验熟练工的均值，而新入职 1 年以内的员工达不到这种效率？

也许公司正在改进生产工艺，目前的效率是平均生产 10 件，但是明年有望达到每天生产 15 件，而且改进后的生产工艺能够让刚入职的员工也能够很快上手，达到每天生产 15 件的工作效率。

如果新项目上的工人生产效率比每天生产 10 件高，那么算出来的定编人数应当减少；如果新项目上的工人生产效率比每天生产 10 件低，那么算出来的定编人数应当增加。

现在工人的年平均出勤率是 90%，那么新项目招收员工的出勤率也能达到 90% 吗？有没有可能会比 90% 高或者低呢？

如果新项目上工人的平均出勤率比 90% 高，那么算出来的定编人数应当减少；如果新项目上工人的平均出勤率比 90% 低，那么算出来的定编人数应当增加。

除此之外，还有其他因素：生产任务量大小的影响，假如生产任务量临时有增加或减少，对定编人数会有影响；生产任务量交付时间的影响，假如生产任务要求提前或推后交付，对定编人数会有影响；新招聘员工离职情况的影响，假如新员工的离职率过高或者过低，对定编人数同样会有影响。

所以，人力资源管理者应当通过科学的方法计算定编人数，但同时也要清醒地认识到、考虑到理论与实践的差异、现实世界的变化以及测算本身的误差，按照公式计算出来的结果应当作为参考，而不是精确的结论或唯一的依据。

拿上述新项目举例，假如该项目对公司来说很重要，人力资源管理者的首要任务，是保证项目能够顺利启动。那么为了避免影响项目进程，考虑各种因素后，人力资源管理者在实际招聘的过程中可以把人员编制提升 10%，四舍五入后取整数，也就是 500 人。人力资源管理者可以按照 500 人定编目标实施招聘。

假如该项目还没有最终得到公司高层的确认，有很多不确定的因素，可以等到项目最终确认后再启动招聘。如果招聘难度较大，短期内招聘不到足量的员工，平衡招聘难度和项目无法启动的风险后，人力资源资源管理人员可以先取 445 的一部分作为招聘依据（如 50%），等项目确认之后，再继续实施剩余人员的招聘。

11.3.2 不可比误差

不可比误差指的是人们在进行数据分析时，没有考虑到不同的数据与数据之间是存在不可比性的，盲目把不可比的数据放到一起比较，从而得出错误结论的过程。

人力资源管理者在进行数据分析的时候，要在充分理解数据背后的含义后，对数据有所区分，分类比较。要用苹果与苹果对比，橘子与橘子对比，不能不假思索地拿苹果与橘子对比（有必要时除外）。

比如，有家公司在年底时，想评估各部门的员工离职率。A部门的年度员工离职率是10%，B部门的年度员工离职率是15%。人力资源管理者由此得出结论：A部门管理者带团队的水平要优于B部门管理者带团队的水平。

为什么会得出这个结论？因为管理者带团队的能力能够影响员工对公司的凝聚力、忠诚度和稳定性。假设在该公司中，员工的离职率确实和管理者的管理能力存在相关关系。可是A部门与B部门的业务和工作性质完全不同，A部门的工作环境好，劳动强度低，B部门的工作环境非常恶劣，劳动强度大。直接拿A部门和B部门的员工离职率进行比较，就好像是在拿苹果和橘子比。假设该公司A、B两部门近3年的员工离职率如表11-12所示。

表11-12 某公司A、B两部门近3年员工离职率

两部门的员工离职率	X年	X−1年	X−2年
A部门员工离职率	10%	9%	8%
B部门员工离职率	15%	16%	18%

根据表11-12中的数据，A部门前2年的员工离职率分别是8%和9%，B部门前2年的员工离职率是18%和16%。也就是说，A部门的离职率其实是在逐年上升的，而B部门的离职率是在逐年下降的。

这样看来，如果这两个部门近3年的工作环境、工作条件和工作内容并没有发生较大的变化，管理者也没有变化，那么，人力资源管理者反而应该说B部门管理者带团队的水平是优于A部门管理者的。

因为A、B两个部门的工作条件不同，它们之间存在不可比性。但是，A、B两个部门因为近3年自身的内外部情况没有发生较大变化，所以，它们可以自己和自己做对比（同比）。通过与自身的对比，来判断是进步或倒退。

不可比误差在人力资源管理的其他领域同样经常出现。比如某公司的人力资源管理者在做绩效结果判断时，把所有员工的绩效结果拿出来比较后，发现在行政办公室做行政助理的甲员工绩效评定的结果是B（良好），在销售部做销售业务员的乙员工绩效评定的结果也是B（良好）。

该公司的人力资源管理者因此就得出结论：甲员工和乙员工对公司产生的价值和贡献度是一样的，准备在今年年底的奖金、福利等方面给他们两人相同的水平。这种结论显然是错误的。这种比较，显然也不是在用苹果比苹果。

人力资源管理者在做数据对比的时候，务必要注意数据之间的可比性。如果是不可比的数据，不要直接进行比较；就算是具备一定可比性的数据，也要把条件考虑充分之后，再进行比较。

11.3.3　归因错误

归因错误指的是当人们进行数据分析时，把原本应该是 A 原因引发的问题，当成了 B 原因引发的问题。这里的 A 原因和 B 原因可能分别代表了一个原因，也可能分别代表着一系列原因。

归因错误是典型没有搞清楚事物之间相关关系的一种分析错误。归因错误有时候是放大了事物的相关性，有时候是缩小了事物的相关性，有时候是在多个原本不相关的事物之间建立了联系或相关性。

好比不同的农场种苹果，相同的苹果品种、相同的种子，有的农场种出来的苹果个个都长得个大而饱满，咬上一口之后香甜可口、果香四溢，有的农场种出来的苹果长得又小又不好吃。

这时候，人们不能轻易得出结论说那些种出较差苹果的农场主的种植能力和管理能力有问题，那些种出较好苹果的农场主就非常善于种植和管理农场。因为苹果成长的质量与土壤、光照、肥料、水源、虫害等各类因素都相关，人们不能够凭想象和感觉轻易下结论。

可能那些种出较差苹果的农场所处的地理位置、土壤、光照都比较差，就像是在旱地里种水稻，能长出来就很不错了，换了别人来管理，根本种不出苹果；可能那些种出较好苹果的农场只是所处的地理位置好，土壤肥沃，光照充足，换了谁来种结果都一样。

比如，某公司某部门的绩效评价分数较低，人力资源管理者得出结论：该部门的管理者能力较弱。于是，公司中可能会出现只要是绩效评价较低的管理者，不论什么理由，全部都要轮换岗位的现象。结果公司中可能有几个部门每年都要换管理者。

有的公司是只要某部门的绩效分数低，人力资源管理者就认为是该部门员工的能力较差，就不断地对该部门实施培训。事实上，绩效评价分数低的原因有很多，可能是环境原因，可能是资源原因，也可能是工具原因。

同样地，有的公司某部门绩效管理分数高，人力资源管理者也不应当得出"该部门的管理者能力强"或"该部门员工的能力强，不需要培训的结论"。绩效评价得分的高低与很多因素有关。

类似的错误分析还常常发生在对公司的员工离职率进行分析时。当公司员工离职率上升时，人力资源管理者常偏向于直接得出"公司薪酬水平低"的结论；当公司员工离职率降低时，人力资源管理者常偏向于得出"公司薪酬水平没问题"的结论。

其实员工离职率高并不代表公司的薪酬一定低，很可能是因为工作环境差、工作时间长、公司文化或者领导方式等问题；员工离职率低也不代表公司的薪酬没问题，很可能公司的薪酬水平在市场上已经很低了，但员工因为领导、文化、习惯、上班距离等原因暂时没有离职。

人力资源管理者在分析问题时要准确归因，在得出结论时要谨慎。当产生"只要发生了某某，就是因为某某"的思想时，通常就应当注意审视结论的合理性。

11.3.4 来源不明

来源不明指的是在进行数据分析的时候，并不清楚数据究竟来自于哪里，没有办法确认数据的权威性和可信度，于是有可能在分析和决策上对人们造成误导。人力资源管理者在进行数据分析的时候，要时刻警惕"听说"这两个字。因为"听说"，显然是不具备权威性和可信度的。

数据来源不清的情况有很多种，比较常见的有这么三种。

1. 小道消息

道听途说、口口相传的信息往往是靠不住的。当涉及管理决策时，尤其是一些重要管理决策的时候，切不可用这类信息作为依据。

比如有的人力资源管理者在人力资源分析报告中说：据统计，外部同行业的薪酬水平比我司高30%。可这个"据统计"，是怎么统计的呢？是谁、在什么时间、通过什么方式、如何得到的这些数据呢？这个"据统计"，很可能是从一个办公室的聊天中得来的信息。

2. 非权威媒体的信息

互联网上的各类自媒体已经成为当前比较活跃的媒体形式。很多自媒体为了搏眼球、求关注，很多信息都是编造出来的。

比如我曾在国内一家比较大的媒体平台主页上看到过一篇标题为"五险一金要变成六险二金了"的文章。点进去看后，大致内容是说国家未来会大面积推行"六险二金"。几天后，在同一个平台看到了另一篇标题为"实行六险二金属于误读"的文章，大致意思是之前那篇说国家未来会大面积推行"六险二金"的文章是对政策的误读。

有意思的是，这两篇文章是出自同一个自媒体账号。我很怀疑这是不是这个自媒体账号策划的"圈粉"营销行动，目的只是获得关注和点击率。但不论是与不是，对非官方媒体发布的信息，不要太当真。

3. 不专业的问卷调查

不是随便什么人发起一个问卷调查，找一些人来填写问卷后，得出的结果就能说明问题。问卷调查是有专业的操作方法的，包括问卷的设计、调查人群的确定、调查形式的选择、问卷的发放、问卷的回收、数据的统计等一系列比较专业的方法。

互联网上的一些网站经常会发起某项面向全社会所有人员的调查，有时候参与调查的人数能达到上万人。比如有个网站曾经发起过一项调查，调查员工每月的平均工资是多少，网站显示参与人数有1万多人。

那么，这个网站调查出的结果能够作为人力资源管理者做薪酬相关数据分析的依据吗？答案是不能，一是因为这个网站是非官方网站，二是因为这种薪酬调查方法并不专业。可以说，这种非官方互联网平台发布的问卷调查及结果纯属娱乐，不能被人力资源管理者拿来作为任何决策参考的依据。

4. 追求简单的方法

我见过有的人力资源管理者想了解车间某道工序的生产效率，他运用的方法不是实地到车间从事这道工序的工人身边观察，和这些工人做深入的交谈，或者自己实际动手尝试做一下这道工序，亲身体验和感受这道工序的操作方法，而是做了一张调查问卷，把填写问卷的方法和步骤通过电子邮件发到这个班组，要求班组的工人填好后，在截止日期之前回传给他。他甚至没有去过那个车间，也完全没见过这道工序的操作步骤。

要了解车间某道工序的生产效率显然是有很多方法的，但不论采取哪种方法，都不应该是人力资源管理者在完全不想了解实际情况的前提下，通过一张调查问卷就期盼得到想要的数据结果。用这种追求简单的方法得出来的数据，显然不能作为未来决策判断的依据。

人力资源管理者要避免数据来源不清的误导，要注意做分析的时候搞清楚数据的来源和出处，要用具有准确性、权威性的数据，要通过科学和专业的方法获得数据。如果输入的是"垃圾"，输出的只会还是"垃圾"。

附 录

人力资源量化管理与数据分析常用公式

1. 基础分析常用公式

（1）月度平均人数 =（月初人数 + 月末人数）÷2。

（2）季度平均人数 =（季内各月平均人数之和）÷3。

（3）年度平均人数 =（年内各季平均人数之和）÷4。

（4）员工离职率 = 某时期的离职人数 ÷（期末人数 + 某时期的离职人数）× 100%。

（5）人员编制管控率 =（总编制人数 ÷ 总在职人数）×100%。

（6）月度出勤率 =（实际出勤天数 ÷ 应出勤天数）×100%。

（7）人员缺勤率 =（缺勤员工人数 ÷ 应出勤总人数）×100%。

（8）加班强度比率 =（当月加班时数 ÷ 当月总工作时数）×100%。

（9）劳动合同签订比率 =（签订劳动合同的人数 ÷ 报告期内员工平均人数）× 100%。

（10）员工投诉比率 =（员工投诉的数量 ÷ 报告期内员工平均人数）× 100%。

2. 招聘分析常用公式

（1）招聘总成本 = 内部成本 + 外部成本 + 直接成本。

（2）单位招聘成本 = 招聘总成本 ÷ 录用总人数。

（3）面试通知比率 =（通知面试人数 ÷ 总收到简历数量）×100%。

（4）面试应约比率 =（参加面试人数 ÷ 通知面试人数）×100%。

（5）招聘录用率 =（总录用人数 ÷ 总面试人数）×100%。

（6）招聘完成比率 =（总录用人数 ÷ 计划招聘人数）×100%。

（7）员工到位率 =（实际到职人数 ÷ 总录用人数）×100%。

（8）同批雇员留存率 =（同批雇员留存人数 ÷ 同批雇员初始人数）×100%。

（9）同批雇员损失率 =（同批雇员离职人数 ÷ 同批雇员初始人数）× 100%。

（10）内部招聘比率 =（内部招聘人数 ÷ 总录用人数）×100%。

（11）外部招聘比率 =（外部招聘人数 ÷ 总录用人数）×100%。

（12）空缺岗位人员补充时间 = 某岗位需求从确认到新人上岗花费的总天数。

（13）月度员工新进率 = 当月新进员工总人数 ÷ 当月平均人数 ×100%。

（14）月度员工进出比率＝月度入职员工总人数 ÷ 月度离职员工总人数 × 100%。

3. 培训分析常用公式

（1）培训人次 ＝ $N_1 + N_2 + \cdots + N_n$（N_n 指不同培训参加培训的实际人数）。

（2）内外部培训人数比率＝内部培训人次 ÷ 外部培训人次。

（3）某岗位受训人员比率＝（某岗位受训员工人次 ÷ 接受培训员工总人次）× 100%。

（4）培训费用总额＝内部培训总费用＋外出培训总费用。

（5）人均培训费用＝报告期内培训总费用 ÷ 报告期内员工平均人数。

（6）培训费用占薪资比＝（报告期内培训总费用 ÷ 报告期内工资总额）× 100%。

（7）内外部培训费用比率＝内部培训总费用 ÷ 外部培训总费用 × 100%。

（8）培训平均满意度＝报告期内所有培训员工满意度之和 ÷ 报告期内培训人次。

（9）培训测试通过率＝（通过测试总人次 ÷ 参加培训总人次）× 100%。

（10）培训后绩效改善率＝培训后绩效考核结果改善人次 ÷ 参加培训总人次。

4. 薪酬绩效分析常用公式

（1）直接生产人员工资比率＝（直接生产人员工资额 ÷ 工资总额）× 100%。

（2）绩效工资比率＝（绩效工资总额 ÷ 工资总额）× 100%。

（3）绩效评价 A 类员工比率＝（绩效评价 A 类员工人数 ÷ 员工总人数）× 100%。

（4）人均工资＝报告期内工资总额 ÷ 报告期内员工平均人数。

（5）年工资总额增长率＝报告期内年度工资总额 ÷ 上年度工资总额 × 100% – 1。

（6）年人均工资增长率＝报告年度人均工资 ÷ 上年度人均工资 × 100% – 1。

（7）人均保险＝报告期内所缴保险总额 ÷ 报告期内员工平均人数。

（8）员工社会保险参保率＝（总社会保险参保人数 ÷ 报告期内员工平均人数）× 100%。

（9）万元工资销售收入＝报告期内销售收入总额 ÷ 报告期内员工工资总额。

（10）万元工资净利润＝报告期内净利润总额 ÷ 报告期内员工工资总额。

（11）人均销售收入＝报告期内销售收入总额 ÷ 报告期内员工平均人数。

（12）人均净利润＝报告期内净利润总额 ÷ 报告期内员工平均人数。